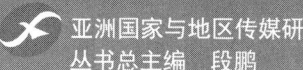

亚洲国家与地区传媒研究丛书

丛书总主编　段鹏

本书由中国传媒大学亚洲传媒研究中心资助出版

澳门大众传媒研究

李春 ◎ 著

中国传媒大学出版社

·北京·

图书在版编目(CIP)数据

澳门大众传媒研究 / 李春著.--北京：中国传媒大学出版社，2020.7
（亚洲国家与地区传媒研究丛书）
ISBN 978-7-5657-2706-1

Ⅰ.①澳… Ⅱ.①李… Ⅲ.①大众传播－传播媒介－研究－澳门 Ⅳ.①G206.2

中国版本图书馆 CIP 数据核字(2020)第 078297 号

澳门大众传媒研究
AOMEN DAZHONG CHUANMEI YANJIU

著　　者	李　春
策划编辑	王雁来
责任编辑	王　硕
特约编辑	陈　默
封面设计	郭　琳
责任印制	李志鹏
出版发行	中国传媒大学出版社
社　　址	北京市朝阳区定福庄东街1号　邮编：100024
电　　话	86-10-65450528　65450532　传真：65779405
网　　址	http://cucp.cuc.edu.cn
经　　销	全国新华书店
印　　刷	北京玺诚印务有限公司
开　　本	730mm×988mm　1/16
印　　张	16
字　　数	254 千字
版　　次	2020 年 7 月第 1 版
印　　次	2020 年 7 月第 1 次印刷
书　　号	ISBN 978-7-5657-2706-1/G・2706　　定价　79.00 元

版权所有　　翻印必究　　印装错误　　负责调换

总 序

2002年，在时任北京广播学院院长刘继南教授和韩国高等教育财团事务总长金在烈先生的共同倡导和努力下，亚洲传媒研究中心得以在我校诞生，它的成立标志着我校在国际合作领域迈出了坚定的一步。回首来时的路，亚传的诞生与成长凝结了两代人的心血，与前辈们的艰辛付出关切最深。亚传成立十七年来，始终秉承"来自亚洲，超越亚洲"的精神理念，迄今已经成功举办了十三届"亚洲传媒论坛"，并开展了以"亚洲传媒国别研究""亚洲传媒比较研究""世界眼中的中国""'一带一路'背景下传媒发展与文化传播"等为主题的160余项课题研究，资助了30位中国传媒大学的优秀青年学者赴韩交流研修，通过举办高规格的国际学术会议、组建外国专家工作室等方式积极开展国际交流合作，取得了丰硕的研究成果，为学校培养和遴选了一大批至今仍在各个重要学科领域发挥着重要作用的学术骨干和专业人才，成为中国传媒大学最重要的开放而高效的国际科研与学术交流平台。

近年来，亚传围绕打造一流论坛、拓展国际交流的目标进一步深化发展。2017年我和团队一道，积极筹备并召开第十二届亚洲传媒论坛，主题是"全球化·社会发展·社会化媒体变革"，来自国内外30多所高校和媒体机构的专家学者和业界人士近200人参加了这次论坛。2018年，我和同事们为第十三届亚洲传媒论坛聚焦于"媒体·艺术·文化"，汇集全球传媒领域知名学者、业界前沿开拓者、媒体界人士等150人，就当下媒体、艺术和文化之间的多重关系展开交流研讨，论坛的水平与国际影响力进一步提升。2019年5月16日，通过我们的多方联系，亚传承办了由国家广播电视总局指导、北京市广播电视局和中国传媒大学共同主办的亚洲文明对话大会配套活动"亚洲网络视听传播政策对话与合作成果发布活动"，就亚洲主要国家网络视听传播领域的管理政策、传播理念、内容创作及产业发展等问题进行交流，受到学界、业界和媒体的广泛关注，亚传的影响力与团队凝聚力都有所提升。

我个人与亚传的渊源可谓由来有自。2004年,我在首尔国立大学参加新媒体发展国际研讨会,是得到了亚传项目的资助,会议邀请了多位国际知名学者参加,对我个人而言是一次非常重要的锻炼。2009年,我的一本关于台湾地区媒体研究的专著通过层层选拔,最终获得了亚传的出版资助,这也是"亚洲传媒国别研究"系列丛书中的一本。2014年我就任亚洲传媒研究中心运营委员会主任委员以来,积极拓展亚洲学术合作资源,亚传运营委员会一行先后访问了日本TBS电视台、龙谷大学、韩国首尔国立大学、昌原国立大学、阿联酋中阿卫视、伊朗阿斯法罕大学和德黑兰大学、埃及不列颠大学和埃及中国文化交流协会等高校与机构,积极开展"一带一路"背景下传媒学界与业界的交流合作。

2018年,亚洲传媒研究中心理事会换届,中国传媒大学校长廖祥忠教授接任中心理事长,亚洲传媒研究中心主任的火炬传至我的手中,面对廖祥忠理事长、朴仁国理事长和我的老师丁俊杰名誉主任的殷殷期许,我深感重担在肩,责任重大。未来,我们将以国际一流水准打造亚洲传媒论坛,致力于将亚传建设成为世界一流的传媒研究机构,为提升我校科研国际化与人才国际化水平不断努力。

自2009年起,亚传启动了"亚洲传媒国别研究"项目,将研究视野聚焦在亚洲各国传媒领域,全面考察亚洲各国媒体尤其是新媒体与国家发展、社会进步的互动关系。为了保证这一课题工程取得高质量的成果,中心通过公开招标,遴选高水平的研究人员,至今已有26个国家和地区的研究正在进行,十年之间,出版著作10本,也算小有所成。积跬步以致千里,我们的愿望是最终出版一套由30本左右专著构成的"亚洲国家与地区传媒研究"丛书。这将是世界范围内首次对亚洲传媒进行的一次大规模研究和出版活动,不仅具有填补空白的学术价值,更对促进亚洲各国共通共享具有深远意义。衷心感谢本丛书的每位作者和责编所付出的辛勤劳动。希望通过本套丛书的出版,能够为我们绘制出具系统性、理论性与前沿性的亚洲传媒研究图谱,推动亚洲传媒发展与亚洲文明交流。

中国传媒大学副校长

亚洲传媒研究中心主任

教授、博士生导师　段　鹏

2019年7月25日

对方汉奇先生的访谈(代序)

2017年春,在完成书稿后,终于见到了透过文献资料熟识的方汉奇先生本人。方老师宽广、包容的学术胸襟,智慧达观的人生态度,对学术研究力求严谨、求实的态度,对新闻史料熟稔于心、信手拈来的大家风范,对后辈晚生无私帮助的教育情怀,非亲身经历很难想象。这里收录了方汉奇先生与笔者关于本书的两次谈话,因为深感方老的谈话对于后继研究者的启示,是以为序,与更多的朋友分享。

● 时间:2017年5月22日、24日
● 地点:中国人民大学宜园

李　春:方老师,我不是做新闻史出身的,属于其他专业的人闯进这个领域,来梳理澳门传媒发展的历史。

方汉奇:这个挺好,学科之间没有那么多的禁区和限制,文理都可以交融,何况文史的交融?文史是相通的,所有的东西和历史研究都是相通的。而且你有第一线新闻实践的经历,有对传媒工作的感性体验。戈公振写作《中国报学史》时就是一名记者,他做了几十年的新闻工作,然后接受了一个学校的任务要讲这门课,所以才去搜集材料,完成这部著作。他也不是先是一个历史学家,再去写新闻史的。

李　春:我想见您的一个特别重要的原因,是您和您的学生在澳门新闻史研究的进程中扮演了重要的角色。尽管20世纪90年代,澳门学界已开始对新闻史自20世纪20年代所提出的"《蜜蜂华报》是澳门史上的第一张报纸"提出疑问,但程曼丽老师却是最早去进行扎实的内容研究的学者。通过她的研究,学界才第一次对《蜜蜂华报》有了切实的了解;而且,她的研究过程又特别传奇,她虽然之前完全不会葡萄牙文,但用了三年时间对这份报纸做了一个非常详细的个案研究。

方汉奇：她用四个月的时间学葡文。《蜜蜂华报》全部是葡文的，一个汉字都没有，她先得学外语，学完外语再去研究这份报纸。这项研究源于我收到的澳门的朋友送的一本《蜜蜂华报》的影印合订本，然后我向曼丽提出建议：这是一个研究选项，你敢不敢拿去做？程曼丽的第一外语是俄罗斯语，根本没接触过葡萄牙语。最后，她下了决心要做这个研究，好处是《蜜蜂华报》就一本，难度是全部是葡文。因此，她下了决心之后就到北京第二外国语学院去学葡文。外语有相通的规律，已经掌握了一门外语，再学第二门外语，相对地会快一点。

李　春：程曼丽老师的《蜜蜂华报》研究，在学术史上有特别的意义，她等于对传统的新闻史提出一个"否定之否定"了，就是要往前走。作为她的导师，您又是这一研究选题的提议者。更有意味的是，在澳门新闻史研究从传统向现代过渡的这个过程中，您既是以往新闻史的一位书写者，又是新闻史发展的推动者。

由于新的葡文史料的出现，在程曼丽老师在1996年出版《〈蜜蜂华报〉研究》之后，很快又有人提出新的疑问。这个时候，您的学生林玉凤又有跟进。从中，我看到学术史的绵延发展，觉得它构成了澳门大众传媒研究里的一个非常有意思的点。所以，在书的开篇就写了"学术史上的一桩公案"，这里面就涉及您和您的学生。

方汉奇：内地的学者研究澳门，是从程曼丽开始的。以前，都是澳门人自己研究自己，比如澳门报人写的一些相关书籍。程曼丽是一个开端，林玉凤本来就是澳门人，所以她的著作属于澳门人自己研究自己。你这个就是程曼丽之后内地人研究澳门的大项目，范围涵盖的面更宽，包括了多种媒体，而且和当代联系得更密切，和现实联系得更紧。

李　春：这本书包括两个部分：一至四章是关于澳门大众传媒的近代史的部分：第一章"澳门：中国近代报刊发祥地"，是对学术史的梳理；第二章"澳门传媒缘起与中西文化交流"，涉及好多史学方面的内容，比如"利玛窦规矩"及耶稣会士来华对整个报刊出版业的促进，西方传教士架设了的中西文化的桥梁等。这章从中西文化交流的角度，追溯澳门传媒的发展，前两节都是从文化交流中的来自西方的历史人物入手，而第三节"林则徐的书报翻译"体现了中国人主体能动性的发挥。

第三章的名字叫"思想之焰"，就是思想的火焰，讲的是澳门与现代报刊的启蒙。这一章包括三方面的内容：第一节讲的是《蜜蜂华报》，我只选取了程曼丽老师《〈蜜蜂华报〉研究》中关于报刊思想的那个部分，侧重它对澳门现代报刊兴起的思想启迪。第二节"《盛世危言·日报》"，介绍被称为"中国近代君主立宪第一人"郑观应的报刊思想,迄今他的思想仍有现实意义。第三节讲《知新报》如何"为变法发声,'广《时务报》所不能言'"。

第四章"生存之道",讲的是澳门近代报刊兴起的市场空间与创业先驱。这一章是从经济的角度来谈为什么在鸦片战争之前澳门会出现英文报刊的市场和竞争。当时有哪些信息的需要、舆情(舆论博弈)的需要,还有哪些研究的需要(如裨治文创办的《中国丛报》),这是第一节;第二节《镜海丛报》,介绍这份华洋合璧的报纸,如何整合澳门人,实现"利益澳门";第三节"澳门华商与政治喉舌结盟",讲辐射全球华人的《知新报》。这一章都是从报业生存的角度入手,探究当时的市场空间在哪里,这些创业先驱是怎么做的。

以上四章构成了书的第一部分——对近代澳门大众传媒研究的框架。第二部分则专注于大众传媒本身,侧重描述与分析当代澳门大众传媒的特点,也包括四章,还有一个附录。第五章是对澳门传媒法制和与新闻出版情况的总体性描述,即它的管理状况是什么样的,它的出版法律是什么情况。之后的三章和附录,按照报业、广播电视、电影业、网络的顺序分别描述,它们构成了澳门大众传媒研究的当代部分。写作过程中的着力点在于对当代澳门媒体特征的总结及对热点问题的阐释。这个研究更多是站在前人已有研究成果及史料的基础上,试图通过新的框架和视角,重新发现澳门大众传媒的历史意义与现实价值。

方汉奇:不管怎么样,这是一种开拓性的工作,有一些文本的资料做基础,形成这方面的一个基本的内容,在这个基础上,再有所发展、有所前进。学术研究,地区的新闻传播研究,大致上都是这么一个模式。20世纪80年代以来,各地区搞地方志,研究地方史,其中包括这个地区的广播、电视及报纸刊物发展的状况。盛世修志,那是一个全面开花的时代,以那个时代做基础,我们完成了《中国新闻事业通史》,它也是充分利用了那个时间段的一些成果。地方志的研究,包括地方媒体研究,对整个媒体发展历史的研究起着充实和促进的作用。你这个,实际上也就是在给这方面的研究增砖添瓦、提供预制构件。先获得一个成果,然后在这个基础上,还可以继续开拓。

《察世俗每月统记传》肯定是期刊,它不是一般的书,而是一个刊,你看它标着"每月"两个字,就说明它是月刊。我在大英博物馆看过《察世俗每月统记传》的原件,比想象的要小。从戈公振的《中国报学史》中的图片看,觉得它好像应该是24开或32开那样的一本刊物,但我在大英博物馆看到原件时,发现比想象中的要小、要窄,而且有一个特点,它的封面是黄颜色的,与同时期北京报房出的《京报》是一个颜色。我当时复印了一张,这是20年前,复印条件不好,不清楚,但影影绰绰地还能看出跟《京报》的模式一样。这说明什么呢?说明老外的报纸想打入中国市场,开始进不来,只好在外围,而且尽量迎合中国读者、中国受众的阅读习惯。现在已经证明清朝初年就有《京报》了,也发现了明朝的邸报原件,这说明直到那时这种模式的印刷品在中国已经存在多年,是公众获取政治信息的一个主要来源,是一种主要的渠道和模式。

最近三十年来关于澳门的媒体的历史研究有很多成果出来,你参考它们就可以了。如果有第一手的材料,在近年的研究成果基础上,再有所发明、有所前进,那就更好了。程曼丽的《〈蜜蜂华报〉研究》是先有实物,再有课题,她不是先有题目再去找资料,而是先有报纸原件,然后再通过学外文去研究它。澳门相关的研究者、学者,也在做这方面的研究工作,比如说《镜海丛报》也出了影印本。在这方面,林玉凤的投入是比较多的,她的一些成果可以参考和借鉴。她在澳门生活,现在又是澳门立法委员会的议员,澳门的材料可以全部掌握;而且,她利用的文献资料不限于澳门,她还到葡萄牙、到里斯本、到大英博物馆查阅相关史料。大概有两年的时间,她每一次到欧洲去,都到图书馆看材料。她有一些新的发现,比如与马礼逊有关的一些媒体的情况,比如《杂闻篇》的情况。

研究澳门媒体发展的历史,对于前人做过的一些工作和他们的研究成果,可以践行"拿来主义",你注明出处就是了。至于模式,这个没有一定之规,张三可以画,李四也可以画,你从这个角度切入,他从那个角度切入,只要言之有故,持之成理,然后成一家言,这就行了。学术贵于创新,完全照搬前人的模式,那就等于"一碗豆腐,豆腐一碗"。如果你自己加工,可能是麻婆豆腐,也可能是臊子豆腐,你有自己的做法,有自己的流派,这个是不必强求一律的。体例我觉得没有关系,你可以自己做主,没有哪个权威人士规定必须这样写,必须那样写。至于从哪个角度切入,去综合、去展开,得出什么样的结论,完全可以自己做主的,只要言之有据,怎么写、写成什么模式,没有一定之规的。

李　春:在见您之前,我没有想过这本书要提出新的发现。实际上,它是在前人成果基础上的一个集成,是把历史学、新闻学、电影学、公共管理学等各个学科中涉及澳门传媒(报纸、广播、电视、电影、网络)的内容,进行汇总、整理与集成。通过我的研究框架,把那些资料放到一个合适位置上,形成一部关于澳门地方传媒史和传媒研究的著作。因为对澳门传媒研究来说,这项基础工作迄今仍然是一个空白点。在开始研究的时候,我想在澳门本地会有关于澳门传媒的总体性描述的书,希望从当地的图书馆和相关研究机构的成果中找到,但我在澳门实地调研以及与当地学者交流的结果是"没有"。

另外,作为一名内地的研究者,研究澳门大众传媒,我感觉最有价值的是近代的部分,无论是从历史评价、对中国的影响,还是它的历史分量来看,都是如此。由于澳门地域狭小以及博彩经济的特殊性,当代澳门大众传媒这部分,对内地读者会有多大的吸引力,我在开始写作的时候其实是拿不准的。实际上,当代澳门大众传媒对澳门本地的影响更大,但在研究的过程中,我注意到一些比较有意思的内容,比如澳门对本地多元文化的扶持,对媒体自律的讨论,对社会事件的多方位报道以及与媒体有关的传播事件中各方的动态与博弈的过程。这是以前的历史梳理者较少涉及的,特别是那些非常有澳门本地传媒特点的内容,比如澳门有线电视公司与公共天线公司之间的矛盾冲突等。我有意识地做了补足,想通过这些内容让读者更多地了解澳门的社会生态、政治生态和传媒生态,这些内容对于内地的社会管理和媒体管理具有一定的借鉴意义。

方汉奇:这是可以的,你去做一番综合、归纳,系统地分析研究,可以有不同的侧面、不同的角度、不同的选项、不同的内容,在前人的基础上有所发明、有所发现、有所前进。你的涵盖面比较宽,把各种媒体,包括新的媒体都概括进去了。这个就是你区别于传统写法的一种前进,是一种新的发挥。本来学术研究就是这样,互相支持,共同积累,便会出现一个新的平台。在新平台完成的过程中,不断有一些预制构件、局部的成果出现,然后再形成更新的平台。在新平台上再不断有新的积累,又有更高水平的、进一步的发挥。学术本来就是这样,譬如积薪,后来居上。就是你堆柴火,后来的柴火是在上面的。这是研究的一个共同模式。在这个过程中,你有一些新的观念、新的想法、新的格局、新的模式,那就是你有所前进了。有所发明、有所创造、有所发现、有所前进,就符合学术研究的规律。

李 春:当我开始写《澳门大众传媒研究》这本书的时候,我在想:一个读者他为什么看这本书?看了之后能得到什么?一个对澳门完全不了解的人,通过这本书能够了解澳门的什么?能不能从中看到传媒与社会、与人之间是什么样的关系?能不能对他的生活有一点启示?这是我对这本书写作的思考。我不是一个专门研究新闻史的学者,对于普通读者,我希望他们能通过这本书了解澳门、了解澳门人的生活,看到媒介与澳门人生活之间的互动关系。

另外,一般来说,一个移民城市,比如芝加哥,它的报业之所以那么发达,是因为大量移民到城市之后,非常需要信息的交流,或者是要尽快融入一个文化。但我研究澳门后发现,澳门的华文报纸与外文报纸相比,相对弱一点。因此,我有一个假定,当然也是建立在社会科学研究的基础上。传统的澳门华人社会属于社团政治,人们更多依赖宗族力量和同乡组织。所以,我假定澳门华人之间传递信息不一定依赖报纸。澳门华人生活中所需要的大量的信息,可能来源于同乡会,或者社团性的人际沟通,其作用大于大众传播,这可能是在一定的时间段里,澳门华文传媒相对落后的一个原因。我在书中提到了这一特点,但没有具体展开论证。

方汉奇:澳门有它的特色。历史上葡萄牙人在那里就四百年,然后还有葡萄牙以外的外国人,特别是传教士,他们要进中国,必须以澳门作为一个起点,在澳门积累经验,做好相应准备,然后再进入中国。因此,传教士要学中国文字,然后才能办中文报纸。他首先需要通过办他们习惯使用的文字的媒体,来交换情况、交换经验。每个地方有每个地方的特殊情况、特殊需求和特殊条件。澳门有不同的社团,香港也是一样,在国外也是,国外的华人社区里也有不同的社团。他们之间有沟通、有信息的需求、有共同的利益,因此有共同的舆论、共同的政治观点、共同需要的表述方式。作为研究者,必须对你的研究对象有实事求是的了解,因地制宜、因时制宜,才能写出特色。

我这里可以给你提供一个参考,《清史报刊表》中有《海外华文报刊表》,它把港澳纳入,其中有一个关于中国的外文报刊表,有一个关于海外的华文报刊表。你研究的澳门早期的这一段,也属于《清史报刊表》研究的范围。它列出一个表,但有注释,是清史研究中一个很大的工程,规定的字数是20万字。其中,包括一个有关中文和少数民族文字的报刊的表,包括这个时间段在中国出版的外文报刊的表,还包括在海外出版的华文报刊表。海外的华文报刊表中,就包括《察世俗每月统记传》;在中国出版的外文报刊表,就包含了在中国出版的那些外文报纸。我们在这方面也做了探索,争取不漏,争取把最新的研究成果都纳入。你用的时候,如果看到第一手材料了,这个就是个参考。如果你发现这里面有你没有掌握的材料,你就可以注明出处"见于《清史报刊表》"。

目 录

对方汉奇先生的访谈(代序) / 1

绪 论 一座独特城市的生长与传媒个性 / 1

第一章 澳门:中国近代报刊发祥地 / 12
    第一节 一桩新闻史公案:澳门报纸的开端 / 12
    第二节 报刊现代性与中国近代报刊起始之辩 / 16
    第三节 澳门与中国近代报刊 / 21

第二章 澳门传媒缘起与中西文化交流 / 32
    第一节 耶稣会士来澳与"利玛窦规矩" / 32
    第二节 马礼逊的出版贡献与澳门最早的中文报刊 / 39
    第三节 "睁眼看世界":林则徐的书报翻译 / 47

第三章 思想之焰:澳门与现代报刊思想启蒙 / 60
    第一节 《蜜蜂华报》:西方资产阶级革命的回响 / 60
    第二节 《盛世危言·日报》:中国近代君主立宪第一人的报刊思想 / 68
    第三节 《知新报》:为变法发声,"广《时务报》所不能言" / 77

第四章 生存之道:澳门近代报刊兴起的市场空间与创业先驱 / 87
    第一节 信息·舆情·研究:鸦片战争前英文报刊的市场与竞争 / 87

第二节 "华洋合璧""利益澳门":整合"澳门人"的《镜海丛报》 / 101
第三节 澳门华商与政治喉舌联盟:辐射全球华人的《知新报》 / 112

第五章 澳门传媒法制与新闻出版情况 / 123
第一节 澳门传媒法与传媒管理历史 / 123
第二节 注重操作性的澳门报刊管理 / 134
第三节 新闻出版情况与报刊津贴 / 147

第六章 当代澳门报业的发展与特征 / 153
第一节 当代澳门报业发展历程 / 153
第二节 当代澳门报业发展特征 / 160
第三节 "一报独大"的《澳门日报》 / 164

第七章 当代澳门广播电视的发展与特征 / 180
第一节 澳门广播电视发展轨迹 / 181
第二节 澳门广播电视节目特色 / 186
第三节 澳门广播电视发展的热点问题 / 191

第八章 澳门电影业的发展与特征 / 206
第一节 澳门电影业发展历程 / 206
第二节 电影中的澳门 / 209
第三节 澳门戏院业兴衰 / 219
第四节 政府对影业的监管 / 225

附 录 澳门互联网的发展 / 230
参考文献 / 237
后 记 / 242

绪　论　一座独特城市的生长与传媒个性

从不为人知的边远渔村,到"远东最繁荣的商埠之一",再到"东方的蒙特卡洛"①,以及今天建设中的"世界旅游休闲中心"——澳门,它的传奇发展史见证了一个城市的生长演变,也塑造了澳门传媒独特的个性。

一、澳门地理、社会政治特征与传媒生态

澳门特别行政区,原点地理坐标为北纬22°12′40″,东经113°32′22″,地处我国南海之滨、珠江口西岸,毗邻广东省,从澳门关闸到珠海海关步行仅3分钟;距离香港60公里,距广州145公里。

历史上对澳门的称谓有:濠镜澳、濠镜、香山澳、香岙、海镜、镜海、镜湖、莲岛、莲地、马交、马角、阿妈阁及濠江等;明清时期中文文献多用濠镜澳,指澳门半岛及其南北二湾。1564年,庞尚鹏在上奏的《区划濠镜保安海隅疏》中首次使用了"澳门"这一称谓。②

澳门包括澳门半岛、氹仔③岛、路环岛,以及氹仔岛和路环岛之间填海而成的路氹城;面积仅30.8平方公里,目前居住人口为653 100人④,是一座袖珍小城。然而,在我国近代历史上,其地理和社会政治特征促生出特有的传媒生态,成就了澳门在传媒史上的一段辉煌——不仅是中国近代报刊的发祥地,而且是中国"最重要一次中西文化交流的传入地"。

---

① 澳门人称"蒙地卡罗"(作者注)。
② 谭世宝.澳门历史文化探真[M].北京:中华书局,2006:200.
③ 又作氹仔。澳门本地的"氹"为异体字,内地正式出版物多用"氹"(作者注)。
④ 澳门统计暨普查局.地理和人口[EB/OL].(2018-03-06)[2018-03-20].http://www.gcs.gov.mo/files/factsheet/geography.php? PageLang=CN.

"澳者,舶口也。"澳门半岛与江海相依,是珠江口岸江海交汇的交通枢纽。葡萄牙人到澳门之前,澳门已经存在从事商贸、农耕及渔捕等各业的疏落居民点。澳门半岛北部有一片狭长陆地与内地相连,称为"莲花茎",在澳门的发展中起到了至关重要的作用。澳门居民的日常生活必需品——淡水、粮食、蔬菜等均依赖内地供给。通过"莲花茎"便捷的陆上通道,内地物资被源源不断地运抵澳门,为澳门从渔港经济向近代海洋贸易经济转变提供了必要的物质条件。

在15世纪末地理大发现时代,葡萄牙成为垄断西欧,绕过好望角至印度洋,以至中国海之间的海上贸易霸主。1548年后,葡萄牙人在广东沿海的浪白澳、屯门岛及上川岛一带建立暂时的贸易点,从事季节性贸易。1556年,葡萄牙人的贸易船队与当时负责巡视海道的广东按察司副使汪柏达成口头协议,以每年交纳白银五百两、贸易抽分十分之二为条件,获得来华贸易权;1557年,葡萄牙商船将"濠镜澳"作为固定停泊地,开始修建房舍,这标志着澳门开埠。

澳门受东南季风影响,这对当时以木帆船为主要交通工具的海上贸易极为有利,凡从西方来的船只,均需先抵达澳门,再向东行。由于澳门的地理位置特殊,16世纪后期到17世纪前期,是其转口贸易全盛时期,成为联结欧洲、亚洲、拉丁美洲海上丝路贸易大循环的枢纽。以澳门为中心,形成了三条国际性贸易航线,即葡萄牙里斯本—印度果阿—澳门,澳门—日本长崎,澳门—菲律宾马尼拉—墨西哥。①

16世纪中叶,葡萄牙人定居澳门后,澳门城市发展很快,不到十年就已成为一个聚居万余人的国际贸易港口。其中,葡萄牙人及其眷属和奴仆大约有五六千人。当时,葡萄牙国王及葡印总督都没有派驻固定官员,而是由明朝的"守澳官"对澳门进行管理。"守澳官"包括:提调、备倭、巡缉。"提调"是最高行政长官;"备倭"专门负责在各港口管理外国船只、海上巡汛、港口保卫;"巡缉"负责澳门城市内部治安。此外,明朝还在香山县境内设专职主管濠镜澳军事的海道副使,当重大事件发生时,两广总督等封疆大吏也会过问澳门地区政务。

明政府在澳门城内设立议事亭,并将其作为中国官员向濠镜澳的葡萄牙人宣读明廷政令以及双方官员会商政务的场所。万历二年(1574年),为加强对居澳葡萄牙人(简称居澳葡人)的防范,明政府在"莲花茎"建关闸,每月开关六次,为濠镜

---

① 冯邦彦.澳门概论[M].香港:三联书店(香港)有限公司,1999:8.

澳提供生活必需品。当时规定酒、米及食物须按人头定量由官方与葡萄牙人交易；同时，在关闸北面派驻"把总"一员，统兵六百扼守，控制人员出入。

清朝撤销提调、备倭、巡缉，设"香山县令"全面主管澳门事务，包括督征地租、处理司法案件；设"香山县丞"，处理在澳门居住的百姓与外国人的行政事务。康熙三年(1664年)，设"前山副将"，统率水陆两路军队，对澳门进行军事防范；康熙二十三年(1684年)，设"粤海关澳门总口"，管理澳门海关征税事宜；乾隆八年(1743年)，设"澳门同知"，专管澳门及邻近海域的海防，同时兼管澳门的涉外事务。①

居澳葡人为了加强社区内部管理，1560年选出驻地首领、法官和四位有威望的商人，形成管理组织，处理社区内部事务。这个被后人称为委员会的组织是议事会的雏形。军事上，则由一年一度赴日途中在澳停留的葡萄牙中日贸易船队司令负责。1583年，在萨(D. Leonardo de Sa)主教的倡议和主持下，居澳葡人首次进行正式"选举"，成立了议事会(或称议事公局)。②

议事会是早期居澳葡人的最高权力机构，除军事权归中日贸易船队司令负责外，议事会负责澳门的市政卫生、财政拨款及其他公共事务，还负责葡萄牙人社群的治安和司法等。议事会由三名市议员、两名普通法官及一名理事官组成，任期三年。1584年，葡印总督确认了澳门议事会的行政、政治及司法管理权。

居澳葡人的议事会奉行"双重效忠"，既遵守中国政府的命令，也执行葡印政府的指示。议事会作为居澳葡人的最高权力机构的格局，维持了二百年，直到1783年葡萄牙女王唐娜·玛利亚一世颁布《王室制诰》，之后澳门总督的权力不断扩张，从以往只负责防务的兵头，到拥有否决议事会决策的权力，议事会则逐渐变为市政管理机构。19世纪40年代，葡萄牙人与华人共处分治的政治局面被打破。1846年，亚马留任澳门总督后积极推进殖民政策，把原本只对葡萄牙人实行的统治，扩大到华籍居民。1888年，葡萄牙通过《中葡和好通商条约》(1887年12月1日签订，1888年4月在天津换文)，取得了对澳门的"永居管理"权。自1623年第一位澳门总督马士加路也到澳门正式赴任，到1999年12月末代总督韦奇立离开澳门，澳葡当局对澳门实行了近三百年的殖民统治。

---

① 邢荣发.澳门历史十五讲[M].香港:华夏文化艺术出版社,2007:25-27.
② 吴志良.澳门政治制度史[M].广州:广东人民出版社,2010:44.

回顾历史,从开埠至今,澳门的发展分为五个历史阶段:第一阶段,自开埠至1847年,为双权管治时期;第二阶段,由1847年至1976年,为殖民管治时期;第三阶段,由1976年至1987年4月13日,为葡萄牙宪制下的澳门自治时期;第四阶段,由1987年4月14日至1999年12月19日,为回归过渡期;第五阶段,为澳门特区政府成立至今。

长期以来,华洋共处分治是澳门社会的主导结构。由于远离中国内陆和葡萄牙本土,清政府在澳门的中央权力薄弱;而葡萄牙帝国的没落,也使葡萄牙占领者相比正在崛起的英、法等国的来华者更为"恭顺",因此清廷对澳门的管理比较宽松。在清政府"以商制夷"的广州体制下,外国人被严格限制在澳门、黄埔和广州城郊的外国商馆。清帝曾下旨:自1760年起,欧洲各国商人在广州贸易后只许在澳门留居。因此,澳门既是所有外国船来华的第一站,也是外商家属的长期居留之地。

处于中西物资与文化交汇最前沿的澳门,一方面,长期受西方现代文明和文化濡染;另一方面,具有汇聚和传播世界各地政商资讯的优势。这为以《蜜蜂华报》为代表的葡文外报最早在中国出现,使澳门成为中国近代报刊的发源地,以马礼逊、神志文等为代表的西方传教士以澳门为基地在中国创办报刊,以及19世纪末中国资产阶级改良派在澳门创办《维新报》大胆言说革命,提供了现实基础和可能。

澳门回归前,华人占澳门人口的绝对主体,但却无任何政治地位可言。直到19世纪50年代以后,澳门华商崛起,作为民间力量逐步渗透和参与澳门社会管理。进入澳门的富裕华人,掌握了澳门的大部分近代工业生产部门及内外贸易,澳门的政治结构和社会生活悄悄发生变化,并对澳门传媒产生影响——从1867年澳门政府公报《澳门宪报》率先将直接与华人社群相关的内容译成中文刊发,到1893年澳门第一份中文商业报刊《镜海丛报》创刊,标志着澳门华文报刊时代的到来。

二、城市生长、变迁与传媒拓展空间

澳门是一个不断生长的城市,开埠四百年来,它的地域面积、人口数量、城市面貌和经济产业经历了沧海桑田的巨变,而城市本身的特征与发展变化,形塑了澳门传媒的拓展空间。

澳门地域狭小,海域面积是陆地面积的数倍,因此,填海造地成为城市地域扩张的重要手段。从19世纪60年代开始,澳门经历了数次大规模的填海造地运动,获得了比原有面积还要多的土地资源。根据史料记载,1912年澳门面积为11.6平方公里,1977年扩大至21.45平方公里。澳门回归以来,其土地面积仍处于发展变化中,1999年为23.8平方公里,至2015年增长为30.4平方公里,并且数字仍在上升(见表1)。①

表1　澳门回归以来的土地面积增长情况表

年份	1999	2000	2001	2002	2003	2004	2005	2006	2007	2008	2009	2010	2011	2012	2013	2014	2015	2016	2017
总面积(平方公里)	23.8	25.4	25.8	26.8	27.3	27.5	28.2	28.6	29.2	29.5	29.7	29.9	29.9	30.3	30.3	30.4	30.4	30.5	30.8

澳门人口同样经历了不断发展壮大的过程。目前最早的有关澳门的人口记载出现在1555年,当时仅为400人。16世纪以来,外来人口的增加促使澳门有了城市的雏形。随着葡萄牙人远东贸易的逐渐兴旺,以及耶稣会东方传教事业的发展,至1580年,澳门人口达2万人。但这一时期澳门的常住人口并不稳定,暂住人口占大多数。人口构成中既有长居澳门的葡萄牙人及华人,也有自果阿赴日本的贸易船队随员及耶稣会传教士等以澳门为暂居地者。1640年,在明清交替时期,中国北方的战争向南发展,促使澳门总人口增至4万人,达到历史高峰。

18世纪,澳门人口较为稳定,最少时只有13 212人,而最多时有28 000人。清政府于1757年禁止洋船到浙、闽、江海关,只留粤海关供外国人进行贸易,且在非贸易季只许他们在澳门过冬。在1750年至1772年的22年间,澳门人口增加了6 000人。这一时期欧洲人涌入澳门,相继设立商馆、建造宅邸,使澳门南湾至西湾一带建满欧陆式房屋,澳门的城市发展进入前所未有的兴盛期。②

正是以城市发展和市民成长为依托,19世纪初澳门出现了首批报刊。由于澳门社会变化主要受中国内地、葡萄牙本土以及澳门周边地缘政治的影响,澳门新闻传媒的发展动因也来源于此。如1822年《蜜蜂华报》的诞生,可追溯至葡萄牙本土资产阶级革命;1897年在澳门创刊的《知新报》,则直接策应中国资产阶级改良派

---

① 澳门统计暨普查局.陆地面积[EB/OL].(2018-03-06)[2018-04-01].http://www.dsec.gov.mo/TimeSeriesDatabase.aspx? KeyIndicatorID=11.
② 邢荣发.澳门历史十五讲[M].香港:华夏文化艺术出版社,2007:6-9.

的维新变革。同时,受周边地缘政治和经济发展影响,历史上澳门移民增加的时期,往往也是澳门传媒的大发展时期。

城市人口增加,意味着报刊"潜在"读者的基数增大;移民为尽快适应当地生活,通常比土著居民有更强烈的信息需求,因而带动了报刊市场的繁荣。1893 年,澳门第一份中文商业报刊《镜海丛报》的出现,与澳门华人人口增加、华人社群壮大有密切的关系;此外,抗日战争期间大批难民因逃避战火而涌至澳门,澳门人口由 1938 年的 14 万人猛增至 1940 年的 40 万人,这一时期也成为澳门历史上报刊数量大增的时期。

自开埠以来,澳门经济随外部环境转变大起大落:(1)16 世纪后期至 17 世纪前期的约 100 年间,澳门一直是远东最繁荣的商埠之一。(2)从鸦片战争到 20 世纪 50 年代末,随着香港自由港的崛起,澳门作为远东贸易转口港的地位一蹶不振。1847 年,澳葡当局宣布赌博合法化,澳门作为东方第一赌城,成为与美国的拉斯维加斯、摩纳哥的蒙特卡洛齐名的赌埠。(3)从 20 世纪 60 年代初至澳门回归前,是澳门经济现代化、多元化发展时期,传统赌业逐步演变为现代旅游博彩业。20 世纪 60 年代以后,澳门形成以旅游博彩业为主导,出口加工业、地产建筑业和银行保险业为主要产业支柱的经济结构。(4)澳门回归以来,是其经济发展最快的时期。2000 年到 2013 年,澳门本地生产总值由 502.7 亿澳门元增至 4 134.7 亿澳门元,人均产值由 1.5 万美元增至 8.7 万美元,在世界银行经济体排名中居亚洲第二、世界第四。①

澳门传媒的发展也因经济的潮起潮落而沉浮:作为远东最繁荣的商埠,澳门外报进入繁盛期;鸦片战争后澳门的地位被取代,大批外报从澳门转向香港和上海这两大新兴口岸城市;自 1999 年澳门回归以后,特别是 2002 年澳门股权开放后,澳门经济狂飙突进,也为澳门报刊业带来了新变化。受经济高速发展影响,以经济内容为定位的新刊物增加,如英文商业杂志 *Macau Business* 的姊妹中文月刊《商讯》和周报《澳门商报》,均是澳门报业史上少有的以商业资讯及经济内容为主的报刊。此外,澳门旅游业发展势头强劲,2000—2013 年,入境旅客由 916.2 万人次增至

---

① 15 年成就彰显"一国两制"强大生命力[EB/OL].(2014-12-08)[2015-01-23].http://news.xinhuanet.com/mrdx/2014-12/08/c_133839387.htm.

2 932.5万人次,增幅达293.9%。① 2014年突破3 000万人次,达到3 152万人次。②巨大的消费人群,带动了面向来澳游客、以本地饮食资讯为主的免费报刊的出现。

人们习惯于将港澳台三地并称,但相比港台,澳门的传媒处于明显的弱势地位,存在着诸多局限:人口数量少,市场容量有限;人口年龄结构老化,高学历和高技能人才比率低,人才短缺;产业结构单一,博彩业占据澳门经济绝对主导地位,是澳门最大的直接税③来源。从1999年到2013年,澳门博彩税占财政收入的比重从28.3%上升到76.4%④;2014年,澳门幸运博彩总收益达3 515.21亿澳门元,缴纳博彩税1 367.1亿澳门元。以博彩为特色的经济结构带来了巨大财富,但对传媒业发展的带动作用不足,而且由于博彩业需要大量劳动力,还对包括传媒在内的其他行业吸纳人才形成阻力;此外,澳门传媒基础薄弱,尽管曾是中国近代报刊的发源地,但由于历史上华人长期处于边缘化地位,因此形成了华人社团政治的传统,华人居民更多地依赖社团内人际传播,而非通过大众传媒获得社会信息。这也在一定程度上限制了澳门传媒的发展空间。

20世纪以来,"资讯外借"一直是澳门传媒的发展常态,也成为影响澳门本地传媒进一步发展的阻碍。澳门传媒面临港台传媒挤压,参与澳门报业竞争的香港报刊数量远超澳门本地报刊数量;澳门的杂志市场以售卖香港及台湾的杂志为主;澳门居民有收听香港广播、收看香港电视节目的习惯。自20世纪60年代起,澳门通过公共天线接收来自香港的电视讯号;直到20世纪80年代,澳门才出现本地电视台,但其节目制作能力不足,而且长期处于亏损经营的状态。澳门回归以来,特区政府全面开放卫星电视业务,希望借助政策优势,使澳门成为继香港之后另一华语卫视基地。迄今为止,已有澳亚卫视、莲花卫视、中国功夫卫视等品牌,但未能达到预期的影响力。澳门大众传媒的发展,需要立足城市优势和特色,明晰目标、寻求突破。

---

① 澳门回归后经济迅速增长[EB/OL].(2014-08-31)[2015-09-27].http://www.chinanews.com/ga/2014/08-31/6547337.shtml.
② 2014年澳门入境旅客首次突破3000万人次[EB/OL](2015-01-21)[2015-09-27].http://www.xinhuanet.com/2015-01/21/c_1114082340.htm.
③ 直接税是指直接向个人或企业开征的税,包括对所得、劳动报酬和利润征的税。直接税与间接税相对应:间接税是对商品和服务征收的,从而只是间接地以公众为征税对象。间接税包括销售税,还有对财产、酒类、进口品和汽油等所征的税。
④ 澳门博彩税收15年增9.4倍[EB/OL].(2014-11-27)[2015-09-27].http://news.ifeng.com/a/20141127/42580531_0.shtml.

三、中西交汇、多元传统孕育澳门传媒文化

澳门是一座中西交汇、传统与现代并蒂、多元文化共存、亦新亦旧的独特城市。作为我国仅有的两个特别行政区之一,澳门坚持"一国两制"政策,《澳门特别行政区基本法》是其宪制性文件。澳门特别行政区保持原有的资本主义制度和生活方式五十年不变,居民享有言论、新闻、出版的自由。保持文化多样性,扶植本地文化,是澳门一以贯之的传媒政策。

澳门人口绝大部分为华人,其余为土生葡人①、葡萄牙移民以及其他外籍人士。土生葡人大多数是在澳门出生、具有葡萄牙血统的居民,或长期定居澳门的葡萄牙家庭的后代,还有些是葡萄牙人与华人或其他种族结合所生的混血儿。根据2011年人口普查统计数据可知,华裔人口共510 383人,占总人口的比例为92.4%;有葡萄牙裔血统的共8 106人,占总人口的比例为1.5%(见表2)。②

澳门开埠之初,人口除来华贸易及传教的以葡萄牙人为主的数百欧洲人,和小部分来自果阿的印度人及黑奴外,其他大多数为华人。在澳门历史进程中,西班牙人、意大利人、英国人、德国人、瑞士人、日本人、印度人、马来西亚人,甚至非洲人都曾在这里居住,为澳门带来了不同的文化。通过贸易上的互补沟通、社区中的生活接触,甚至联姻关系或矛盾冲突后的相互学习等途径,不同文化出现了复杂而关系微妙的互融。

表2 澳门不同族裔人口构成

族裔	2001		2011	
	总数(人)	比例(%)	总数(人)	比例(%)
总人口	435 235	100.0	552 503	100.0
华裔	416 353	95.7	510 383	92.4
华裔和葡萄牙裔	4 254	1.0	4 019	0.7
葡萄牙裔	2 810	0.6	3 485	0.6
华裔和非葡萄牙裔	1 771	0.4	1 602	0.3
其他	10 047	2.3	33 015	6.0
葡萄牙裔及其他	709	0.2	602	0.1

---

① 土生葡人:指在澳门居住,或在澳门土生土长,但已移居海外的葡萄牙后裔居民,是澳门社会中一个独特的居民群体。包括住在澳门的葡萄牙人的后裔,以及葡萄牙人与其他种族通婚而在澳门繁衍的混血后代。
② 澳门统计暨普查局.2011年人口普查详细结果[EB/OL].(2012-04)[2015-01-22].http://www.dsec.gov.mo/Statistic.aspx? NodeGuid=8d4d5779-c0d3-42f0-ae71-8b747bdc8d88.

澳门大众传媒具有多语种、多元化的特征。澳门新闻局发布的刊物登记资料显示,澳门目前出版发行的各类报刊为 67 种,包括 4 个语种:中文报刊 52 种,英文报刊 9 种,葡文报刊 5 种,日文报刊 1 种。澳门的广播电视节目自诞生之初就包含汉、葡两种语言的节目,其中汉语节目采用粤语播出;随着回归进入倒计时,自 20 世纪 80 年代末起增设《学讲普通话》节目。目前,澳广视每天 22:00 播出《普通话新闻》节目。"澳门－MACAU"卫星电视频道 24 小时以粤语、普通话、葡语及英语广播。

中西文化在澳门汇聚,多种宗教和平共处、共同发展。最早来澳的是天主教传教士,他们在 16 世纪中叶以后随欧洲商船进入澳门;1560—1565 年,他们创建了澳门最古老的三所教堂——圣母望德堂、圣安多尼堂、风顺堂;1594 年,耶稣会在澳门建立了圣保禄学院,专门培训进入中国传教的耶稣会传教士;到 1635 年,澳门已有天主教徒 25 000 多人,其中华人教徒有 10 000 多人。由于天主教植根于澳门,所以大量华人入教,明清时期澳门很大程度上被天主教化。

天主教对澳门文化影响深远,澳门迄今仍沿用以各主要天主教教堂为中心发展而成的社区,即位于澳门半岛的大堂区、风顺堂区、望德堂区、花王堂区、花地玛堂区,以及离岛的嘉模堂区、圣方济各堂区。教会报刊是澳门传媒的特色,据考证澳门最早的报纸就是在天主教修道院创刊的《消息报》,只是由于其传播范围有限而不被人知晓。教会报刊是澳门报业的重要组成部分,如天主教澳门教区机关报《号角报》(葡文周报)创办于 1947 年,至今仍在刊行,且具有较大的社会影响力。[①]其版面包括本地新闻、区域新闻、国际新闻、葡萄牙新闻、"牧民消息"和评论。

虽然居澳华人中有部分已被天主教化,但大多仍保持固有的儒家文化传统。居澳华人以信奉道教和佛教为主。除了旧有的一些庙宇,明末时澳门修建了莲峰庙和普济禅院(观音堂);妈祖信仰是澳门华人的传统信仰,具有数百年悠久历史的妈祖阁庙已成为澳门渔港的一个象征。在澳门扎根的各种宗教,长期以来和平共处;耶稣像出游、佛诞、妈祖诞、关帝诞等庆典活动同时共存一地,形成澳门的一大奇特人文景观。除了前述教会报刊外,澳门电台还开办有宣讲佛法的《法音宣流》节目,每周日 23:00—24:00 播出。

---

① 2010 年,澳门《号角报》因报道"墓地门事件",引发人们对教会报纸使命的争议而被广泛关注。

自20世纪初起,澳葡政府①实施报刊津贴制度,以确保本地报刊多元化发展。由于葡文的报纸销量小,广告收益不多,而接收葡萄牙国内的新闻消息则须支付较高的电讯费用,所以在澳门出版的葡文报纸普遍亏损。为了使这些报纸能继续出版下去,澳葡政府对葡文报纸给予津贴性补助,之后这一政策扩大至中文报纸,并通过法律制度的形式固定下来。澳门回归后,特区政府新闻局继续沿用报刊津贴制。此外,2004年,澳门特区政府确认澳广视"公共电视"的身份,以公共广播定位发展澳门的广播电视,致力于扶植澳门本地文化,这也促使澳门形成了极有地域特征的传媒文化。如澳广视的综合电视频道"澳视澳门"每天6:30播出的《澳门教育暨青年局信息》、每天9:28播出的《咨询奉告》,都是具有澳门本地特色、体现公共广播特征的节目。

《澳门日报》是澳门传媒业的一个奇迹,最能代表澳门传媒的文化特质。自1958年创办以来,报社立足澳门、背靠祖国、面向世界,秉持"澳报澳办"原则,全面反映社情民意。澳葡时期,凡当地发生重要事情在报上都有及时的报道。《澳门日报》通过积极维护澳门同胞权益,树立了报纸的声誉和权威。20世纪80年代以来,其以丰富的信息量、多元化副刊、新颖的版面编排,为各阶层、不同诉求的澳门读者提供全面服务,在激烈的报刊市场竞争中开疆拓土,逐渐形成一报独大的格局和独具特色的报纸风格——新闻采编坚持"突发新闻求详""政治新闻求真""经济新闻求议""人文视角求亲";对重大新闻的处理,立足澳门社会的整体利益,对事件、对公众、对历史负责;通过精办副刊,推崇传统文化,同时贴合时代需求提供丰富的内容,积极构建澳门人的精神家园。

本书是第一部全景式勾勒澳门大众传媒历史和现状的研究著作,它的完成建立在澳门、内地、香港、台湾以及海外学者对澳门传媒已有研究的基础之上,通过独有的学术框架,尽可能地囊括史学、新闻传播学、公共管理学、电影学等学科涉及的澳门大众传媒的相关论述和已有成果。由于与澳门传媒研究相关的专著和论述匮乏,成论少且零碎,所以搜集资料、厘清脉络、寻找框架、组织论述是本研究最为耗费心力的地方。

作为澳门传媒研究的第一部综述性专著,本书选取描述性视角,以便读者全面了解澳门传媒发展的事实,为今后的深入研究和探寻奠定基础。本书分近代和当代两

---

① 澳葡政府指澳门在葡萄牙管治时期的政府机构。澳葡政府时期(简称澳葡时期)始于1887年清政府与葡萄牙签订《中葡和好通商条约》,止于1999年12月20日澳门正式回归祖国。

部分:近代是澳门大众传媒最为辉煌的时期,这一时期澳门传媒的发展,对于中国大众传媒发展和世界文化交流都有着重要的意义和价值。第一章到第四章分别从新闻研究史、思想启蒙、中西文化交流、市场生存空间四个层面详细剖解澳门大众传媒。当代澳门传媒的影响力远不及近代,但对于澳门社会文化发展更具现实意义。第五章介绍了澳门大众传媒管理制度与状况,第六章到第八章分别论述澳门报刊、广播电视、电影三个领域的发展历程与特征。附录简述澳门互联网的发展状况。

澳门议事厅前地(Largo do Senado)

"前地"即广场,澳门议事厅前地坐落在民政总署总部对面。因广场中央矗立着一座喷泉,俗称"喷水池",如今是澳门最具葡萄牙传统特色的景致(见图1)。其步行街区位于澳门最繁华的大街——新马路旁,是著名的旅游景区。小广场上铺着产自葡萄牙的石质地砖,以黑黄色调为主,碎石排列成各种动物图案,波浪般地围绕着议事厅前地。议事厅前地四周都是葡萄牙风格的建筑,色彩明丽,有着浓烈的异国风情,与地砖相互映衬,使原本不太大的广场看起来开阔而富有活力。

图1　澳门议事厅前地

第一章 澳门：中国近代报刊发祥地

> 我国现代报纸之产生，均出自外人之手。……语其时间，以葡文为较早。
>
> ——戈公振

第一节 一桩新闻史公案：澳门报纸的开端

长期以来，澳门1822年创刊的《蜜蜂华报》被视为我国最早的现代报纸。早在1927年，著名记者、新闻学家、中国新闻史研究的开拓者戈公振（1890－1935）就在其出版的《中国报学史》中指出："我国现代报纸之产生，均出自外人之手。……语其时间，以葡文为较早；数量以日文为较多；势力以英文为较优。"[①]尽管书中并未明确说"《蜜蜂华报》是澳门的第一份报纸"，但因其举例中《蜜蜂华报》排位最先、出版时间最早，所以就形成了"澳门新闻史以至中国近代报刊史始于《蜜蜂华报》"的"常识"。[②]

1981年，我国新闻史学家方汉奇撰写的《中国近代报刊史》出版。作为新时期新闻史奠基性作品，书中这样表述："最先用中文出版的近代化报刊，最先在我国境内出版的近代化报纸，都是外国侵略者首先创办起来的"，"其中，《蜜蜂华报》是在

[①] 戈公振.中国报学史[M].北京：三联书店，1955：81.
[②] 澳门新闻史学者林玉凤用"自此，澳门新闻史为人关注的焦点，几乎'定格'在这一段有关澳门葡语报章的描述上"，描述《蜜蜂华报》对于澳门新闻史的重要意义。参见林玉凤.鸦片战争前的澳门新闻事业（1557—1840）[D].北京：中国人民大学，2006：1.

中国境内出版的第一份外文报纸"。① 此后,方汉奇在其主编的《中国新闻事业简史》(1983)、《中国新闻事业通史·第一卷》(1992)中,对以上表述进行修订,去掉了"外国侵略者"这样的政治性表达,但《蜜蜂华报》作为中国第一份外文报刊和近代化报刊的地位始终没有变。② 由于这两部书是国内高校新闻专业教材,所以也被视为定性结论。

近20年来,随着大量葡语文献引入澳门传媒史研究,开始不断有学者对澳门报纸的开端提出质疑。澳门历史学者汤开建明确提出:以往"定论性的说法",实际存在诸多疑窦。他引用两份葡语文献作为佐证:(1)葡萄牙史学家、神父文德泉(1912—2003)在其所著《远东出版的葡文期刊》中曾简要介绍:"(1807年6月4日)若阿金·若泽·赖特主办的《消息报》在他生活的澳门修道院创刊。这份报纸一直发行到1834年,论述了澳门和修道院里的日常生活。"③(2)葡萄牙历史学者施白蒂(1944年生)在其著作《澳门编年史》中引用并且认同文德泉的这一说法。

汤开建认为:"由于目前尚未发现保存的《消息报》原报,无法一睹报纸真容,但若文神父的记录确凿,则澳门及中国的第一份报纸就不是《蜜蜂华报》,而是1807年创刊的《消息报》。"④不仅如此,汤开建在对澳门政府公报《澳门宪报》进行研究时,根据施白蒂所著《澳门编年史》中的多处记载形成的证据链推断:以往新闻史中描述的《澳门宪报》创刊时间,也是有疑问的;除了《消息报》之外,《澳门宪报》的出版时间也早于《蜜蜂华报》。

一般认为《澳门宪报》的创刊时间是1838年,而在《澳门编年史》中,与《澳门宪报》相关的记载有:"(1816年1月8日)标题为《澳门帝汶省公报》的官报再次发行,内容有很大的变化。报纸出版了很长时间。""(1828年1月7日)《政府公报》即日

---

① 方汉奇.中国近代报刊史[M].太原:山西人民出版社,1981:10、13.
② 《中国新闻事业简史》提道:"中国境内最早的近代报刊,是葡萄牙人在澳门创办的""《蜜蜂华报》……是中国土地上出版的第一份外文报刊"。参见方汉奇,张之华.中国新闻事业简史[M].北京:中国人民大学出版社,1995:45;《中国新闻事业通史·第一卷》提道:"最早出版的是《蜜蜂华报》,创办于1822年9月12日。它是第一种在华出版的外文报纸。"参见方汉奇.中国新闻事业通史:第一卷[M].北京:中国人民大学出版社,1992:248.
③ 施白蒂.澳门编年史:19世纪[M].姚京明,译.澳门:澳门基金会,1998:8.在书中第25页也提到了1820年的《消息报》。
④ 汤开建.《澳门宪报》中文资料辑录1850—1911[M]//《澳门宪报》中文资料辑录1850—1911.澳门:澳门基金会,2002:前言XXV.

起更名为《殖民地澳门官报》。""(1836年12月7日)法令宣布《政府公报》由政府秘书负责编纂。""(1838年9月5日)《澳门帝汶索洛省政府公报》开始出版发行,仅出版5期,1839年1月9日停办。……(1839年1月8日)《澳门帝汶索洛省政府公报》停止出版。该公报一直是在威尔·威廉姆斯在澳门办的印刷厂印的。停印5期后,公报于次年再次出版。"①按照这一记载,有关《澳门宪报》最早的记录可以追溯到1816年。

因此,汤开建指出:"澳门政府公报创办的时间不是1838年或1839年,而应在1816年之前。如施说不误,更可证明,1822年创办的《蜜蜂华报》不是澳门的第一份报纸。"②汤开建还进一步以四方史料对证:(1)施白蒂所著的《澳门编年史》中的相关记载;(2)《中国丛报》(英文外报,1932—1951)中关于《澳门政府宪报》的记载;(3)现存的第一份政府公报报纸原件[注明为第一簿(Vol.1)第一号(No.1)、报题为《澳门政府宪报》、日期为1838年9月12日星期三的报纸];(4)葡萄牙历史学家徐萨斯(1863—1927)于1902年出版的澳门史专著《历史上的澳门》。

通过对比多个史料,汤开建指出:虽然《澳门编年史》中有"1838年9月5日《澳门帝汶索洛省政府公报》开始出版发行"的提法,但1838年不可能出现"澳门帝汶索洛省公报"名,疑为施白蒂的误记。因为1844年帝汶、索洛才从印度政府分离划归澳门,1846年以后澳门政府公报更名为《澳门帝汶索洛省宪报》;之后,帝汶和索洛多次短暂脱离澳门,因葡萄牙重组海外省,澳门政府公报报名亦多次更改。由此可以肯定:过往新闻史中"1838年9月12日出版的《澳门宪报》",只是停刊后再次创办的澳门政府官报。

至此,澳门报纸的开端这一公案虽未尘埃落定,但已日益清晰。汤开建根据文德泉神父所著的《澳门报刊的起源》中"(澳门)真正的报刊业其实是在19世纪才在外国影响下兴起,澳门,这个葡萄牙所属城市在1817年时,就有了头几份报纸"③的说法提出:圣若瑟修道院的《消息报》和澳门政府公报《澳门宪报》恐怕就属于这

---

① 施白蒂.澳门编年史:19世纪[M].姚京明,译.澳门基金会,1998:19,40,68-69.
② 汤开建.《澳门宪报》中文资料辑录1850—1911[M]//《澳门宪报》中文资料辑录1850—1911.澳门:澳门基金会,2002:前言 XXVI.
③ 文德泉.澳门报刊的起源[M].田晓燕,译.文化杂志(中文版),1993(11—12).

"头几份报纸"了。①

  国内新闻史学界对澳门第一份报纸的误判,史料不足与语言障碍应是重要原因;同时,《蜜蜂华报》之前的澳门早期报纸的社会影响力有限,大约也是一个原因。如在修道院编辑印发的《消息报》,其创办地圣若瑟修道院,1728 年由耶稣会士建立,历史上培养过许多赴中国和东南亚各地的传教士,1800 年曾被授予"皇家修道院"的荣誉。但现存有关《消息报》的史料却非常有限,从仅有的对其内容的简单描述看,这张报纸很可能主要在修道院体系内传播,因此不被一般大众了解。

  而据施白蒂考证,《澳门宪报》早期内容全部是官方文件,到 1858 年后内容才有所增加,除刊登官方文件,还可刊登一部分社会消息。据汤开建考证,在《澳门宪报》上刊登中文始于 1850 年;1857—1872 年又完全停止中文翻译;1872—1879 年间,中文消息的翻译数量极少;1879 年,澳督正式发布"自今以后,澳门宪报要用大西洋及中国二样文字颁行"②;但直到 1911 年,发表的葡文文章仅全译目录,而正文只是部分翻译发表。《澳门宪报》使用语言的历史状况,也从一个侧面说明其社会影响力的局限性。

  比较而言,《蜜蜂华报》虽为葡文周报,存在时间不过一年零三个月,但它与澳门立宪运动伴生的特殊身份,与葡萄牙本土革命的呼应,令其因历史事件的社会影响而被铭记;同时,它也是早期报刊中存留较好的——《蜜蜂华报》一共出版了 67 期,1994 年澳门大学和澳门基金会重印该报,经全力搜罗,最终印本仅差一期(1823 年 3 月 20 日)报纸中的 4 页——为后世追踪和研究提供了便利③,并促生了新闻史上将《蜜蜂华报》作为澳门报纸的开端的看法;此外,也是最重要的,虽然已有比较充分的史料证明《蜜蜂华报》并不是澳门的第一份报纸,但《蜜蜂华报》相较于在修道院体系内传播的《消息报》、作为政府公报的《澳门宪报》来说,具有更鲜明的现代报刊特征(或者说现代性),其出现本身仍具有标志性意义。

---

① 汤开建.《澳门宪报》中文资料辑录 1850—1911[M]//《澳门宪报》中文资料辑录 1850—1911.澳门:澳门基金会,2002:前言 XXVI.
② 《澳门地扪宪报》,1889 年 2 月 8 日第 6 号,转引自《澳门宪报》中文资料辑录 1850—1911[M].澳门:澳门基金会,2002:XI.
③ 吴志良.《蜜蜂华报》研究·序[M]//程曼丽.《蜜蜂华报》研究.北京:清华大学出版社,2015:11.

第二节　报刊现代性与中国近代报刊起始之辩

在解读澳门是中国近代报刊发祥地之前,我们还需面对以下问题——究竟何为近代报刊?划分近代报刊与古代报刊的标准和依据是什么?事实上,对于我国近代报刊的起始点,同样存有争议;同时,在学界还有"近代报刊"和"现代报刊"两种提法。究竟在中国近代报刊起始之辩的背后,有什么样的方法论的差异?何谓报刊的现代性?

新闻史学家方汉奇在《中国近代报刊史》(1981)、《中国新闻事业简史》(1983)、《中国新闻事业通史·第一卷》(1992)均采用"上起1815年"的提法。20世纪80年代末,蔡长宁对中国近代报刊起始提出质疑:"按照我国史学界将1840年鸦片战争爆发作为中国进入现代社会标志的惯例,中国近代报刊的开始以1815年出版的《察世俗每月统记传》为标志似不妥"①,由此引发对判定中国近代报刊起始标准的思考——由哪些特定的历史含义确定近代报刊的开始?

1990年,《新闻与写作》杂志第一期刊登了方汉奇对近代报刊起始的看法,同时配发蔡长宁的质疑信。同年,《新闻研究资料》刊登了中国近代史学者严昌洪的《〈察世俗每月统记传〉不是我国第一份近代报刊》。严昌洪陈述了五点理由:(1)《察世俗每月统记传》出版地不在中国,而在南洋;(2)办报人和投稿人不是中国人;(3)"读者对象以南洋华人华侨为主,仅兼及大陆上的中国人";(4)尽管《察世俗每月统记传》的封面采用中国纪年且刊有孔子语录,但不足以将其作为中国报刊的证据(因其读者以华人为对象,"那样的封面设计是一点也不奇怪的");(5)《察世俗每月统记传》由外国教会人士主办,内容以宗教宣传为主,"与中国近代化进程没有什么必然联系"。②

虽然《新闻与写作》杂志较早刊发方汉奇和蔡长宁的文章,但方汉奇《为什么把〈察世俗每月统记传〉说成是我国近代报刊的开始》一文,标题及内容与严昌洪的文章相对应,也可视为对严昌洪的答辩词。在文章中,方汉奇首先说明了中国新闻史

---

① 蔡长宁.中国近代报刊起始质疑[J].新闻与写作,1990(1):40.
② 严昌洪.《察世俗每月统记传》不是我国第一份近代报刊[J].新闻研究资料,1990(2):132.

中近代报刊起始提法的由来:"最先把《察世俗每月统记传》说成是我国近代报刊开始的,是著名的新闻史学者戈公振,见于他的名著《中国报学史》。当时的提法是'现代的报纸'。在谈我国'现代的报纸'时,他首先介绍的就是这家《察世俗每月统记传》。其次,是胡道静。他在1946年出版的《新闻史上的新时代》一书中,也把《察世俗每月统记传》称为'中国第一种现代报纸'。1945年以后出版的新闻史专著和教材,沿用了他们的提法,只是把其中的'现代'改成了'近代'。因为'现代'通常被用来指1919年以后到中华人民共和国成立这一段时期,沿用'现代'这一提法,容易在时间上造成误会。"①

方汉奇谈了他对判断近代报刊起始的几点看法:(1)"主要是从报纸本身的特点"来考虑的,"在此之前,中国只有古代的封建邸报和封建政府控制下出版的报房京报,内容只限于皇帝谕旨和臣僚们的奏章,没有自己采写的新闻,没有评论,没有广告,也没有文学作品。《察世俗每月统记传》的出版,结束了封建官报和准官报垄断我国新闻事业的历史,它既有各种自采自编自写的新闻,也有评论、类似广告的启事和文学作品,是一种和封建官报截然不同的新型报纸。鸦片战争前后,这类报纸大量涌现,它是第一家,因此称它的创刊为'我国近代报刊的开始'";(2)从报纸的性质考虑,"以《察世俗每月统记传》为代表的早期'近代报刊',实际上是资产阶级报刊,是按照西方资产阶级的模式创办起来的";(3)从报纸的读者和工作人员考虑,"《察世俗每月统记传》的创刊地点不在中国,但发行到中国,而且用中文出版,是完全供中国人阅读的。它的编辑、印刷工作人员当中,既有外国传教士,也有梁亚发这样的中国人。因此,把它的出版,纳入中国新闻事业的历史,称之为中国'近代报刊的开始'是可以理解的"②。

方汉奇在同一时期的另一篇文章中说:1927年《中国报学史》问世之前,虽有1838年英国传教士马礼逊写的《京报分析》、1873年《申报》上发表的未署名专论《论中国京报异于外国新报》、1901年《清议报》上梁启超的《中国各报存佚表序》等,但内容简单零散,谈不上系统研究。直至戈公振的《中国报学史》出现,这一状

---

① 方汉奇.为什么把《察世俗每月统记传》说成是我国近代报刊的开始[J].新闻与写作,1990(1):39.1939年,赵君豪在其《中国近代之报业》中,亦采用戈公振把《察世俗每月统记传》称为"中国第一种现代报纸"的提法。参见赵君豪.中国近代之报业[M].台北:文海出版社,1939:7.

② 方汉奇.为什么把《察世俗每月统记传》说成是我国近代报刊的开始[J].新闻与写作,1990(1):39.

况才改变。从 1927 年至 1949 年的中国新闻史的奠基阶段,先后出版各种类型中国新闻史专著不下 50 种,其中通史类包括黄天鹏的《中国新闻事业》、蒋国珍的《中国新闻发达史》、赵君豪的《中国近代之报业》等,而以戈公振的《中国报学史》"最见功力、影响最大"。

方汉奇也指出新时期以来史学界对《中国报学史》的考证和勘误。如 1992 年 6 月,他在中国新闻史学会首届年会上所做的专题发言中说:包括《中国报学史》在内的不少早期新闻史研究著作有史实上的讹误,"即使考订精详如戈公振《中国报学史》那样的专著,近年来经已故报刊史研究工作者杨晋铮、宁树藩、王凤超等先生复查,尚且发现两百多处错误,其他就可想而知了"①。因此,严昌洪对"中国人梁亚发在《察世俗每月统记传》中承担的角色,以及该报在中国内地发行证据存疑"的指证,并不造成对方汉奇答辩的颠覆。

由于方汉奇对我国新闻史长期深入的研究积累,以及由其研究所确立的学术地位,在新闻史学界,方汉奇被称为"戈公振之后的另一座高峰"。因此,《为什么把〈察世俗每月统记传〉说成是我国近代报刊的开始》一文,应算是 20 世纪 90 年代关于我国近代报刊起始评判的一次结论性回答。

中国近代报刊起始之辩,与自 20 世纪 50 年代起中国史学界对近代史开端、分期的论争,以及史学范式的变迁有着内在的关联。1940 年毛泽东在《中国文化》创刊号发表旨在"建立中华民族的新文化"的《新民主主义论》——他将"新文化"与"自周秦以来的封建的旧文化"相对应;同时,从革命斗争的需求出发,把"中国社会逐渐生长的资本主义因素"划入"自外国资本主义侵略中国"的时代标签下,提出"要革除为殖民地、半殖民地、半封建中国社会的旧政治、旧经济服务的旧文化",建立"中华民族的新政治、新经济和新文化";进而指出"中国革命的历史特点分为民主主义和社会主义两个步骤","中国现时的革命,是在走第一步。这个第一步的准备阶段,还是自从一八四〇年鸦片战争以来,即中国社会开始由封建社会改变为半殖民地半封建社会以来,就开始了的"②。这篇文章对新中国成立后史学界以 1840 年作为中国近代史的开端产生了重要影响。

---

① 方汉奇.中国新闻史研究的历史与现状[J].新闻研究资料,1992(8):112.
② 毛泽东.新民主主义论[M]//毛泽东选集.北京:人民出版社、解放军出版社,1991:662-711.

方汉奇 1981 年出版的《中国近代报刊史》，是"文革"后最早的新闻史专著，奠定了日后国内新闻史撰述以及确定近代报刊起始提法的基础。书中虽然引用了毛泽东对中国近代史的定义，但并没有按照史学界主流自 1840 年起划分近代史的时限，而是将 1815 年的《察世俗每月统记传》作为我国近代报刊的开始。对于这一点，方汉奇在答复蔡长宁的质疑时解释："它（《察世俗每月统记传》）的出版时间虽然早于鸦片战争爆发的 1840 年，但仍属于鸦片战争时期，即我国近代史揭开序幕的时期。称之为'近代报刊的开始'，既有近代资产阶级报刊开始的含义，也有近代历史开始时期的报刊的含义。鸦片战争起始于 1840 至 1842 年，但作为一个时期，其开始时间远远早于 1840 年。犹之乎讲五四运动，往往从 1915 年《新青年》创刊开始讲起，而不是从 1919 年 5 月 4 日那一天讲起，是不必过于执着的。"①

有一点值得注意，方汉奇的答复文章中提到：戈公振与胡道静当年的提法是"现代"报刊。"现代"来自英文 Modern，与"传统"相对，内里是现代化史观，即从传统农业社会向现代工业社会的转变。20 世纪 30 年代，中国近代史研究中多种话语并存，大体可归结为两种话语系统：一是以陈恭禄所著《中国近代史》为代表的"近代化话语"，把中国近代史视为中国在西方冲击下不断调整自身，从传统社会向现代社会转变的过程；另一种是以李鼎声所著《中国近代史》为代表的"革命话语"，即把中国近代史视为西方殖民势力不断入侵中国，把中国变为殖民地及中国人民反抗外来侵略的过程。李鼎声认为，中国近代史是一部帝国主义侵略史，中国近代史的主题就是中国人民的反侵略战争，就是"革命"。② 李鼎声的观点秉承了马克思主义阶级斗争史观，而毛泽东的《新民主主义论》与其一脉相承。

因此，笔者认为：从"现代报刊"到"近代报刊"，不仅如方汉奇文中所说——因避免"时间上造成误会"而作提法变化，还有重要的一层未言明，即 1949 年之后相当长的时间内，历史学中"革命的范式"取代了"现代化的范式"带来的影响——

---

① 方汉奇.为什么把《察世俗每月统记传》说成是我国近代报刊的开始[J].新闻与写作，1990(1)：40.
② 欧阳军喜.20 世纪 30 年代两种中国近代史话语之比较[J].近代史研究，2002(2).陈、李著述出现于 1928—1933 年间中国思想界关于中国社会性质和中国社会史的论战时期，并受到影响。两种话语体系对中国近代史基本观点、理论预设和叙事方式有差异，因其有不同的政治倾向和不同的西方思想渊源。20 世纪 20 年代初，陈恭禄在美籍教授贝德士的辅导下，开始搜集资料撰写中国近代史；李鼎声 1925 年进入上海大学社会学系，开始以马克思主义立场、观点、方法，切入对中国社会历史的研究和判断，是马克思主义史观的代表。

1949年之前,近代化话语是正统,是中心,在"学院"中居主导地位,革命话语则处于边缘地位;1949年以后,发生角色换位,革命话语从边缘走向中心,成为正统,近代化话语被边缘化。20世纪80年代以来,主张从近代化视角审视中国近代史的论文和著作不断涌现。方汉奇在答复文章中没有从这个角度开释,也可以理解为他早已自觉认同对"现代化"范式的回归,因而采用"近代报刊"提法,但碍于时代背景不便言明。① 事实上,报刊的"现代性"也是他判断中国近代报刊起始的更为根本性的标准。

何谓报刊的现代性?报刊的"现代性",是现代报刊所具有的本质特征。戈公振说:"报纸者,报告新闻,揭载评论,定期为公众而刊行者也。"戈公振认为报纸有四个特点:(1)报纸之所以为公众刊行物之基础,即所谓报纸之公告性;(2)报纸的定期性,仅作为广义的"续刊性"为报纸之构成要素;(3)报纸内容之时宜性,为报纸构成之特色;(4)报纸之一般性,报纸欲有一般兴味,其内容非关系多方面而不可。有研究者曾提出近代意义的报纸的三大特点:时间必须定期;内容以新闻言论为主;技术上必须是印刷机器印成。这一概括,显然丢掉了最重要的内容——报纸"为公众"的基础。②

"现代"的报纸与传统的"邸报""小报"的根本差异是:报纸性质和读者对象的变化——传统报纸主要面向士大夫,传递皇帝的旨意、王朝内君臣互动信息,以及"王土"之内"子民"动向的消息;现代报纸面向公众服务,满足更广泛的信息需求。戈公振在《中国报学史》中写道:"我国之官报在世界上为最早,何以独不发达,其故盖西人之官报乃与民阅,而我国乃与官阅也。……若在我国寻求所谓现代的报纸,则自以马六甲所出之《察世俗每月统记传》为最早。"③

戈公振说:"此报(《察世俗每月统记传》)所载,宗教之事居大半,余为新闻及新智识。"④新加坡学者卓南生认为,《察世俗每月统记传》作为传教活动的副产物,有关宗教文章占绝对多数,虽然主编米怜个人具有敏锐的新闻记者的感觉,并向中国

---

① 早在1982年方汉奇反思《中国近代报刊史》编写体例时就曾说:"写出来的东西还是个半大的解放脚,基本上还是采用了按政治运动分期的那种体例。"参见方汉奇.方汉奇文集[M].汕头:汕头大学出版社,2003:22.
② 戈公振.中国报学史[M].北京:三联书店,1955:7.
③ 同②67.
④ 同②69.

读者介绍了"定期出版物"的概念,对中文报纸的产生、发展有影响,但《察世俗每月统记传》始终没有跨出"宗教刊物"的范畴;又指出该刊内容并不重视"时间性"。从这个角度来看,也许中国报史研究者、美国学者白瑞华的评语更恰当——与其说《察世俗每月统记传》是"月刊杂志",不如称之为"定期发行的(宗教)小册子"。①

关于《察世俗每月统记传》的学术争鸣仍在继续。但无论如何,中国近代报刊源起于外国人在中国的报刊活动已是共识。早在 1936 年,林语堂在其《中国新闻舆论史》中谈到中国近代报业兴起时说:"中国所谓的现(近)代新闻事业,其编辑与出版均以公众利益为目的的新闻事业,肇始于 19 世纪初,在早期传教士的努力下得到很大的发展。……现在回过头来看 19 世纪传教士的活动,功劳最大的就是他们所充当的为这个国家引进现代科学技术知识的角色了,这对旧秩序的解体起了很大的作用。"②林语堂这里同样强调新闻事业的目的属性,强调随"西风"而来的"现代文明理念"。而中国近代报刊之"近代"的含义,就在于有别于传统旧秩序的"现代性"。

第三节　澳门与中国近代报刊

早在 1927 年,戈公振已指出:"我国现代报纸之产生,均出自外人之手。……语其时间,以葡文为较早。"但自戈公振以来,中国学界对于近代报刊研究的关注点为:第一,首推马礼逊在马六甲创办的《察世俗每月统记传》,中文出版是一个重要原因;第二,"注重英美列强在华办报";第三,对外报的研究,以英文外报为主;第四,在地域上,侧重沪港两地。葡萄牙人在澳门所办葡文外报,一直是中国近代报业研究的一块待开发之地。③

一、待开发之地:澳门近代报刊研究的缺憾与共识

中国近代报刊的研究倾向,导致学界对中国现代报纸的源头的研究混沌不清,甚至对澳门报刊最基本的情况都处于未知状态,如"直到 20 世纪 70 年代后期,除

---

① 卓南生.中国近代报业发展史 1815—1874[M].北京:中国社会科学出版社,2002:32.
② 林语堂.中国新闻舆论史[M].上海:上海人民出版社,2008:80-81.
③ 李长森.近代澳门外报史稿[M].广州:广东人民出版社,2010:2.

少数澳门知识界人士外,中国的学术界尚不知在19世纪末的澳门出现过一份《镜海丛报》"①。这也是造成中国近代报业史研究中出现"以讹传讹"现象的重要原因。

澳门历史学者汤开建曾感叹:"余研习澳门历史经年,故常与澳门外报有所接触,深感中国学术界对澳门外报的冷漠与忽视。我想,最重要的原因就是语言的阻隔。由于国内学术界懂葡语又能从事学术研究的人才实在太少,他们无法获知以葡语为主的澳门外报究竟有着什么样的内涵。故对澳门葡文报刊做出了很多与事实大相径庭的判断与评价。"②

正因澳门外报研究的荒芜,1996年新闻史学者程曼丽将《蜜蜂华报》作为自己博士论文研究的题目,从"从未碰过葡语""对它(《蜜蜂华报》)的全部了解也仅止于戈公振先生在《中国报学史》中所提到的那几句话"开始,用近三年时间突破语言障碍,完成一部"全面、系统的"个案研究著作,成为一段学术研究佳话。③ 程曼丽在研究中同样也提到:我们的研究者更多注意的是其中的中文报刊(这是可以理解的)、英文报刊、法文报刊以及日文报刊,而对葡文报刊却绝少提及;即便提起,也是将其打入"另册",仿佛它们对中国报业的影响可以从略。

自20世纪90年代起,澳门葡文外报研究不足的缺憾,已是史学界和新闻学界的共识。程曼丽在研究中曾引用《中国新闻事业通史》(第一卷)中"葡文报刊因基本上在葡萄牙统治下的澳门出版,与鸦片战争前后形势的变化不大,故暂不计入",作为过往研究忽视葡文报刊的偏颇倾向的佐证。而《中国新闻事业通史》的主编方汉奇先生,正是程曼丽的博士研究生导师,同时也是"《蜜蜂华报》研究"选题的推荐人和研究的重要支持者。因此,这一引证也是方汉奇先生本人对中国近代新闻史反思的生动注脚。而正如程曼丽文中所说:"缺乏这方面的阐释,中国外报的研究便始终留有一块空白,很难达到完善的程度"④,由于此前澳门外报整体研究的欠缺,程曼丽本人对《蜜蜂华报》的研究于1998年出版,2000年之后就遇到对"《蜜蜂华报》是否为澳门第一份报纸"的重新审视。

澳门近代报刊及新闻史面临的窘境,与澳门史研究本身基础薄弱有密切关系。

---

① 费成康.孙中山和《镜海丛报》[J].社会科学,2001(1):67.
② 1994年在《蜜蜂华报》合订本的发行仪式上,澳门史学家潘日明神父曾说史学界对这份重要的报刊既不重视又缺乏研究。
③ 参见《蜜蜂华报》研究》一书中方汉奇、吴志良所作书序,及论文前言、后记。
④ 程曼丽.《蜜蜂华报》研究[M].北京:清华大学出版社,2015:16.

澳门史研究与一般的中国史研究不同,它有三个支脉:(1)中国的澳门史研究;(2)葡萄牙的澳门史研究;(3)其他国家的澳门史研究。中国澳门史研究的源头,可追溯至1751年印光任、张汝霖所著由广州萃经堂印制的《澳门纪略》,但真正的研究到20世纪才开始,而且最初集中在粤澳划界问题上,后来才慢慢扩大到其他方面。总体来说,澳门史研究进展非常有限,"1900—1979年,只有27种与澳门史相关的图书出现,其中有一些没有学术意义"①。

改革开放,特别是澳门回归之后,澳门史研究迅速发展。其中,对葡萄牙澳门史研究以及其他国家澳门史研究的引介是重要推动因素;而对包括澳门外报在内的早期史料的挖掘,是非常重要的环节。随着对澳门外报研究的深入,澳门在中国近代报刊史乃至中国大众传媒史中的地位,日渐提高,如澳门学者李长森2010年出版了专著《近代澳门外报史稿》。

2000年,内地著名历史学者姜义华在《镜海丛报》(影印本)书序中,明确提出"澳门是近代中国新闻事业的发祥地"②。这一提法,随后被林玉凤、李长森等多位澳门新闻史学者引用。③ 2001年,澳门史学者汤开建在《〈澳门宪报〉中文资料辑录1850—1911》前言中,则直接称:"澳门是中国近代报刊的发祥地,这一点恐怕已成为人们的共识。"不过,对于澳门学界之外的读者,仍需给予关于这一共识的充分的论据和论证,才能赢得外界对澳门近代报刊更广泛的认知和了解。

二、独特的政治地理位置:澳门近代报刊的生存环境

纵观世界新闻史,"报纸首先在那些中央权力薄弱或统治者比较宽容的地方兴盛起来,前者如德意志地区,当时它分裂为许多弱小的公国,后者如那些低地国家(今日荷兰、比利时、卢森堡)"④。英国人威廉·卡克斯顿早在1476年就开办了英国第一家印刷所,但几乎两个世纪后,英国才有了一份真正的报纸;而卡克斯顿当

---

① 钱乘旦.全球史与澳门[M]//周湘,李爱丽.蠔镜映西湖:屏蔽与缓冲中的清代澳门中西交流.北京:社会科学文献出版社,2013:序言 V.
② 姜义华.镜海丛报(影印本)[M].澳门:门基金会、上海社会科学出版社,2000:1.
③ 林玉凤.鸦片战争前的澳门新闻事业(1557—1840)[D].北京:中国人民大学,2006;李长森.近代澳门外报史稿[M].广州:广东人民出版社,2010:62.
④ 埃默里 M,埃默里 E,罗伯茨 N L.美国新闻史——大众传播媒介解释史:第九版[M].展江,译.北京:中国人民大学出版社,2004:9.

时之所以可以享有不受皇家干涉的相对自由,主要是因为他从不拿自己的地位去冒险。澳门成为中国近代报刊的发祥地,其政治地理位置以及执政者的立场态度,与世界新闻史的发展历程有异曲同工之处。

封建王朝统治下的中国报禁严格,具有现代思想理念的近代报刊几乎不可能内生。明代中叶以后,随着萌芽状态的资本主义经济的发展,中国南方的一些地方已经出现民间报房和民间抄报活动。但由于清廷报禁严格(如康熙五十三年公布"各省提塘除传递公文本章并奉旨科抄事外,其余一应小抄,概行禁止";雍正六年公布"未经御览批发之本章,一概严禁,不许刊刻传播")[①];乾隆十一年公布"直隶、江南、浙江等省在京提塘,将不发之事件,钞寄该督抚等,似此行私报密,甚为浅陋,传谕申饬")[②],具有民主色彩的近代报刊难以生存。

澳门开埠以来长期处于"双权管治"状态,在澳葡萄牙人拥有更大的自治权力。一方面由于远离中国内陆,中央权力薄弱;另一方面,葡萄牙帝国的没落,使得葡萄牙占领者相比正在崛起的英、法等国来华者更为"恭顺"。在清朝统治者看来,"附居"澳门的葡萄牙人与外来的"夷人"毕竟有所不同,所以对澳门的管理比较宽松。1698年,康熙帝宣布:"澳门属广州府管辖,慕化而来之夷人朕皆视同子民"。1714年,葡萄牙人按照中国的礼仪向从北京来澳的中国官员"恭请圣安",使康熙帝"龙心大悦",给予他们豁免地税银一年的恩典。1724年,雍正帝大举驱逐外国传教士,澳葡当局请求国王遣使来华,使臣向雍正帝行三跪九叩礼并呈献大批珍贵的礼物,恳求中国政府保护在澳门的葡萄牙人,雍正帝"复准西洋人附居澳门"[③]。这些都为澳门葡文外报的出现和发展提供了可能性。

澳门新闻史学者林玉凤指出,过往史家认定1822年出版的《蜜蜂华报》为澳门出版的第一份报纸,其最重要的证据是葡萄牙两项有关出版的法令——1737年颁布的禁止葡萄牙海外属地(各殖民地)出版法令以及1768年开始实行的新闻检查(预检)制度。这两项都规定只有在葡萄牙本土可以进行合法出版工作,其他地方不允许出版任何刊物。直到1820年8月24日,葡萄牙本土立宪派起义成功,推翻

---

① 《大清会典事例》卷一〇一七,转引自方汉奇,张之华.中国新闻事业简史[M].北京:中国人民大学出版社,1983:36.
② 方汉奇,张之华.中国新闻事业简史[M].北京:中国人民大学出版社,1983:36.
③ 费成康.澳门四百年[M].上海:上海人民出版社,1988:159.

帝制,创立君主立宪制度,并颁布了宪法,葡萄牙的立法机关决定解除出版禁令,葡萄牙的各个海外省才有了出版自由。但实际上,"当时澳门的葡萄牙当局并没有严格地执行出版禁令,出版活动在允许出版的新法令实施以前已存在"。① 后续研究者对澳门《消息报》《澳门宪报》早于《蜜蜂华报》出现的考证,也印证了这一点。

澳门的地理位置和议事会自治的传统,使其不仅在执行葡萄牙法令时打了折扣,而且对清政府的禁令也留有"网开一面"的空间。如1810年前后清廷颁布了禁止外国人印书和传教的谕旨,严申:"如有洋人秘密印刷书籍,或是设立传教机关,希图惑众,及有满汉人等受洋人委派传扬其教,及改称名字,扰乱治安者,应严为防范,为首者立斩。"②但时任澳督花利亚尽管对清廷的态度有所忌惮,还是采取了相对宽容的弹性政策,其施政原则中更多考虑的是澳门本地力量的博弈。我们从传教士马礼逊来华后的经历以及米怜留澳风波中,可以明显看出这一点。

1807年1月8日,马礼逊作为首位被伦敦布道会派往中国的传教士,从伦敦出发,绕道纽约,于9月4日抵达澳门。当时在澳门的东印度公司,不允许商人以外的英国人在澳门居住,"这家公司对预定前往他们利益范围内的传教士非常不友善,唯恐传教活动会引起当地社会变化,从而损及公司的商业利益"③;此外,当时天主教是葡萄牙的国教,澳门因此奉天主教为正式宗教,马礼逊作为基督教传教士,也受到澳门的罗马天主教士的敌视。因此,马礼逊抵澳不久后就不得不离开澳门前往广州,以美国人的身份在广州的美国商行和法国商行居住了9个月。

直到1809年2月,马礼逊与当时居澳的马莉·莫顿结婚,并受聘担任东印度公司澳门办事处翻译,他才得到在华正式居留权,可以以合法身份在澳门和广州两地居住。1809年6月,经当时东印度公司办事处大班罗伯赐同意,马礼逊回到澳门居住。他在出任译员的同时,学习中文、编辑《华英词典》、翻译《圣经》,秘密进行家庭礼拜和印刷传道工作。

1813年7月4日,应马礼逊要求,伦敦传教会派基督教新教传教士米怜与新婚夫人一起抵达澳门,来华协助马礼逊工作。马礼逊当即与米怜一起拜会澳门的法

---

① 受惠于葡澳政府执法的松动,当时在澳门从事出版活动的,除马礼逊和澳门东印度公司的英美人士外,还有澳门圣约瑟修院的耶稣会士,如前所述的早在1807年创办的《消息报》。参见林玉凤.鸦片战争前的澳门新闻事业(1557—1840)[D].2006:47,70.
② 方汉奇,宁树藩,陈业劭.中国新闻事业通史:第一卷[M].北京:中国人民大学出版社,1992:249.
③ 苏精.马礼逊中文印刷出版[M].台北:台湾学生书局,2000:82.

官和澳督花利亚。马礼逊在日记中记载,他请求批准米怜在此居留,澳督花利亚"断言说:无人可以在澳门居留,只有在此纯粹经商的英国人方始准予居留",澳门的中国官员禁止在澳门设置宗教机构,但花利亚最后同意不积极干预,而考虑让米怜作为一位要学习中文的学生逗留澳门。

不过,米怜最终并没能留在澳门,马礼逊在日记中写道:"米怜夫妇到达澳门的消息不胫而走,在澳门,不论是英国人还是葡萄牙人,都对他俩抱敌视态度。我相信有人已经向澳督告状。"立法会议开会讨论时全体表决:"米怜先生不得居留澳门。"①表决后,澳督花利亚传召马礼逊,要求米怜必须在8天内离开澳门;马礼逊单膝下跪,恳求他"不要坚持下达这道命令,盼能延长米怜在澳门的居留";花利亚再次重申:只有从事商业活动的英国人和葡萄牙人才可以居留,让米怜留下会违背天主教的信仰。他对马礼逊说:"过去曾有人要我取缔你马礼逊居留在澳门,因为你在此刻印中文书籍。但我出于对你的私人友谊,克制自己不向立法会提出你的问题。"②最终,花利亚将米怜留澳的期限由8天改为18天,但并未允许米怜在澳门居留。

鸦片战争前,外国人能够立足的地方仅有澳门。马礼逊在东印度公司印刷所成立前在澳门的出版经历,有力驳斥了《蜜蜂华报》出版前澳门因为出版法令限制而没有出版活动的说法。③但正是因为在中国境内办报风险极大,米怜又无法容留澳门,马礼逊和米怜才不得已选择在靠近中国的马六甲创办《察世俗每月统记传》。此外,1809年3月,马礼逊的中文老师荣三德,因将马礼逊澳门家中一份印好的福音书走私进入广州而被捕——这说明当时马礼逊要在广州出版印刷,确实比在澳门困难得多。

1934年,威廉·约翰·律劳卑受命担任英国驻广州商务监督,他违抗清廷命令,贸然致函两广总督卢坤宣告就任遭到拒绝,并被要求立刻返回澳门。律劳卑拒不返澳,卢坤命令封闭商馆、断绝供应。律劳卑指挥两艘军舰一直打入珠江,并派军舰去印度接援兵。卢坤封锁了珠江,集合68只战船,并得到道光帝敕准,以武力对待。在这种情势下,英国商人纷纷倒戈,不再支持律劳卑,他被迫黯然回到澳门

---

①② 马礼逊夫人.马礼逊回忆录[M].桂林:广西师范大学出版社,2004:89.
③ 林玉凤.鸦片战争前的澳门新闻事业(1557—1840)[D].北京:中国人民大学,2006.

并在澳门去世。"律劳卑事件"后,美部会的教士感到在广州印刷中文传教材料不安全,1835年12月卫三畏将印刷所从广州迁到澳门。① 这些史实都从侧面印证了澳门在中国近代大众传媒史上占有独特的地位。

三、早期在华外报的出版基地和"避难所"

从1535年澳门开埠至19世纪40年代鸦片战争前夕的300年间,澳门经济虽几经兴衰交替,但在一个相当长的时期内,澳门是远东最繁盛的商埠之一;鸦片战争之后,随着英国侵占香港和香港自由港的崛起,澳门作为远东贸易转口港的地位一蹶不振。但1847年澳葡当局宣布赌博合法化,澳门作为东方第一赌城,再度畸形繁荣,成为与美国的拉斯维加斯、摩洛哥的蒙特卡洛齐名的赌埠,号称"东方蒙特卡洛"。多国商流、人流聚集,澳门成为早期在华外报的出版基地和"避难所"②。

澳门半岛1840年时面积仅2.78平方公里,后经填海至20世纪80年代末才达6.05平方公里。1856年居澳葡人有5 037人,但在《蜜蜂华报》问世后的100年时间里,居澳葡人竟创办了近百种各类报纸杂志。方汉奇主编的《中国新闻事业通史》记述"鸦片战争前澳门共出葡文报刊8种,鸦片战争后至1894年共出葡文报刊25种,计澳门17种,香港5种,上海2种,广州1种"③。据李长森考证,1822年至清末,澳门共创办外报40种,除裨治文、卫三畏等传教士在澳门经营的6种英文报刊外,其余34种均为澳门土生葡人创办的葡文报刊。在葡萄牙学者文德泉神父整理的报刊名单中,收录了近代101种报刊,其中包括13种英文报刊和1种中文报刊。

澳门葡文报刊在数量上超过教会和英商创办报纸的总和,类型上既有政府的官方宪报,又有民间私人报刊;有专门的商业报刊和政治新闻性刊物,以及月刊、半月刊、周刊,表现了近代报刊形成期的各种特色。仅1835—1844年间诞生的葡文报刊就有《恒定报》《澳门土生邮报》《真正爱国者》《商报》《商业行情报》《澳门周刊》《葡萄牙人在中国》《澳门土生灯塔报》《澳门土生曙光报》《中国孤独者》《澳门土生

---

① 吴义雄.在宗教与世俗之间:基督教新教传教士在华南沿海的早期活动研究[M].广州:广东教育出版社,2000:82.
② 赵永新.论胡文华"汉化"与传教士"儒化"[N].澳门日报,2003-12-28(6).
③ 方汉奇.中国新闻事业通史:第一卷[M].北京:中国人民大学出版社,1992:194.

代言者报》。其中,《商报》出版长达 4 年,《商业行情报》长达 5 年,《葡萄牙人在中国》长达 6 年。而当时除了基督教新教传教士和英商创办的几份中、英文报刊外,中国境内别无其他报刊。澳门史学者汤开建说:"这些葡文报刊的出现对于形成时期的中国近代新闻报刊业来说其意义不言而喻。"①

澳门学者李长森对澳门外报研究时,特别关注到澳门土生报人对中国近代报刊发展的重要贡献,澳门土生报人为香港和上海提供了办报经验和新闻人才。香港 1842 年才有了第一份报纸,最早出现的报纸就是从澳门迁往的。从 1842 年到 19 世纪末,香港外报共 19 种,其中葡文报刊 14 种。"对香港来说,有如此之多的葡籍新闻出版业的从业人员(如果算上其他国籍,包括华人在内,人数更多)是一个令人吃惊的现象。很显然,在这众多的从业者中,澳门葡萄牙人是主体,至少在 19 世纪 70 年代以前是这样。"②

1857 年,上海的外国租界才出现报纸,1867 年至 1874 年上海最早创办的 7 种外报中,6 种由澳门来的土生葡人创办。戈公振在《中国报学史》中提到,上海开埠后对社会产生较大影响的有 5 种外文报纸:《晚差报》《上海差报》《上海锦囊与每周差报》《晚报》《华洋通讯》。根据王之成的考证,其中 4 种报纸的业主是来自澳门的报人,"他们不仅是报纸的老板,而且雇佣英人做编辑为他们服务"③。当时上海颇有名气的英文《循环》周刊,以及上海的第一种法文周刊《上海报界》也是由澳门葡裔人士创办的。"上海开埠后的主要报刊都有澳门报人涉足""说澳门报人在上海开埠初期独占报业鳌头似乎并不过分"。④

澳门葡文报刊的兴起和发展,不仅对澳门社会产生重大影响,而且随着澳门外报的扩张,直接推动了在华外报的发展。澳门土生葡人办报也不仅限于港沪两地。在中国新开埠的其他城市也有他们的足迹。如《澳门土生家族》记载,澳门土生葡人多林杜·罗萨里奥在福州创办了葡文《福州回声报》和福州印字馆。

基于上述种种,李长森说:"除非认定外报对中国近代报业发展无任何影响,如果认为有影响,承认中国近代报刊的发展与西方在中国创办的报刊有密切关系,那

---

① 李长森.近代澳门外报史稿[M].广州:广东人民出版社,2010:序言 2.
② 叶农,严忠明.鸦片战争后移居香港的澳门葡人[J].澳门历史研究,2006(5):64.
③ 李长森.近代澳门外报史稿[M].广州:广东人民出版社,2010:280.
④ 同③281.

就不能否认澳门外报的作用。"①这种作用还体现在:在19世纪影响极大的一批英国人创办的报纸,如《德臣西报》《孖剌西报》,均以葡萄牙人为主编。因此,汤开建干脆直言:"'澳门外报和在华外报发展的联系并不密切',这一结论是完全错误的。"②李长森在其专著《近代澳门外报史稿》中以直观的图例方式,揭示了澳门外报对中国近代报业的影响(见图1-1)。

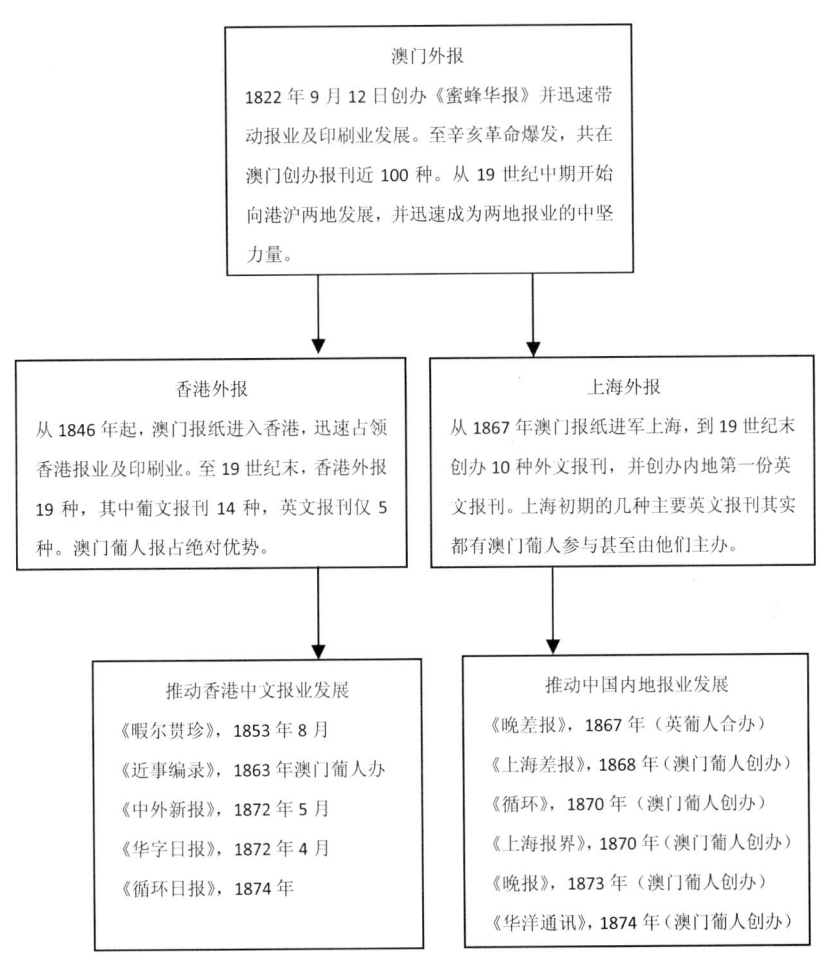

图1-1 澳门外报对中国近代报业的影响

---

① 李长森.近代澳门外报史稿[M].广州:广东人民出版社,2010:286.
② 同①4.

中国新闻史学的两座高峰

戈公振(1890年11月27日至1935年10月22日),原名绍发,字春霆,号公振。江苏东台人。新闻记者、新闻学者(见图1-2)。

1913年戈公振入"有正书局"当学徒,1914年进入《时报》,从校对、助理编辑、编辑一直做到总编辑,在该报任职15年之久。1920年首创《图画时报》。1921年"上海新闻记者联合会"成立,戈公振任会长。自1925年起,他在各大学教授新闻学。

1927年1月29日,戈公振以记者身份乘法国邮轮"答尔塔良"号自费赴法国、瑞士、德国、意大利、英国、美国、日本等国考察新闻业。同年,受国际联盟① 邀请,出席在日内瓦举行的国际新闻专家会议,在会上做了题为《新闻电费率与新闻检查法》的发言。

图1-2 戈公振

1928年戈公振返国,任《申报》总管理处设计处副主任。1930年创办《申报星期画刊》并任主编。

"九一八"事变后,戈公振积极投身抗日救亡运动。1932年3月,他以记者身份随国联调查团赴东北调查日军侵华真相,9月随团前往欧洲。1933年3月,戈公振到苏联访问,为国内报刊撰写大量介绍苏联的通讯报道。1935年8月,戈公振应邹韬奋邀请,回国参加《生活日报》筹备工作,10月15日抵达上海,10月22日病逝于上海。

戈公振在从事新闻工作之余,致力于新闻教育事业和新闻学研究工作,曾在上海国民大学、南方大学、大夏大学、复旦大学等校新闻系和杭州暑假报学讲习所讲授新闻学方面的课程;在新闻学研究方面留下了许多著述,如《中国报学史》(分六章,共28.5万字,被认为是第一部系统研究中国报业发展史的专著和新闻史研究的奠基之作,首版于1927年11月,由上海商务印书馆出版);《新闻学撮要》[译著,梁启超作序。原著为〔美〕开乐凯(F. N.Clark, Jr)的 *The Handbook of Journalism*]《新闻学》(1927年12月应商务印书馆之约,为"百科小丛书"和"万有文库"撰写,1940年出版,1947年2月再版,普及型读物)。

---

① 国际联盟(Leauge of Nations),简称国联,成立于1920年1月10日,是凡尔赛条约签订后组成的国际组织,宗旨是减少武器数量,平息国际纠纷和处理某些国际问题。总部设在日内瓦,共有44个会员国,后来增加到63个。中国于1920年6月23日加入国联。

方汉奇,1926年12月出生于广东普宁(见图1-3)。1950年毕业于苏州国立社会教育学院新闻系。1951年起先后在圣约翰大学、北京大学和中国人民大学任教。现任中国人民大学新闻学院教授、博士生导师,是中国新闻史学界的泰斗。2017年9月28日获吴玉章人文社会科学终身成就奖。

方汉奇教授从事中国新闻史教学研究工作逾60年,成果卓著。主要著作有:《报刊史话》(中华书局1979年出版);《中国近代报刊史》(上下册)(山西人民出版社1981年出版);《报史与报人》(新华出版社1991年出版);《中国新闻事业简史》(主编兼撰稿人,中国人民大学出版社1983年出版);《中国当代新闻事业史》(主编兼撰稿人,新华出版社1992年出版);《中国新闻事业通史》(共三卷)(主编兼撰稿人,中国人民大学出版社1992至1999年出版);《新闻史上的奇情壮采》(华文出版社2000年出版);《中国新闻事业编年史》(共三卷)(主编兼撰稿人,福建人民出版社2000年出版);《方汉奇文集》(汕头大学出版社2003年10月出版);《大公报百年史》(主编兼撰稿人,中国人民大学出版社2004年7月出版);《中国新闻传播史》(主编兼撰稿人,中国人民大学出版社2009年出版)。

图1-3 方汉奇

方汉奇主张新闻史写作应史论结合,不能以论代史;在体例上要有自己的特点,不能雷同于一般的政治史、党史和思想史;在研究范围上应突破一些禁区,以我为主,兼及敌我;评价新闻史重大事件和人物,应坚持实事求是的原则,不乱贴政治标签。他认为新闻史的研究,除了总结新闻工作的历史经验之外,应以继承和发扬进步报刊和革命报刊的优良传统为主要目的,不能数典忘祖。对于新闻史研究工作,他提出加强重点报纸的个案研究,加强新闻史人物的研究,加强报刊业务史的研究,加强地方新闻史的研究,加强新中国成立以来新闻史的研究,加强重大宣传战役的研究,以及加强新闻史料的搜集、甄别、整理、出版工作。

方汉奇先生为澳门新闻史研究作出了重要贡献,本书中提到的两位澳门新闻史研究学者程曼丽和林玉凤都曾师从方老。

第二章　澳门传媒缘起与中西文化交流

在中国五千多年的历史上,文化交流有过几次高潮。最后一次,也是最重要的一次,是西方文化的传入。这一次传入的起点,从时间上来说,是明末清初;从地域上来说,就是澳门。整个清代将近三百年时间,这种传入时断时续,时强时弱,但一直没有断过;五四运动,不管声势多么大,只是这次文化交流的余绪。可惜的是澳门居中西文化交流中这十分重要的地位,注意之者甚少。我说这话,完全是根据历史事实。明末最初传入西方文化者实为葡萄牙人,而据点则在澳门。①

——季羡林

澳门大众传媒的萌芽,源于 16 世纪西方传教士在中国传教的需要。澳门传媒的发端与中西文化交流交叠,主要包括三部分:(1)16 世纪中期以来,天主教耶稣会传教士的出版印刷活动;(2)19 世纪初,马礼逊等英美基督教新教传教士的出版印刷活动;(3)鸦片战争前夕,清朝禁烟大臣林则徐的书报编译活动。

第一节　耶稣会士来澳与"利玛窦规矩"

澳门作为"进入中国的活动基地",不仅是传教士最初接触和了解中国、孕育传

---

① 季羡林.澳门文化的三棱镜[M]//饶芃子,莫嘉丽,等.边缘的解读——澳门文学论稿.北京:中国社会科学出版社,2008:8.原文为季羡林先生 1994 年 5 月 6 日在澳门文化广场展览厅举行的澳门《文化杂志》第二系列发行仪式上的讲话.

教理念的变革之地,而且有不少重要的宗教改革在这里作出最后决策。耶稣会在澳门建立的圣保禄学院,使其全新的传教策略——"利玛窦规矩"进一步发扬光大。澳门传媒也因传教需要而萌芽发展,成为中西文化交流的见证。

明初,在海禁政策主导下,中国的海外交往以官方朝贡体制为规范,严禁民间私人交往,中西文化交往基本处于中断状态。而葡萄牙的海外扩张与天主教的传教活动紧密联系,1557年澳门成为葡萄牙的租借地后,传教士开始在澳门集结,但始终无法进入内地传教。受海禁政策影响,中国人对西方文化存有疑虑;同时,以儒学为核心的中国传统文化对异端神学有无形而巨大的排斥力,令传教士感叹"进入中国传道难度如同登月"。①

以利玛窦为代表的天主教耶稣会士,改变欧洲中心主义的传统传教方式,逐步确立了被后人称为"利玛窦规矩"的全新传教策略:(1)对中国文化调试的策略,主张传教士学习中国语言,采用文人、官员等儒家精英的生活方式及礼节;(2)"自上而下"传教,通过处于社会上层的儒士扩大影响。为了能进入儒士阶层交流,利玛窦努力学习儒家经典著作,凭借不同凡响的记忆天赋和丰富的学识,成为当时文人结社团体的座上宾;(3)以欧洲科技吸引中国文人的关注,以高水准的欧洲文化说服他们。如向朝廷官员乃至皇帝进贡欧洲产的自鸣钟、引介西洋画作的透视法、翻译欧几里得的算术书籍、刊印包含最新世界探险成果的世界地图。通过这些活动,建立关系,获得支持,实现传教目的;(4)对中国价值观持开放容忍的态度。利玛窦把孔子比作"另一位塞内加",把儒家学派视为"伊壁鸠鲁学派",认为原初的儒学含有天主教的思想,视祖先崇拜、祭孔等儒家礼仪为"人文礼俗",对其报以宽容态度,并提出儒家应以天主教的超性神学进行完善补充。②

耶稣会创立于1534年,是历史上最有影响的修会之一,拥有"耶稣连队"之称。与以往的修会不同,耶稣会具有很强的变通革新意识,重视教育和提高教士的人文素养,在世界各地兴办耶稣会学校;重视海外传教,积极建立全球性的修会组织,教士来自世界各地,传教策略也更为灵活。英国哲学家罗素曾评价耶稣会:"寻求创

---

① 邓恩.从利玛窦到汤若望——晚明耶稣会士在中国[M].余三乐,石蓉,译.上海:上海古籍出版社,2003:17.
② ZURCHER E. The jesuit mission in Fujian in late Ming times:levels of response in edward[M]//VERMEER B.Development and decline of fukien province in the 17th and 18th centuries. Leiden:Brill,1990:417-457.

立一种新型的宗教秩序,将人文主义的精神财富与经过改革的对强大的经济、政治阶层具有吸引力的天主教融为一体。"①"利玛窦规矩"帮助耶稣会传教士赢得部分明朝官员的认同,获得居留权与传教默许。他们从沿海的广东肇庆、韶州逐渐深入内地,最终进入北京,得到万历皇帝的赏识,从而使天主教的活动获得了一定的合法性,并促成了晚明中西文化交流的盛事。

以往,"利玛窦规矩"被误解为利玛窦个人独创的成果,并且有人将他1853年进入广东肇庆作为这一传教策略的起点。其实,"利玛窦规矩"的形成,是耶稣会传教士在与中国文化的互动中逐步确立的,可以追溯到16世纪中叶最早来华的沙勿略,它在利玛窦身上得到创造性的实践和体现。比利时汉学家钟鸣旦指出:"利玛窦规矩"本身亦是东西文化交流的产物,"中国作为他者,在利玛窦规矩的形成过程中的作用与利玛窦本人的活动同样重要,甚至可以说正是他者塑造了利玛窦,没有他者,一切都无法想象"②。

沙勿略最早提出通过学术传教的设想,他在寄给葡萄牙国王的信中热情地赞美"中国面积至为广阔,奉公守法,政治清明,全国统于一尊,人民无不服从,国家富强。凡国计民生所需者,无不具备,且极充裕。中国人聪明好学,尚仁义,重伦常,长于政治,孜孜求知,不殆不倦";他力陈"如若在中国传教,将会促进在日本及远东传教"③。他请求葡萄牙国王敦促耶稣会多派神父东来,并且特别强调"勿派助理修士,亦勿派专门从事讲道的神父""中日两国需要饱经风霜、意志坚强的神父;又因中日两国人民,博学好问,慎思明辨,需要学术修养高深、笔谈流利而长于撰述的神父,不徒善辩而已"④。1552年8月,沙勿略到达澳门附近的上川岛,他尽最大努力试图进入中国,但直到12月去世仍未能如愿。不过,沙勿略生前寄往欧洲的报告和书札,引发了后继传教士赴远东传教的热忱。

1578年,耶稣会派遣懂汉语的意大利耶稣会传教士范礼安任远东教务视察员。7月,他带领41位新会士到达澳门。虽然范礼安这次在澳门仅逗留了不到十个月,但却进行了广泛的社会调查。他收集了大量书籍,希望深入了解中国的历史、语言、医药、日常生活等方面。当时中国强大的传教阻力,令不少传教士倾向于

---

① 佩里.西方文明史:上卷[M].胡万里,等译.北京:商务印书馆,1991:431.
② 钟鸣但.利玛窦:因人成己[J].代国庆,译.学术研究,2012(8):91.
③④ 方豪.中国天主教史人物传[M].北京:中华书局,1988:45.

借助武力传教,范礼安并没有跟随这股冒进的风气。他发现澳门教会当局推行的"葡萄牙化"的欧洲中心主义传教政策,使中国教徒感情上受到压抑,导致教徒与异教徒之间产生隔阂,因而他决定追随沙勿略的文化适应路线,探索进入中国的有效途径。

范礼安离开澳门抵达印度后,开始着手收集东方传教资料并撰写《沙勿略传》。他在书中列举了中国的诸多优越性,其中还特别指出中国官员的治理方式有五个方面优于欧洲,即优越的文官考试选拔制度;有条不紊的社会秩序;雷厉风行地贯彻政令;和平的外交手段;禁止皇族干涉政务的措施。范礼安通过总结沙勿略的传教经验,深刻剖析了耶稣会士进入中国失败的原因,他认为:不能采取"打倒一切"的办法,仿佛认为各民族的文明和风俗习惯毫无用处;特别是对待中国这样历史悠久、文明发达的国家,传教需要适应民族文化习俗。①

范礼安继承沙勿略的思想,理性地面对中华文明,并将之置于与欧洲文明相对等的位置进行比较,对耶稣会中国传教团的传教策略变革产生积极影响。② 他多次给耶稣会总会长写信,指出:"到目前为止,教会使用于任何地区的传教方式都不能适用于中国。欲在中国传教,传教士必须娴熟中文,不是地方方言,而是中国的知识阶层所通用的官话,他们必须研习并适应中国的文化和风俗习惯,他们必须了解这一伟大而可敬的民族的历史文化,并进一步与受此文化熏陶的人们打成一片。"③他主张:"在尊重中国语言文字的基础上,通过学术交流和道德规范的相互效仿,通过基督教帮助中华文明使之更加完善的实际成效,最终达到皈依中国民众的目的。"④他认为:"一个聪明的、有成就的、献身于艺术研究的民族,是可以被说服同意让一些同样以学识和品德而出名的外国人来到他们中间居住的,特别是假如他们的客人精通中国语言和文字的话。"⑤

为了实现传教士中国化的目的,范礼安明确要求传教士熟练地使用中国语言,研究中国经典,撰述教理书籍。在他的严格督促下,罗明坚、利玛窦、庞迪我等成为精通汉语的西儒,在天主教中国化的过程中作出了突出贡献。范礼安第二次到澳

---

① 裴化行.利玛窦神父传[M].管震湖,译.北京:商务印书馆,1993:60-61.
② 费赖之.在华耶稣会士列传及书目[M].冯承钧,译.北京:中华书局,1995:30.
③ 罗光.天主教在华传教史集[M].台北:台北光启出版社,1966:9.
④ 沈定平.明清之际中西文化交流史[M].北京:商务印书馆,2007:160.
⑤ 利玛窦,金尼阁.利玛窦中国札记[M].何高济,王遵仲,李申,译.中华书局,1983:142.

门时,结合在日本的传教经验,对澳门教会做出改革,提出不但中国教徒可以继续保持原有的生活习惯,西方传教士也都要中国化,并请示耶稣会总会长,要求将该项规定固定下来,不能随意变动。① 对于进入中国内地的传教士,范礼安明确指示:顺应当地习俗,尽力融入当地社会关系网络中。1582年,罗明坚首次进入中国肇庆,他接受中国官员建议穿僧服。罗明坚在写给会长阿奎维瓦的信中说:"他(两广总督陈瑞)愿我们穿中国和尚的服装,这与我们神职的衣冠略有分别,如今我们正在做僧衣,不久我们将化为中国人——以便为基督能赚得中国人。"②

利玛窦在与士大夫的交流中,充分利用自己所学知识及中国人从未见过的西洋物件,得到部分官员赏识(见图2-1),并且逐渐意识到以"西僧"形象传教的不利影响。1592年11月,利玛窦在寄给总会长的信中委婉地表达了变革的想法:"地方官吏非常抬举我们,不让我们步行,而用轿子抬着走……这种荣誉对我们十分重要,否则在教外人中传教便是无效力了。洋人、和尚和道士在中国并不受尊重,所以我们不能以和尚、道士之流出现。"③1592年底,利玛窦从内地回澳门治病期间提出"蓄须着儒服"的想法,认为如果留胡子并蓄长发,会对基督教有好处,那样就不会被误认作偶像崇拜者、向偶像奉献祭品的和尚——"神父们应该像高度有教养的中国人那样装束打扮,他们都应该有一件在拜访官员时穿的绸袍,在中国人看来,没有它,一个人就不配和官员,甚至和一个有教养的阶层的人平起平坐。"④范礼安认为这些请求非常合理,一一予以批准,并把每项请求都详细报告给罗马的耶稣会总会长神父。

1594年,范礼安在澳门组建圣保禄学院,将其作为培养入华耶稣会士的重要基地。1583—1770年,入华的耶稣会士有467名,其中从圣保禄学院毕业的有200多名,占到了42.5%。⑤ 1597年,范礼安在澳门任命利玛窦担任耶稣会中国传教团教长并扩大其权限。当时,接替利玛窦在韶州传教的耶稣会士龙华民对利玛窦的"谨慎传教"和"上层路线"颇有微词,他在马家坝乡村采用了欧洲式的"广场传教"——先派人到当地乡村宣布他的到来,告诉百姓准备听道。龙华民抵达后,坐

---

① 裴化行.天主教十六世纪在华传教志[M].萧濬华,译.北京:商务印书馆,1936:194.
② 利玛窦.利玛窦书信集[M].罗渔,译.台北:台北光启出版社,1986:451.
③ 同②124.
④ 利玛窦,金尼阁.利玛窦中国札记[M].何高济,王遵仲,李申,译.北京:中华书局,1983:276.
⑤ 维特克.着眼于日本——范礼安及澳门学院的开发[J].文化杂志,1997(2).

在一张桌子旁,向百姓直接宣讲福音,之后发放《十诫》。但他的传教方法很快遭到抵制,尤其是盛大的信徒欢迎仪式,在中国社会是被禁止的,因而还引发了一系列的"反教团"事件。在付出沉重代价之后,龙华民放弃了富有煽动性的传教方式,开始遵循利玛窦的传教策略。"利玛窦规矩"通过圣保禄学院在耶稣会士中广泛传扬。

图 2-1 利玛窦与徐光启

利玛窦在去世的前一年(1609 年),详细总结了其 30 年的传教经验,他写道:"我们可以在这里平安生活,慢慢开教,不必急于获得皇帝的允准;经验告诉我们,官吏多次上书反对我们,想把我们驱逐出境,但我们仍然安全地在中国居住。"在利玛窦看来,重要的不再是要求像西方社会那样稳固的权利保障,而是"谨小慎微,慢慢地进行传教",这是在中国社会文化规则下的既成事实。对于传教方式,利玛窦谈及最多的是"友道"与"书教",而后者尤为突出:"深觉欲归化中国民众,先该从中国儒士入手;与儒士交际当以学问为工具""在这里用书籍传教是最方便的方法,因为书籍可以在任何地方畅行无阻;这里很多人皆可看书,很多事皆可由书籍传授,讲话便没有那样方便,这是我们的多年经验之谈"。[①]

鉴于书籍对传教活动的巨大促进作用,利玛窦在 1606 年向耶稣会总会长阿奎

---

① 利玛窦.利玛窦书信集[M].罗渔,译.台北:台北光启出版社,1986:413.

维瓦写信建议:将书籍出版审查权下放到远东各个省区——"我以为您应把印刷许可权赐给本区会长,以便能快速出版有关书籍,在审查后便可印刷,正如在日本一样,不必件件须从印度审查长处获此特准。"1608年,利玛窦在寄给高斯塔的信中,充满希望地写道:"您知道在中国是多么需要印刷的书籍啊!我需要的书太多了,尤其我正在印刷的这几种,都是我凭记忆而撰写的。……今天,凡我们所作为,无一不让中国学者感到惊奇,我是东方最有学识的人,(他们)对我佩服万分。将来我们的青年会友大批前来,继续我们的工作,会有什么样的结果呢?毫无疑问,成果一定十分丰硕。"①

耶稣会的"书教"理念,极大地推进了澳门传媒的孕育发展。澳门学者林玉凤综合方豪、白乐嘉等人的考证,以及罗明坚1581年11月在澳门写的书信等资料推断:澳门的新闻出版史应始于1581年至1584年9月之间,最早的出版物很可能是用木刻雕版印刷的"天主经""圣母经""天主十诫"三者中之一。除了使用雕版印刷术,传教士还将西方近代活字印刷术传入澳门。白乐嘉在《澳门出版的开端》中对第一部运抵澳门的西式活字印刷机在亚洲的行程,有非常仔细的记载和描述。1588年,西式活字印刷机运抵澳门后,总共印刷出版了2—3本书,最初的书都以拉丁文印刷。其中,《基督儿童的教育》是西方活字印刷术传入中国后印刷的首本图书,由范礼安神父编辑,共252页。

在"利玛窦规矩"的引导下,天主教深入中国内地,中西文化有了实质性的碰撞,并且带动了晚明士大夫学习西学的风气。由明万历至清顺治年间,一共有150余种西方书籍被翻译成中文。利玛窦撰写的《天主实录》以及他和徐光启等人翻译的欧几里得的《几何原本》等书不仅带给中国先进的科学知识和哲学思想,而且许多数学概念和现代中文词汇是由他们创造并沿用至今的。利玛窦制作的世界地图《坤舆万国全图》,是中国历史上第一个世界地图。

耶稣会传教士还将中国的哲学、政治、经济和文化思想,以及建筑、音乐、绘画介绍到欧洲。1687年,比利时耶稣会士柏应理等编译的《中国哲学家孔子》拉丁文本在法国出版,引起了极大的轰动。德国著名哲学家、数学家莱布尼茨在给友人的信中说:"今年巴黎曾发行孔子的著述,彼可称为中国哲学之王者。"他在《中国近

---

① 利玛窦.利玛窦书信集[M].罗渔,译.台北:台北光启出版社,1986:359.

况》一书的绪论中还写道:"全人类最伟大的文化和最发达的文明仿佛今天汇集在我们大陆的两端,即汇集在欧洲和位于地球另一端的东方的欧洲——中国。"①

第二节 马礼逊的出版贡献与澳门最早的中文报刊

鸦片战争前夕,跟随商船和军舰而来的基督教新教传教士拉开了基督教新教大规模东进的序幕。他们由中国外围向中国沿海渗透,建立传教基地,翻译和印刷宗教书刊,建立教会学校招收贫寒子弟,翻译和介绍西方科学知识。伦敦会传教士罗伯特·马礼逊是"第一个踏上中华帝国的新教徒"②。他将近代印刷术真正引进并使之以澳门为根——他编纂的《华英字典》、翻译的《圣经》,搭起了中西文化、语言交流的桥梁。马礼逊在澳门的印刷出版工作,直接催生了中国近代出版业,基督教也因此成为建立澳门近代出版事业乃至中国近代出版事业的一股力量。

一、马礼逊的出版贡献

1807年9月8日,马礼逊抵达广州,成为第一个来华的新教传教士。"马礼逊到中国后面临重重困难:第一,清廷禁教,不准传教士进入内地,违者处以极刑;第二,中国人对外国传教士怀有敌意;第三,澳门的天主教的敌意。"③因此,马礼逊将出版书刊视为重要的传教手段,以极大的勇气和胆量克服各种困难开始工作。马礼逊来华后的出版工作分三个阶段:(1)1807年马礼逊抵达中国后不久,出版物以中文印刷的宣教书籍和单张为主;(2)以1814年东印度公司在澳门成立印刷所支持马礼逊出版《华英字典》为起点,出版物以英语为主,中文宣教书籍和单张则转往马六甲的英华书院出版;(3)1833年马礼逊自己在澳门成立马家英式印刷所后,出版物包括中英文图书、刊物、单张,同时还承印别人的刊物。④

马礼逊的日记记载,马礼逊在中国的出版活动最初采用雕版印刷,而且是秘密进行的。他在中国印刷出版的第一部书是1810年印行的《使徒行传》,随后又印刷

---

① 莱布尼茨.中国近事——为了照亮我们这个时代[M].梅谦立,杨保筠,译.郑州:大象出版社,2005:9.
② 顾卫星.马礼逊与中西文化交流[J].外国文学研究,2002(4):116.
③ 邓绍根.美国在华早期新闻传播史[M].北京:世界知识出版社,2013:23.
④ 林玉凤.鸦片战争前的澳门新闻事业(1557—1840)[D].北京:中国人民大学,2006.

了他的短论《神道论赎救世总说真本》,两本书各印了1 000册。他印制发行《路加福音》后,引起了清廷的关注。不久,清廷颁布谕告:严禁在中国印刷基督教书籍,禁止传播基督教教义。马礼逊编纂的《中国文法》一书的出版因此不得不搁浅。

1813年,由马礼逊独自编纂的《华英字典》第一部基本完成(见图2-2),但印刷出版这部字典的费用却大大超过马礼逊的支付能力,甚至连英国伦敦教会也只能拿出该项费用的1/6。经过多次协商,东印度公司决定出资印刷这部字典。1814年,应澳门东印度公司的要求,英国东印度公司董事会决定派印刷工人汤姆斯带印刷机及相关器材来澳。4月,东印度公司董事会发函知会公司广州办事处:"新雇用一名印刷工汤姆斯,带着一台印刷机、一副活字等设备搭船来华"。函件中还说,纸张应在中国购买,"因为董事会相信中国生产的纸张品质更好",并且规定"印刷只限于澳门进行,也不准印刷任何传教书刊,但是如果有空档,则无妨印刷一些'有用的'出版品,例如语言、历史、风俗艺术、科学等足以增进欧洲了解中国的图书"①。9月,汤姆斯抵达澳门,澳门东印度公司印刷所成立,成为中国境内设立的第一家西式印刷所。

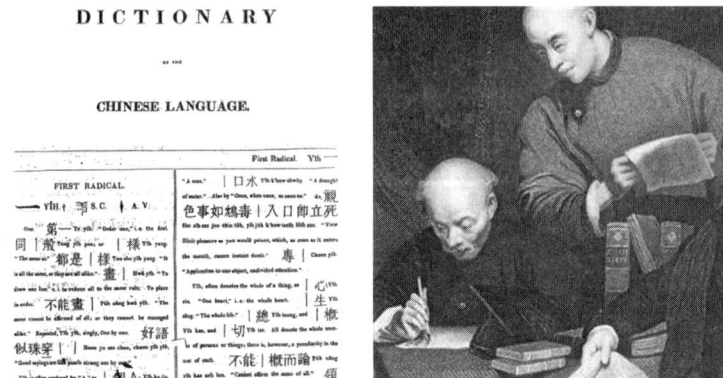

图2-2　马礼逊编撰《华英字典》

1814年,马礼逊的出版活动有了新的进展,他所翻译的《圣经·新约》以雕版印刷方式印行了2 000册,此外他还印行了5 000册《教义问答》和10 000册传播基督教教义的小册子。尽管马礼逊尽可能地不引起官方注意,但因其翻译了大量的

---

①　苏精.马礼逊与中文印刷出版[M].台北:台湾学生书局有限公司,2000:88-89.

英国官方文书,仍然被两广巡抚视为危险分子,所以中国官方下令逮捕那些帮助马礼逊翻译出版的中国人。马礼逊不得不调整策略,开辟新的传教基地与印刷基地,在马六甲建立传教书院与印刷厂。

从 1814 年至 1834 年东印度公司印刷所关闭的 20 年间,一共出版了 28 种出版物,当中包括字典、图书、杂志、单张以及由马礼逊翻译集成的《京报》读物。

(一)《华英字典》

在来华以前,马礼逊在伦敦皇家学会借到一本拉丁文和中文字典,抄写了当中的主要部分作为自己编纂字典的参考。来华后,他发现当时中国人使用的是《康熙字典》,便开始抄写字典的内容。其后,他从东印度公司的医生皮尔森那里借到另一部拉丁文和中文字典。马礼逊在两部拉丁文和中文字典以及《康熙字典》的基础上编纂了《华英字典》。

《华英字典》共分三大部分:第一部分是按汉字部首查字法排列的《汉英字典》(中文名为《字典》),共三卷,分别于 1815 年、1822 年、1823 年出版;第二部分是按汉字音序查字法排列的《汉英字典》(中文名为《伍车韵府》),共两卷,分别于 1819 年、1820 年出版;第三部分是按英文字母顺序排列的《英汉字典》,一卷,于 1822 年出版。这部巨著从编纂到全部出齐,耗时十几年,共 4 595 页,收录了 4 万多个汉字,开本为 31cm×23.5cm,相当于现在的 10 开本。《华英字典》引发西方震惊,有人赞其"对欧洲学者的作用远胜过 20 世纪所有传教团印制的著作和手稿"。[①]

《华英字典》的出版,标志着以印刷机械为主要特征的中国近代出版业的正式诞生。为印刷《华英字典》,中国引入了第一台现代化的印刷机,汤姆斯在马礼逊的帮助下制造了第一副中文铅合金活字,第一次用中文铅活字排版,开创了中文图书采用铅活字排版、机械化印刷的现代出版先河。由于木刻雕版很难解决英文字母问题,西方英文活字又不能解决汉字问题,他们只好独辟蹊径,先以铅合金作材料用铜模制造出铅活字毛坯,然后雇请熟练的中国雕版刻字工人,在一个个铅活字毛坯上用刀刻出一个个汉字。据叶再生考证,这副中国最早的雕刻汉字活字有 10 万枚左右,正文是仿宋二号字、三号字、四号字,书名采用草书初号字。[②] 澳门印刷所

[①] 耿相新.马礼逊与中国近代出版的诞生[J].编辑之友,2003(2):78.
[②] 叶再生.马礼逊与《中国语文词典》[J].新闻出版交流,2003(3):10-13.

按照西方现代出版业模式运作,无论资金运作、经营管理和编辑模式,还是印刷和发行方式,都与中国传统的家庭作坊或官办作坊迥异。现代出版观念的引进,带来中国近代出版业的变革,进而深刻地影响了中国社会的变革。

(二)《杂闻篇》

根据《中国新闻事业通史》等新闻史专著的通常说法,中国最早的近代化中文期刊和外国人在中国境内创办的第一份中文期刊,是1833年8月1日传教士郭士立在广州创办的《东西洋考每月统记传》,澳门的华文新闻史则从1893年《镜海丛报》出版开始。

2006年,澳门学者林玉凤根据她在英国伦敦大学亚非学院图书馆的伦敦传教会档案中找到的《杂闻篇》原件(见图2-3)提出:1833年4月29日,由马礼逊在澳门创办的中文期刊《杂闻篇》,是中国境内出版的第一份近代化中文期刊、第一份用铅活字排印的期刊,以及澳门历史上第一份中文期刊。她指出这一发现将澳门的华文新闻出版史的起点提前了60年。

林玉凤在《中国境内的第一份近代化中文期刊——〈杂闻篇〉考》中介绍:根据刊物原件和马礼逊的书信以及日记内容,《杂闻篇》为不定期刊物;共出版3期,分别是1833年4月29日第一期、1833年8月29日第二期、1833年10月17日第三期。每份印刷量为2万份。从出版年份看,比1833年8月1日在广州创办的《东西洋考每月统记传》早3个月。

《杂闻篇》版框比16开小,为13.4cm×9.2cm。各期均有4页,双面印刷,每期仅首页有版头,全页不分栏,四周有双框装饰,以类似《京报》的黄色

图2-3 《杂闻篇》创刊号①

纸印刷,但各期所用报纸的纸质有明显差异,第一、第三期较厚,第二期用纸极为单薄。每一号头版的版头中间为报名,由右至左横排"杂闻篇"三字;报名右侧有方格,内直书"壹号"等期刊号及"癸巳年"三字,说明其以干支纪年方式标示年份;报

---

① 《杂闻篇》创刊号图片为林玉凤录自伦敦大学亚非学院图书馆。

名左侧另有方格,内以中式数字从右至左书写出版的月日。报刊的内文以从右至左的中式书写方式直排。除了不分栏,其第一版版式已经接近现代报刊的样式,而不是19世纪中后期仍然流行的中国书册式版面。

通过考证,林玉凤还指出:《杂闻篇》由马礼逊购自英国的平版印刷机结合中文活字印刷,比1853年创刊的香港最早的中文报刊《遐迩贯珍》早20年使用活字印刷,是中国历史上首个活字排印刊物。此外,《杂闻篇》与《察世俗每月统记传》都采用了顿号和句号两种标点符号,而《杂闻篇》更先进:标点符号标注在正文之间,而不是文字旁;在每个段落结束前,还以"O"号为段落标记;在人名右侧加单线,在地名和国名右侧加双线。而一般公认的澳门最早采用标点符号的报刊《澳门通报》,创办于1913年6月3日,比《杂闻篇》晚了近80年。

现存各期《杂闻篇》的原件上都有马礼逊手写的文字,上面清晰说明该刊在马家英式印刷所印刷,每期印数为2万份,可能为同期报刊印量之最;附有一个单张的手写文件,上面有马礼逊用英文书写的各期内文介绍。各期篇幅不多,只有4则消息或文章。绝大多数篇幅刊载宣传基督教信仰的内容,也刊载一些特别的消息或文章。如第二期中,"胎生聋而哑巴者论"从现代医学角度说明失聪的原因,并介绍"又闻得英吉利国医生,会教聋哑者发仁之心,想来中华为传这个法子";同期刊登的"外国书论",是一段200字的短文,全文如下:

> 友罗巴之各国,皆印书篇多用活字板,要印书时,则聚集各字,后刷完数百,或数千数万本,就撒散其字,各归其类,而再可用聚合刷他书。如是不必存下许多板,且暂时用之书篇,不必刻板之使费,故此在友罗巴各国,每月多出宜时之小书,论当下之各事理,又有日日出的伊所名,新闻纸三个字,是篇无所不论,有诗书六艺、天文、地理、士、农、商、工之各业,国政、官衙词讼人命之各案本国各省吉凶新出之事,及通天下万国所风闻之论。真奇其新闻纸无所不讲也。①

---

① 《杂闻篇》第二号,1833年8月29日,第4页。转引自林玉凤.鸦片战争前的澳门新闻事业(1557—1840)[D].北京:中国人民大学,2006:97.

林玉凤评价这篇"外国书论"是"中国刊物上最早介绍西方活字印刷术的中文文献,还最早将中式木刻雕版和活字印刷术作了比较,这也是最早介绍西方报业的中文文献,而将'报刊'中译为'新闻纸',相信亦典出于此"。她强调"胎生聋而哑巴者论"与"外国书论",最早在中文期刊上引介了西方的医学观念、活字印刷术和"新闻纸"的概念,提出《杂闻篇》具有重要意义——"从 1833 年 4 月 29 日创刊到 1833 年 10 月 17 日终刊,《杂闻篇》只存在了不到半年的时间,可是,这份不定期中文刊物的发现,还是令中国新闻史以及澳门新闻史中的不少定论需要改写。"[①]

二、鸦片战争前英美传教士创办的其他中文报刊

鸦片战争前,由英美传教士创办的中文报刊还有《察世俗每月统记传》《东西洋考每月统记传》和《各国消息》,这三种中文报刊都面向中国读者,尽管它们的创办地都不在澳门,但澳门作为鸦片战争前所有外国人进出广州的停留地,是创办者联络、酝酿、商议办报的重要场所,也是传教士向华人传播西方宗教、知识、资讯的落脚点。

(一)《察世俗每月统记传》

1813 年,伦敦传教会传教士米怜抵达澳门,引起澳门当地天主教士的疑忌,被澳葡当局限期离境。1815 年,米怜回到澳门,与马礼逊商议在位置适中、便于与南洋各华人居留地联系的马六甲设立布道站,由他前往布道。两人还商定在马六甲创办一份介于报纸与传教杂志间的中文期刊,兼顾一般知识与基督教义的传播。米怜撰写了约七百字的发刊辞《序文》,交给即将同赴马六甲的印工梁发刻板。

1815 年 8 月 5 日,《察世俗每月统记传》(见图 2-4)在英国殖民地马六甲出版创刊号,这是中国近代史上第一种中文杂志,也是中文报纸的先导。其读者以华人为主,发行于南洋各埠,其宗旨、撰稿、经费,都由英国传教士马礼逊与米怜两人决定,华人梁发除以教徒身份偶尔撰稿外,只参与生产印制方面的工作。

《察世俗每月统记传》是一份月刊,从 1815 年创刊到 1821 年停刊,历时 7 年,共出 7 卷 84 期,所刊登的文章大都出于米怜一人之笔;除 1819 年因米怜妻子去世,曾由马礼逊、麦都思、梁发代笔一部分,此外还刊登过马六甲英华书院学生的诗

---

① 林玉凤.中国境内的第一份近代化中文期刊——《杂闻篇》考[J].国际新闻界,2006(11):24.

作。《察世俗每月统记传》现存共计 1 098 页,内容大致分为宗教与伦理、科技、史地、文学、时事及其他六类,宗教与伦理多达 950 页左右,超过总数的 85%,而现实的政治时事问题,前 5 卷几乎毫不涉及,"《察世俗每月统记传》偏重宗教与道德成分的浓厚,传教就是它存在的唯一理由"。①

为了让华人接受西方宗教教义,米怜尽量使《察世俗每月统记传》看起来像是华人"自己的"报刊。创刊号的封面右上角印有孔子语录:"子曰多闻择其善者而从之",中间顶天立地竖排着刊名,左下角印有"博爱者纂",精心设计成耶稣加孔子的形式。为使华人易于接受,米怜大量引用四书五经和孔孟程朱的言论作为报纸文章的

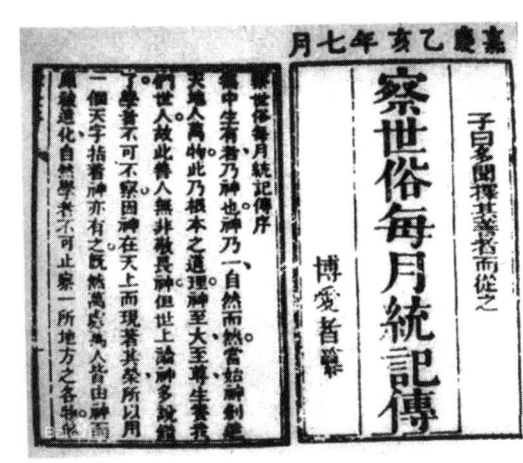

图 2-4 《察世俗每月统记传》

开头,还常常引用儒家言论阐释《圣经》文句,以突出儒学与基督教的相通性、一致性;行文大量采用中国小说的表现手法,体裁搬用章回体,包括解释天文现象的知识性文章也不例外,篇末还常用"欲知后事如何,且看下回分解"结尾;所刊发文章写到华人时,也常用"我们中国人"以示亲密。②

在发行方面,《察世俗每月统记传》采取免费赠阅的方式向华人传播,有月刊本和合订本两种发行方法,月刊本前三年每期印 500 册,第四年 900 册,第五年增至 1 000 册;合订本每年自 500 册增至 2 000 册。

(二)《东西洋考每月统记传》

《东西洋考每月统记传》于 1833 年 8 月 1 日在中国广州面世,1837 年改为在广州编好后寄到新加坡印刷发行,1838 年 10 月停刊。③ 创刊人郭士立是普鲁士人,1827 年受荷兰布道会派遣来华传教;1829 年,他与荷兰布道会脱离关系后,成为不隶属于某一教会组织的传教士,同各国来华的传教士、商人和官方人士建立了广泛

---

① 苏精.马礼逊与中文印刷出版[M].台北:台湾学生书局有限公司,2000:162-163.
② 邓毅,李祖勃.岭南近代报刊史[M].广州:广东人民出版社,1998:27、31-32.
③ 梁群球.广州报业(1827—1990)[M].广州:中山大学出版社,1992:7.

的联系。一些研究者提出，郭士立能够让这份宣扬西方教义的中文报纸在广州创刊并存在，原因有两点：一是他善于笼络中国人，且精通中国语言、熟悉中国情况。郭士立常穿中国服装，戴上假辫子扮成中国人的模样，甚至认一个福建人做爸爸，以取得中国人亲属的身份。他还免费给人治病，结交各方人士；二是郭士立善于贿赂清朝官员，把"取得当地官员的友谊"作为要诀。①

《东西洋考每月统记传》（见图2-5）曾长期被学界公认为中国境内出版的第一份近代中文报刊。19世纪30年代，居于广州、澳门的外国人，出现了要求加强合作的倾向，郭士立顺应这一趋势，为满足在华外国人的共同需求，创办了《东西洋考每月统记传》。报纸的宗旨是向中国人宣传西方的先进性，改变西方人在中国人心目中的"蛮夷"地位。郭士立

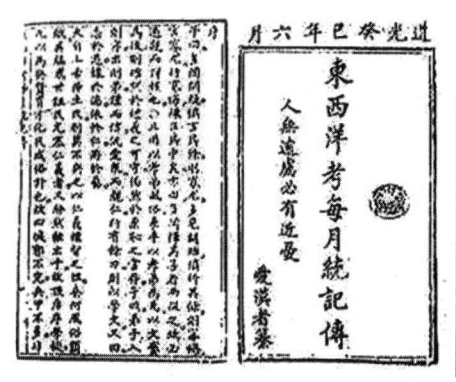

图2-5 《东西洋考每月统记传》

曾在《中国丛报》上用英文发表文章，向在华外国人说明自己办刊的目的："尽管我们和他们有长期交往，但他们仍然自称是世界上第一个民族，而把其他民族看成是'蛮夷'。这种毫无根据的自负，严重影响了外国居民的利益以及他们同中国人的交往。这个月刊是为维护广州和澳门的外国公众利益而开办的，它的出版意图就是要使中国人认识我们的工艺、科学和道义，从而清除他们那种高傲和排外的观念。"②

《东西洋考每月统记传》刊登的内容中，占最大篇幅的是对科学文化知识的宣传；其次是对基督教教义和伦理道德的宣传；另有一些新闻和时事材料，还有广州、澳门等地外国人提供的本地新闻和来自清廷《京报》的新闻。这些用中文写作的内容，原意是向中国人炫耀西方文明的实力、打击中国人盲目自大的思想。但由于华人订户不多，在当时远没有起到预期作用，不过这份报刊成为西方传教士以中文报刊向中国人介绍西方先进科技、制度、文化的先导。

(三)《各国消息》

1838年，《东西洋考每月统记传》停刊不久，另一份中文月刊《各国消息》于当

---

① 邓毅,李祖勃.岭南近代报刊史[M].广州:广东人民出版社,1998:51-52.
② 中国丛报:第2卷[M].1835:187.

年10月在广州面世,主编是英国传教士麦都思,奚礼尔和理雅各参加编辑。麦都思1817年抵达马六甲,曾协助米怜出版《察世俗每月统记传》,积累了创办中文期刊的经验。《各国消息》采用木版雕刻,中国书本式,共八期,现仅存前两期,主要刊载一些国家的地理、历史状况,也用很大篇幅报道英国维多利亚女王即位的情况,还刊登物价表,对行情涨落进行分析。《各国消息》虽然由传教士创办,但传教内容较少而更多关注现实,已显示出"近代报纸"的形态。

第三节 "睁眼看世界":林则徐的书报翻译

1839—1840年,钦差大臣林则徐在广州禁烟期间,组织翻译外文报刊,并以《澳门新闻纸》和《澳门月刊》为名。澳门传媒史上的这段特殊历史说明:(1)外文报刊在鸦片战争之前的广州、澳门西方人生活圈,已具有一定的社会影响力。因报刊上刊登有与社会时事密切相关的丰富信息,所以被林则徐看中并作为了解"夷情"的重要管道。(2)林则徐不仅将译报的内容抄录给邓廷桢等禁烟同僚传阅,还选择部分附在给道光皇帝的奏折中,这说明清朝政府已经知道西方人在中国办报,但并没有直接干涉报刊出版。林则徐的译报冠以"澳门"统称,而实际上所翻译的几种外报大都在广州创办(尽管没有证据证明林则徐对这一情况是否知晓)——这意味着当时对西方人在华出版报刊这一既成事实的某种默许,同时又隐晦地将豁免权圈定在澳门,印证了澳门作为中国近代报刊避难所和发祥地的独特地位。(3)林则徐译报标志着中国政治精英对西方文化的兴趣从利玛窦等译介的天文历法、数学,转向经世致用的现实需求。在新一轮中西文化交流和碰撞中,中国人比以往具有更强的主导性和主动性——正是在这个意义上,林则徐成为中国近代第一个"睁眼看世界"的人。

一、对林则徐译报的研究考订

史料记载,1839年3月9日,林则徐抵达广州,译报工作从3月中旬就开始了。研究者经常引用1841年4月林则徐离开广州前给奕山的信来解释其译报的初衷:"有夷人刊印之新闻纸,每七日一礼拜后即印出,系将广东事传至该国,亦将该国事传至广东,彼此互相知照,即内地之塘报也。彼本不与华人阅看,而华人不识夷字,亦即不看。近年雇有翻译之人,因而辗转购得新闻纸密为译出,其中所得夷情实为不少,制驭准备之方,多由此出。虽近时间有伪托,然虚实可以印证,不妨兼听并观也。"①这段林则徐的追述,明确说明他组织译报,请人翻译"本不与华人阅看"、一般华人也看不懂的夷人"新闻纸",目的是"侦探夷情虚实""制驭准备之方"。

尹文娟在《林则徐组织译书译报活动的几点考订》中指出:"林将报刊译稿统称为《澳门新闻纸》,是指所采用的外刊均在澳门出版,这一点林则徐在给奕山的信中已有交代。但实际上,根据报学史(资料的)记载,澳门当时并没有出版过任何英文报刊。不过,在林则徐禁烟和整顿海防期间,原先在广州刊行的三种英文报刊——《中国丛报》《广州纪录报》《广州新闻》均于 1839 年初迁到澳门。"②文章引证"当时澳门没有出版过英文报刊",其史料依据是哈佛大学出版社 1965 年出版的《中国沿海报纸研究指南 1822—1911》③。

笔者认为,潘贤模在《中国现代化报业初创时期》一文中提出的观点——"鸦片战争前夕广州和澳门的报刊,其实很难硬性分开""时而广州,时而澳门"——应是当时报刊比较真实的生存状态,"在洋人眼中,广州与澳门,几乎合二为一。在他们看来,澳门近似广州的郊区"④。因此,《澳门新闻纸》以"澳门"命名的主要原因,未必在于澳门是报纸的购买地,林则徐在给奕山的信中说"辗转购得",也不能说明报纸一定是在澳门购买。之所以用"澳门"冠名,更重要的原因很可能在于:"澳门有外报"更符合清朝对外夷管理的现实法律制度。

史料记载:1835 年,福建查获西方人传教的中文书籍,两广总督邓廷桢奉命追寻线索,拿获提供底本的夷商一人以及粤籍刻印工人屈亚熙,另外两名刻印工人梁亚发、屈亚昂逃脱。因洋商辩称此书是"携至澳门刻板,并非内地编造",未予刑罚,仅对屈亚熙一人处以杖徒之刑⑤。对于这一处理结果,道光帝览奏后亦未提出异议⑥,可见不干涉来华西方人在澳门的出版活动是清廷的一贯态度。

---

① 陈锡祺.林则徐奏稿·公牍·日记补编[M].广州:中山大学出版社,1985:100-101.
② 尹文娟.林则徐组织译书译报活动的几点考订[J].译林,2009(1):218.
③ FRANK H H K,CLARKE F.A research guide China coast newspapers1822—1911[M].Cambridge:Harvard University Press,1965:33-41.
④ 潘贤模.中国现代化报业初创时期——鸦片战争前夕广州、澳门报刊[J].新闻研究资料,1980(4):161.
⑤ 明清时代"五刑"制度包括:笞、杖、徒、流、死。
⑥ 大清宣宗成皇帝实录:卷 267[M].影印本.北京:中华书局,1985:96.

作为朝廷大员，林则徐为什么甫抵广州就想到翻译外报"侦探夷情"，并能迅速找到翻译人才"密为译出"？有三种解释：第一，与林则徐注重调查研究的行事风格有关。林则徐在京受命之后，就已选派旧部马辰和彭凤池先行"赴海口代访夷情""就近代查鸦片根株"①；第二，林则徐在嘉庆二十年（1815年）曾任职"翻书房行走"，这是清廷专门设立的在宫中进行满汉文翻译的机构，他曾经学习满文，有直接接触和参与翻译的经历；第三，林则徐抵达广州的第二天，拜访了长期从事海防文献研究的越秀书院院监、学海堂堂长、海防书局总纂梁廷枏（简体字为"楠"）。

苏艳在《林则徐的"夷情"探查与翻译赞助活动》一文中提出：梁廷枏的建议，是林则徐设置译馆的原因——"清朝闭关锁国，译者地位卑下，从事汉外互译的通事更有奸细之嫌。林则徐抵达广州的第二天便拜访了著名学者梁廷枏，请教海防和战守事宜，梁精通英文与夷务，将多年积累的'夷务'资料送与林则徐，并建议他组织人员搜集和翻译外文资料。林则徐接受其建议，打破天朝'禁区''通番'之嫌，亲自向外国传教士、商人、船长和报纸编辑等咨询洋事。"②不过，梁廷枏本人所著《夷氛闻记》中对他与林则徐相识相见的记载，与苏艳的分析并不完全相符：

> 林公前官苏抚，得士心，江苏郭桂船庶常，书院中所最赏识者。豫厚菴垄来榷粤市，聘就幕中。会予应聘总修粤海关志，署牍录发出其手。林公未度岭关，以役迎诸赣州，郭亦附书以迓。知予先在海防书局，所有诸国禀件禁令，及沿海要隘、诸营县界域道里、墩营砲械，皆有录存图绘。于是谆嘱予摘其切要有关海事，畅为图说，为羔雁献。先是，林公官杭嘉观察，见予所著书，谬承奖借。至是，就局中录为巨帙，授郭献之。

> （林则徐抵达广州时，梁廷枏）方由越华书院迁邻舍，以备行辕，公过而先下顾，谈极畅。③

从这段回忆看：林则徐任职杭嘉湖道时，就曾与梁廷枏间接交往，梁廷枏还通过郭桂船为林则徐提供过资料，因此才有林则徐初到广州两人见面的因缘际会。

---

① 杨国桢.林则徐大传[M].北京：中国人民大学出版社，2010：241.
② 苏艳.林则徐的"夷情"探查与翻译赞助活动[J].外国语文研究，2015(3)：69.
③ 梁廷枏.夷氛闻记（卷一）[M].北京：中华书局，1959：18.

这段回忆并没有提到梁廷枏向林则徐建议译报之事。不过，两人见面"谈极畅"的过程中，梁廷枏谈起译报，或者林则徐受到启发获得了解"夷情"的各种方法，都是有可能的。无论如何，林则徐作为钦差大臣，对"夷情"非比寻常的关注，才是促使他组织译报的根本原因。

二、禁烟：林则徐组织书报翻译的历史背景

通常，舆论主要关注林则徐作为钦差大臣赴广州主持禁烟之事。史学界有一种看法：林则徐到广州后改变与道光皇帝当初拟定的"重治吸食"战略，转向针对夷商、严厉搜缴鸦片，从而引来战争祸端，是林则徐遭到贬斥的原因。但笔者在梳理史实的过程中发现：与以往禁烟"重内略外"不同，林则徐南下，一开始就把目标确定为处理海关问题，道光皇帝的谕旨写明："颁给钦差大臣关防，驰驿前往广东查办海口事件，该省水师兼归节制。""查办海口"是因为鸦片"锢弊日久，恐一时未能尽行破除，若不清查来源，则此患伊于胡底？"① 禁烟只是具体措施，林则徐南下的实质是代表朝廷处理海关问题。因此，非法向中国输入鸦片的外国商人，原本就是林则徐将要面对的主要管治对象。

西方人对华鸦片贸易始于18世纪初，最早向中国贩运鸦片的是葡萄牙人。葡萄牙从1729年至1772年独自垄断对华鸦片贸易，坚持任何他国商人在澳门经营鸦片贸易只能由葡萄牙商人代理、通过葡萄牙商船转运。到18世纪中叶，澳门已成为西方向中国输入鸦片的集散地。1773年，英国东印度公司获得印度鸦片专卖权，与葡萄牙展开鸦片贸易竞争。1794年以后，东印度公司商船转移到黄埔港明目张胆地进行鸦片交易，引起了清廷的注意。1796年，嘉庆即位后数度降谕，停止征收鸦片税，禁止鸦片进口。东印度公司不得不宣布停止广州的鸦片贸易，转回澳门暗中交易。1821年，道光皇帝登基后，采取强力措施禁烟：法办澳门屯户叶恒树，将徇私隐瞒外船夹带鸦片的十三行总商伍敦元革职；审理上报的6宗大烟案（其中澳门5宗）；封锁黄埔和澳门两大关口。英国鸦片商人不得不放弃澳门，转向伶仃洋交易。②

---

① 周宪文.清宣宗实录选辑（第四辑）[M].台北：台湾大通书局，1995：210.
② 邓开颂.鸦片战争前澳门的鸦片走私贸易[J].学术研究，1990(3)：11-13.

1834年,东印度公司结束长达233年的对华贸易垄断,向英国私商全面开放鸦片贸易,出现鸦片走私疯狂的局面——"鸦片走私又像1821年以前那样在广州水道上出现,所不同的只是此时在数量上已超过以往六倍"①。马克思在《鸦片贸易史》中指出:1834年"在鸦片贸易史上,标志着一个时代","由于东印度公司从商务机关改组为纯粹的行政机关,对华贸易就完全转到了英国私人企业手里。这些私人企业干得起劲,以致不顾天朝的拼命抵制,在1837年就已将价值2 500万美元的39 000箱鸦片顺利地偷运入中国"。② 另据马士统计,1834—1839年的八年间,向中国输入的鸦片多达81 922箱。③

1838年6月,鸿胪寺卿黄爵滋上书道光皇帝,痛指鸦片的危害,建议采取"重治吸食"的办法,以抵制鸦片的输入。道光帝令各省督抚对黄爵滋的建议各抒己见,妥议具奏。对于禁烟,朝廷内部出现弛禁两派。当时任湖广总督的林则徐上奏支持禁烟,他在奏折中表示"鸦片流毒于中国,纹银潜耗于外洋,凡在臣工,谁不切齿!"④并尖锐指出"若犹泄泄视之,是使数十年后,中原几无可以御敌之兵,且无可以充饷之银。兴思及此,能无股栗!"⑤林则徐的上书触动了道光皇帝,他立即被召进京,并授命钦差大臣,驰赴广东禁烟。

道光皇帝对林则徐南下禁烟非常重视,林则徐1938年12月31日(农历十一月初十)奉旨进京后,道光帝连续召见林则徐8次。1939年1月8日(农历十一月十八),道光皇帝又特下诏谕,令两广总督邓廷桢、广东巡抚怡良等地方大员,一定要与林则徐和衷共济,全力支持配合林则徐禁烟,"不可存观望之见,尤不可有推委之心""自当益矢勤奋,尽泯畛域""应分办者各尽己责,应商办者会同奏闻"⑥。这道谕旨为林则徐疏通了内部人事关系,使其能全力放手开展禁烟工作。

1839年3月15日(农历正月二十五),林则徐抵达广州,立即开始调查研究鸦片走私情况。1839年3月18日(农历二月初四),抵达广州的第九天,林则徐即以

---

① 格林堡.鸦片战争前中英通商史[M].康成,译.北京:商务印书馆,1961:103.
② 中共中央马克思、恩格斯、列宁、斯大林著作编译局.马克思恩格斯选集:第一卷[M].北京:人民出版社,1995:717-718.
③ 马士.中华帝国对外关系史:卷1[M].张汇文,等译.上海:上海书店出版社,2006:238-240.
④ 杨国桢.林则徐大传[M].北京:中国人民大学出版社,2010:223.
⑤ 同⑤230.
⑥ 史馆文.《道光帝令林则徐、邓廷桢等协力查禁鸦片的谕旨》评介[N].中国档案报,2004-03-26(1).

钦差大臣名义连发了两道谕令——《谕洋商责令外商呈缴烟土稿》《谕各国商人呈缴烟土稿》,勒令洋商上缴鸦片:

> 查尔等以此物蛊惑华民,已历数十年,所得不义之财,不可胜计,此人心所共愤,亦天理所难容。从前天朝例禁尚宽,各口犹可偷漏。今大皇帝闻而震怒,必尽除之而后已,所有内地民人贩鸦片、开烟馆者立即正法,吸食者亦议死罪,尔等来至天朝地方,即应与内地民人同遵法度。……谕到,该夷商等速即遵照将夷船鸦片尽数缴官。由洋商查明何人名下缴出若干箱,统共若干斤两,造具清册,呈官点验,收明毁化,以绝其害,不得丝毫藏匿。一面出具夷字汉字合同甘结,声明"嗣后来船永不敢夹带鸦片,如有带来,一经查出,货尽没官,人即正法,情甘服罪"字样。……此次本大臣自京面承圣谕,法在必行,且既带此关防,得以便宜行事,非寻常查办他务可比。若鸦片一日未绝,本大臣一日不回,誓与此事相始终,断无中断之理。①

从上述一系列史实中可见"查禁夷商"正是林则徐作为钦差的主要使命。道光皇帝之所以对禁烟如此重视:一是因为烟贩屡禁不止,甚至越禁越多。而清政府内部吏治不严是重要原因,长期鸦片贸易导致贪官与鸦片商内外勾结,形成了贪官与鸦片商利益共享的局面;二是因为在反对严禁的呼声中,有一项重要理由令道光皇帝犹豫不决——禁烟可能"启边衅"。不过,道光皇帝迫切希望一劳永逸地解决鸦片带来的财政危机,因此最终起用林则徐到广州查禁鸦片。

而禁烟可能遭到"启边衅"之责,也是林则徐最为担心的地方:"侍戌冬在京被命……维时圣意亟除鸩毒,务令力杜来源。所谓来源者固莫甚于英吉利也。侍恐一经措手,而议者即以'边衅'阻之,常将此情重叠面陈,奉谕断不遥制。"②"英夷兵船之来,本在意中。徐在都时所面陈者,姑置勿论,即到粤后,奏请敕下沿海严防者,亦已五次。"③

---

① 林则徐.林则徐集·公牍[M].北京:中华书局,1963:58.
② 杨国桢.林则徐大传[M].北京:中国人民大学出版社,2010:237.
③ 杨国桢.林则徐大传[M].北京:中国人民大学出版社,2010:237.

可见,道光帝期望林则徐能够一举杜绝鸦片来源,不仅授以兵权,并且承诺不会牵制禁烟行为,但更多是寄望于以军威震慑外夷,对禁烟将会引起的战争并没有做好准备,因此林则徐才三番五次上书奏请"敕下沿海严防"。林则徐意识到禁烟将会引起外夷反弹,预料将面临"启边衅"之责,因此密切关注夷人动态,希望能早有防备。正是这种如履薄冰的心态,让林则徐分外关注夷情,译报由此诞生。

三、《澳门新闻纸》与《澳门月报》

《澳门新闻纸》的编译时间,起于1839年3月,迄于1840年11月,历时一年零八个月。编译的内容主要包括:关于印度出产鸦片及贩运到中国来的情况;关于英、美鸦片贩子如何贿赂清朝官员、使之私自放行的记载;关于清政府的禁烟措施及鸦片被收缴的情况;对林则徐的禁烟行动的评论;英国鸦片贩子与商务监督义律讨论如何对抗中国政府的禁烟运动的记载;各国鸦片贩子要求英、法、美政府出兵,向中国政府示威的叫嚣;英国等各国报刊上干涉中国禁烟的正义行动、鼓吹发动侵华战争的言论;关于沙俄迅速向南扩张并威胁中国西部边疆的动向,等等。

现存《澳门新闻纸》译稿抄本六册,仅是当年林则徐组织翻译的部分新闻译稿。第一册最早一条新闻为1839年"七月十六日澳门新闻纸(即中国五月二十五日)",第六册最末一条新闻为1840年"澳门十一月初七日新闻纸(即中国十月十七日)"。《澳门新闻纸》共计收录新闻译稿171条,主要译自当年英国人所办的《广州周报》(逢星期六出版),其次是《广州纪事报》(逢星期二出版)。这两家英文周报,原来均在广州出版,1839年5月迁到澳门。还有少数新闻译自《新加坡自由报》(逢星期四出版)以及孟买新闻纸、孟阿拉新闻纸、兰顿(伦敦)新闻纸,包括这些新闻纸转载的加尔吉打新闻纸、澳大利亚腮呢(雪梨)新闻纸刊载的消息及报道。译报为林则徐及时和确切地掌握"夷情动态",起到"忽穴一牖""辟开一径"的作用。

林则徐根据《澳门新闻纸》的零散材料,按专题分别整理加工,汇辑成《澳门月报》,其内容分别为:外国(主要是英、美、印度、孟加拉、沙俄、阿富汗等国)地理、历史等情况介绍;各国舆论对中国禁烟运动的反映,外国报刊对中国社会状况以及茶叶贸易、兵事等的评论。魏源编撰的《海国图志》中收入了《论中国道光十九年及二十年新闻纸》《论茶叶》《论禁烟》《论用兵》《论各国夷情》等篇章。①

现存的《澳门月报》《澳门新闻纸》让我们能够还原林则徐当年获知的信息，其中有：

(1) 英国政府纵容和支持对华鸦片贸易及其所获利益的情况。如《澳门月报》第三辑《论禁烟》介绍："鸦片乃印度各官养成后，又得到（英国）巴匣满（Parliament，议会）、甘文好司（House of Commons，下院）示谕允准"的，"英国人（把鸦片）带至中国，每年约有一千二百余万榜（英镑），银计六千余万圆"，鸦片经"孟阿拉官设法加工，总要引中国人嗜好此物。在加尔吉达税簿上即可查出，每年鸦片到中国多少？到别处多少？近来六年间，孟阿拉出产七万九千四百四十六箱内，有六万七千零三十三箱到中国"。"每年印度所收鸦片税响，自五百万至一千万圆不等，……每年解至英国之银，约六十三万九千榜（合三百一十五万圆），连存留在印度以及各官所用之银，大约有二百万榜（合一千万圆），故英国受鸦片之利益不少。"②

(2) 英国人谴责鸦片贸易、支持中国反毒禁烟的情况。如《论禁烟》中选编了英国人地尔洼1839年在伦敦发表的《鸦片贸易罪过论》："以为鸦片不独坏中国人之风俗，并令中国人猜忌英吉利人，令两国通商有碍，且有走私之恶名"；介绍英国有"许多仁爱之人，立为一会，欲禁止此贸易"，他们提出"禁止英吉利所属地方栽种鸦片"的倡议，律士丹合（即斯坦厄普勋爵）亦"请国王将鸦片贸易停止"，谓"中国人禁止鸦片，系为风俗、政事、税饷，外国人都应遵其法律而行"；此外，还有英国人驳斥所谓"监禁"义律等人"勒缴鸦片之事"，指出此事"正如我英国（曾）监禁佛兰西使者"那样，"因我等关口官府，闻佛兰西使者携带禁物到英国，遂将佛兰西使者监禁，待他缴上违禁货物后，方才释放，与今广东（缴烟）事一样"。③

(3) 关于中国禁烟消息对英国的震动。在《澳门月报》第四辑《论用兵》中，译自1839年12月21日的《广州周报》的报道称：广东收缴鸦片的消息，1839年7月30日传到伦敦，"国中之人皆动摇，自律衙门（House of Lords，上院）及甘文好司（下院）之官府，俱各相问"。伦敦还有人接到从孟买及中国寄来的私人信件，谈及缴烟之事，因而，"英国各皆警动，即买卖亦不甚好""茶叶价长至加二分，而各庄茶叶尚

---

① 中国史学会.中国近代史资料丛刊·鸦片战争[M].上海:上海人民出版社,1978:365-522,492-494,523.
② 林则徐.论禁烟[M]//林则徐全集:第10册.福州:海峡文艺出版社,2002:328.
③ 同②331-332.

不肯卖。所有东边货物逐一长价"。译自1840年1月11日的《广州周报》的报道称:1839年7月31日早上,广东缴烟之事传到伦敦,"兰顿之因底阿好司(东印度公司),都内各衙门及贸易店、银店,俱有扰乱。是日在兰顿,天色昏惨,米价亦昂贵。国中甚苦缺银,银价即已增长。……所有茶叶尽皆起价,兰顿各物件,无不昂贵"①。林则徐注意到"在孟买贸易之鸦片客商,递与悖来非冈色尔(Privy Counicl,英国枢密院)之察""印度之税饷,全靠鸦片。……而鸦片之贸易,孟买已居一半"。《澳门月报》重新编写的这条新闻指出:"英国逐年得孟迈(孟买)鸦片税银百万圆,……故今鸦片之税饷,在英国实在难去。"②

(4)英国议会通过侵华战争议案的相关动态。《澳门月报》第四辑《论用兵》专辑第一条新闻,就是1840年4月英国议会辩论对华作战军费案的报道。英国议会围绕着"我等应将鸦片抛弃乎? 抑与中国长久打仗以保鸦片乎?"议案,"争论三昼夜",最后虽以九票的微弱多数通过了对华作战,但反对侵华的议员公开"责备英吉利客商及英国国家,为税饷及利益之故,违中国法律,走私鸦片到中国",指出"中国究没有行过一事,足为我国攻打之故"。另一条新闻报道称英国侵华在财政上也遇到了困难;还有一则新闻透露,"若论泊船适中之地,莫好过尖沙咀",又谓"舟山甚小,然形势甚好,以之作贸易,必更兴旺于别处。……我等若得如此一处地方,在彼立定,再得一处如新奇坡海岸(者),可招集邻近地方到来贸易,……则所获利益不少"③。因此,林则徐为保卫尖沙咀竭尽努力,对英军进出舟山的动态特别关注,并非偶然。

(5)战事报道及评论。林则徐所选编的《论用兵》专辑里,有《澳门新闻纸》选译的有关九龙之战、穿鼻之战、官涌之战、金星门火攻英船和福建南澳海战、厦门之战等的新闻和评论,其对林则徐掌握敌情、组织抗英行动,都有一定参考价值。如关于1840年2月28日金星门火攻的评论说:"中国人若放各火船得法,我等船必大受其害,此算是第一次。后来恐中国人若一熟练,驶火船有准,即更有危险之事,切当小心提防之"。又如,谓英船由尖沙咀退至铜鼓洋,"潮水甚急,难于湾泊,却利于中国人顺流火攻,甚于尖沙咀"等。因此,林则徐直到离粤前,都一直强调"火船水

---

① 林则徐.论禁烟[M]//林则徐全集:第10册.福州:海峡文艺出版社,2002:333.
② 同①329.
③ 林则徐.论用兵[M]//林则徐全集:第10册.福州:海峡文艺出版社,2002:335.

勇,宜整理挑用",并且将其列入向奕山提出的六条防御措施之一。①

四、其他翻译活动与书报翻译的意义

除了选择报刊资料外,林则徐还根据政事需要,有针对性地安排摘译了好几种西方著作,其中主要有:《四洲志》[译自慕瑞的《(世界)地理大全》],它是一部包括亚洲、非洲、欧洲、南北美洲一些国家的自然地理、历史沿革、政治制度、军事情况、财政经济、对外关系、文化宗教、民情风俗、土特产品、行政区划等的世界百科全书式的译著;《华事夷言录要》(摘译自1836年在伦敦出版的《中国人》,著者德庇时是英国在东印度公司时期专驻广州的"大班",是个老"中国通"),书中介绍了中国文化艺术、风土人情、政治经济等问题,其中谈论英国人对中国问题的看法对禁烟和抗英斗争很有参考价值;此外还有《滑达尔各国律例》(摘译自瑞士人滑达尔1758年著、1834年出版的《万国公法》英译本)等。

林则徐了解、研究"夷情",目的十分明确,他要"尽得西人之长技,为中国之长技",以抵御外来侵略。这个指导思想后来在魏源的《海国图志》中被概括为"师夷长技以制夷"。为了与英国侵略者斗争,经译员袁德辉译介,林则徐认识到《万国公法》中的一些条例适用于反对英国侵略的斗争,因而主持选译了其中数条,并将其作为禁烟和抗英斗争有的放矢的依据,如针对国际法中"各国皆有当禁外国货物之例",走私贩毒,为国际法所禁止,"如有犯禁船货物夹带出口或夹带入口,或带货漏饷则变价充公"的条文,宣布鸦片烟土是毒品,系违禁品,责令外国鸦片烟贩必须交出这种违禁物并具结保证不再贩毒,否则"人即正法,货尽没官";根据国际法中国家遇有重大问题"欲与外国人争论,先投告对头(方)之王或有大权之官"的条文,尊重英王对其臣民的管辖权而致书英国国王,要求禁止英商贩运鸦片来华;根据国际法"凡保护自身及保全自己的道理,自然可以用武的道理"的条文,对鸦片烟贩采取强制行为,将所缴获的鸦片烟土销毁。②

林则徐书报翻译是在闭关锁国的封建王朝背景之下进行的,他的这一行为不仅为中国了解西方打开了一扇窗,而且引起了在华外报的关注和报道:"中国官府

---

① 陈胜粦.《澳门新闻纸》的翻译与林则徐走向"近代"的开端(上)[J].中山大学学报,1990(2):60-67.
② 滑达尔各国律例[M]//林则徐全集:第10册.福州:海峡文艺出版社,2002:352-355.

全不知外国之政事,又少有人告知外国事务,故中国官府之才智诚为可疑。中国至今仍旧不知道西边,……此是骄傲自足,明明轻慢各种蛮夷不去考究。然林则徐行事全与上相反,他自己先预备几个最善翻译之本地人,他就指点奸细打听事件法子,这些奸细、洋商、通事、引水,二三十位,官府在四方各处打听,皆是有些才能之人,将打听出来之事,写在日记上,按日期呈递登于簿上。有几个夷人,甘心情愿广中国之知识,将英吉利好书卖与中国,俾有翻译人译出大概之事情,有如此考究,并添许多知识,于今有何应验。林系聪明好人,凡有所得,不辞辛苦,常时习用,记在心中。于今观其知会英吉利国第二封信,好似初学知识之效验。"①

林则徐主持的虎门销烟,是人类道义的伟大胜利和前所未有的壮举,当年就引起了马克思的注意:"中国政府在1837年、1838年和1839年采取了非常措施,这些措施的顶点是钦差大臣林则徐到达广州和按照他的命令没收、焚毁走私的鸦片"②。1840年1月18日,在广州禁烟的钦差大臣林则徐发出了一封《谕英国国王书》,托付英船"担麻士葛"号船主弯喇带往伦敦,但该船抵达伦敦时,英国早已发动对华战争,英国外交部拒绝接收,林则徐争取英国政府支持中国禁毒的努力最终付诸东流。③ 后来,《泰晤士报》全文刊登了这封照会。④

林则徐的书报翻译活动,开启了先进的中国人向西方寻求富国强兵之道的先河,洋务派、资产阶级改良派、资产阶级革命派都受到他的思想的影响。中国人向西方学习的内容从最初的科技器物,逐渐转向思想理论和政治制度。俄罗斯学者傅乐吉评价林则徐是"19世纪中国社会活动家和国务活动家中最早向西方寻求知识的人",指出林则徐在中国"社会政治思想的发展方面,在迫切需要使用西方科学成就的观点和认识体系的形成方面,他的贡献也是相当重要的。后来被称为'熟谙夷务'学说的理论基本原理,在《四洲志》《华事夷言》《澳门月报》《俄国重要情报》及其他著作中随处可见,而每篇都有林则徐参与。这些著作皆根据林则徐当时指示译出的西方原著写成。但它们绝非有关资料的简单重版,其结构和内容都有严格的思想倾向,构成文章和组织报道都有一定的选择性"。⑤

---

① 林则徐.澳门十二月十四日新闻纸[M]//林则徐全集:第10册.福州:海峡文艺出版社,2002:213.
② 马克思.鸦片贸易史[M]//马克思,恩格斯.马克思恩格斯恩选集:第2卷.北京:人民出版社,1972:28.
③ 杨国桢.林则徐大传[M].北京:中国人民大学出版社,2010:349.
④ 端木赐香.林则徐给英国国王的一封信[J].廉政瞭望,2012(7):73.
⑤ 傅乐吉.外国历史学家论林则徐[J].杜家驹,译.福建学刊,1995(2):74.

林则徐的书报翻译活动是以当代眼光看世界的最初尝试,成为中国人了解外部世界、认识自我和现代化的起点。林则徐主持翻译的报刊著作,成为魏源所著《海国图志》中相当重要的组成部分。"由于林则徐的实践活动和积极翻译工作,以及徐继畬[①]和魏源的努力,才在中国促成了力图客观评价外部世界的开始","在客观上实现了重新思考中国在世界上的地位这最初的一步"。[②]

林则徐的译报团队

关于林则徐组建的翻译团队的报道,最早见于外国人在中国办的《中国丛报》。道光十九年五月(1839年6月),在该刊物第八卷第二期刊登了该刊主编、美国传教士裨治文的文章《鸦片贸易的危机纪事及官方文件等(续)》,其中提到钦差大臣林则徐手下有四个中国翻译生,分别是亚孟、袁德辉、林阿适、梁进德。

亚孟是林则徐赴广州时随带的通事,曾在四译馆工作。父亲是中国人,母亲是孟加拉人。他在印度塞兰普尔的教会学校里念过十多年书,曾跟随英国浸会牧师马什曼学习和传教,英语水平比其他主要译员略逊一筹。

袁德辉,小名小德。原籍四川,天主教徒,在槟榔屿罗马天主教所办的学校学过拉丁文,不仅擅长拉丁文,而且会说官话,写一手好字,英文造诣也颇深。1830年夏,被清廷派往广州收集外国书籍。1839年春,袁德辉被聘入林则徐府中做译员,曾翻译林则徐给英女皇的照会。

林阿适,即亚林,英文名为卫廉·波特尔。他早年留学美国,比人们熟知的第一位留学美国的容闳还早了20多年。1822—1825年,亚林在美国康涅狄格州的基督教公理会差会部所办的教会学校学习,1824年曾转学至宾夕法尼亚的另一个学校,1825年回国抵广州,1839年为林则徐所聘。

---

① 徐继畬(1795.12.4—1873.3.30),晚清名臣、学者,《纽约时报》称其为东方伽利略。字松龛,山西代州五台县人。道光六年进士,历任广西、福建巡抚,闽浙总督,总理衙门大臣,首任总管同文馆事务大臣。徐继畬是中国近代开眼看世界的伟大先驱之一,又是近代著名的地理学家,在文学、历史、书法等方面也有一定的成就。著有《瀛寰志略》《古诗源评注》《退密斋时文》《退密斋时文补编》等。

② 同①75.

梁进德，即亚轶，他被认为是四个主要译员中最精通英文的人，与英美人士的来往也比其他三人多。亚轶的父亲在他10岁时将他托付给裨治文培养，让他学好英文以帮助裨治文将《圣经》译成中文。裨治文教亚轶英文与希伯来文。1834年，亚轶与父亲梁发到新加坡，他的教育由公理会负责指导，学费由马礼逊教育社负责。1837年，亚轶回广州跟随裨治文学英语。1839年春，亚轶接受林则徐的聘任，林则徐给他优厚的待遇，月薪约为十元至十二元，足以供其养家糊口，并且获得延聘直至林则徐离任。

除了以上四人外，林则徐于道光二十年(1840年)十月初一致怡良的信中提及"闻有陈耀祖，闽人而家于粤，现在京中，厦门事即其所译，现在带来……"，由此可推测陈耀祖也曾为林则徐做过翻译。除了以上这些主要译员外，还有梁廷枏、张维屏、俞正燮等外事专家为林则徐出谋划策，审订译稿。为林则徐翻译介绍书刊的则更多，其中有美国旗昌洋行的商人亨德，美国传教士、眼科医生伯驾，美国公理会传教士、马礼逊教育社负责人、英华书院校长勃朗，杉达号船医希尔等。此外，林则徐还常常将洋行买办、引水、通事、归国华侨、教会学生，甚至在外国商船中服役的中国厨师、在伯驾眼科医院中工作的人招入行辕议事。有些洋人知道林则徐如此好知夷情，也"甘心情愿广中国之知识，将英吉利好书卖与中国"。①

---

① 邵雪萍,林本椿.林则徐和他的翻译班子[J].上海科技翻译,2002(4):47-49.

第三章 思想之焰：澳门与现代报刊思想启蒙

一份好的报纸，正如你们的报纸，是国家的启蒙教师，它能够根据读者的需要为他们上课，传授知识。

——《蜜蜂华报》读者

盖新闻者，浅近之文也。增人智慧，益人聪明，明义理以伸公论，俾蒙敝欺饰之习一洗而空。是以暴君污吏必深恨，日报亦泰西民政之枢纽也。

——郑观应

每披读贵报，见指陈时痛，动中窥要，为四百兆苍生请命，可谓不惜歌者苦矣。

——《知新报》读者

第一节 《蜜蜂华报》：西方资产阶级革命的回响

19世纪20年代，澳门是当时中国土地上唯一受到欧美资产阶级革命影响的地方。也是在这一时期，出现了澳门历史上"首个超越宗教文化因素而由政治因素激发出现的现代媒体"——《蜜蜂华报》。它的出现"象征着澳门从由天主教和基督教传教士主导出版事业的宗教文化出版年代，过渡到具有政治功能的澳门新闻出版业的新时代"①。

19世纪初,在欧美大陆资产阶级革命和工业革命的影响和推动下,葡萄牙的自由派与专制派展开了斗争。资产阶级、进步知识分子和军队中的部分官兵联合组成拥护宪章的自由派,反对以国王和专制派为代表的君主专制政体。1820年8月,葡萄牙立宪党人发动军事政变,成立军事执政团,推翻帝制,成立临时政府。1821年7月,葡萄牙国王和王室成员从巴西的里约热内卢回国,遵从人民的意愿制定宪法。1822年,由公民选举产生的立宪议会通过葡萄牙第一部宪法并颁布执行,取消一切封建特权和义务。新宪法颁布后,葡萄牙许多城市的旧政府成员集体辞职,民众选出新的政府成员,并由新政府主持向宪法宣誓。

葡萄牙本土革命给远在东方的澳门人民极大的鼓舞——"(革命)不仅废除了强加给我们的专制制度,也使葡萄牙获得了新生。而澳门是所有海外省中对此最感高兴的一个"②。在澳门,来自葡萄牙本土的贵族历来享有政治、经济特权,而土生葡人不仅在经济上受葡萄牙贵族的剥削,政治上也备受歧视。在葡萄牙国内革命运动的影响下,澳门的葡萄牙人分成相互对立的两大派——立宪派与保守派。立宪派以澳门土生葡人为主体,首领之一是中校巴波沙;保守派大都是来自葡萄牙本土的贵族官员,其首领是身兼市政议员、司库官等要职的亚利鸦架。

1822年8月中旬,要求改革的澳门市民发生骚动,澳葡当局因无法控制局势而陷入瘫痪状态,亚利鸦架被迫辞职。8月19日,市民举行新政府选举大会,立宪派与保守派再度发生冲突。卡瓦尔坎蒂少校等保守分子宣布,这个议会没有确定新政体的权力,与会群众被激怒,几乎把他从窗口扔了出去。巴波沙登台演讲,指出人民希望建立的是与宪法完全相符的政体。在他的鼓动下,会议最后做出决定,恢复1783年葡萄牙王权侵入实施殖民管治以前的澳门葡萄牙人自治政体,赋予新选出的议事会不受总督及地方长官控制的立法权、司法权和行政权。

在这场革命风暴中,《蜜蜂华报》于1822年9月12日诞生。该报由巴波沙亲自创办,创办者还有阿美达医生,由阿马兰特神父编辑,在官印局印刷,每逢周四出版。报纸出至1823年9月27日,因立宪政府被推翻而改由保守派操控,1823年

---

① 林玉凤.中国近代报业的起点——澳门新闻出版史(1557—1840)[M].北京:社会科学文献出版社,2015:113.
② 程曼丽.《蜜蜂华报》研究[M].北京:清华大学出版社,2015:44.

12月26日停刊。《蜜蜂华报》总共出了67期,历时一年零三个月,其间除了刊登少量的商贸信息和社会新闻外,大部分为政治性内容,包括政府公文、政情信息、会议通告和记录、政府与市民的往来信函等。

《蜜蜂华报》是澳门资产阶级革命派(立宪派)的喉舌,有明确的政治目标,它不遗余力地抨击保守势力赖以寄生的专制政体,为民主运动的胜利欢呼——"公众对(原)政府缺乏信任,而政府却一无所知,并且极力美化自己。这就是人民为什么采取如此不寻常的行动的原因。……我们的人民对祖国的热爱和对美好事物的向往通过这一事件充分体现了出来。……那一天,澳门人民的壮举将永载史册,我们将为之讴歌不已。""这次革命结束了专制统治,明确了公民的权利与义务,并在大众的欢呼声中成立了临时政府。这个政府成立的时间虽然不长,却已表明,它是符合全体澳门居民的意愿的,是爱国的,它所做的一切是符合国家利益的。"①

《蜜蜂华报》通过新闻事实报道,抨击政敌,焦点主要集中在立宪与反立宪的问题上。报纸采取"请看事实"的做法,大量刊登原政府发布的有关决议、文件、会议记录,报纸的前三分之一篇幅基本上是这些旧的档案材料;同时,刊登揭露问题的读者来信和市民提案,将政府成员的所作所为公之于众。如1822年2月16日,澳葡当局在没有经过改选的情况下,召集市民在市政厅进行忠于宪法的宣誓。《蜜蜂华报》全面揭露以亚利鸦架为代表的旧势力阻止澳门民众了解国内变革消息的行径;历数其一再推迟议会选举,并执意由旧政府主持向宪法宣誓;登载了未经改选政府"宣誓"后的几份会议记录,以"充分地证明"旧政府的这些做法"是对法律的践踏",是强奸民意;发表评论,大声疾呼"连大自然都为这一宣誓仪式感到恐惧。那一天,太阳只是黎明时分出现在地平线,很快就钻入云层,仿佛不愿作为一场悲剧的目击证人。宣誓仪式结束了,而政府却未作任何变动。……独裁统治仍在继续,人民并不自由,真正的立宪主义者被看作是不安定分子"②。

作为葡萄牙资产阶级革命的成果之一,1821年葡萄牙政府通过"新闻自由法案",废除了1737年的禁止海外出版书报法令。受惠于"新闻自由法案"的《蜜蜂华报》,积极传播言论自由与民主思想——"现在这个令人尊敬的政府从它成立之日

---

① 程曼丽.蜜蜂华报研究[M].北京:清华大学出版社,2015:39.
② 同①47.

起,就关注着设立自由的新闻制度。""'新闻自由'一方面是向每一个公民宣传政府的决定,同时也使他们能够自由地发表自己的政治见解。"①

《蜜蜂华报》成为"中国领土上最早引介和探讨西方言论自由与公民权利等观念的报刊"。② 1822年9月19日的《蜜蜂华报》社论写道:"澳门人,真正的立宪主义者是这样的:他服从立法机关,遵守法律条文;他珍视自己的幸福,渴求良好的秩序;他同时发自内心地憎恨专制制度。而那些不乐于见到新秩序的人,他们是宪法的敌人,是人类的敌人。"12月12日的一篇文章明确指出,"言论和出版自由"是制约专制的利器:"任何人都有自由行动的权利,人人都可以说出或者写出你认为对公众有利的意见而用不着担心因此会受到惩罚。因为这不是法律所禁止、理智所不容和宗教所谴责的对权力的滥用;为祖国的利益而表达个人观点的自由,也不是诽谤、个人主义和侮辱他人的自由。……言论和出版自由能够将所有政府成员的行为置于公众的监督之下,这是约束专制主义的最好的方法。"③

《蜜蜂华报》成为以巴波沙为代表的新政府民主、公开执政的助手。民主运动爆发前,澳葡政府官员的职位多为葡萄牙贵族所把持,他们不但依仗权势为所欲为,而且阻止民众过问政事,实行封闭的专制统治。新政府成立后,巴波沙一反前任们的做法,变专制政体为民主化、公开化的议事政体;在他创办的《蜜蜂华报》上,大量刊登市政府会议记录、文件、公告等,将政府成员的言行置于广大市民的监督之下。巴波沙鼓励民众参政议政,就一些重要问题"发表个人的意见和见解"。《蜜蜂华报》上常有这样的公告:"市政府决定于某月某日某时在市政厅召开市民大会,讨论某某问题,希望全体市民踊跃参加";报纸上也常有这样的民意征询:"是否需要对现政府进行调整?如果需要,应当如何调整?""什么是最适合现有国情的教育方针?政府如何保证这一方针持续稳定地实施?""是否需要对这座城市的商业活动制订新的规约,以保护本城仅有的工业经济?"④

读者来信是报纸反映民众意愿的最主要的形式。《蜜蜂华报》通常每周只有四个版面,却常常刊登读者来信,有时一期刊登三四篇。来信内容包括:讨论时局、提

---

① 程曼丽.《蜜蜂华报》研究[M].北京:清华大学出版社,2015:50.
② 林玉凤.中国近代报业的起点——澳门新闻出版史(1557—1840)[M].北京:社会科学文献出版社,2015:121.
③ ④ 同①49.

建议、发表对政府工作的意见,或就某一问题寻求答案,此外还有求援、致谢、澄清事实等各种内容。编辑部几乎有问必答,从不懈怠。通过来信与读者交流,不但使编辑部成员能够及时了解舆情民意、把握时代脉搏,而且能够有针对性地对民主运动施加影响。例如,《蜜蜂华报》第19期上刊登了一封读者来信,信中提出四个问题,希望编辑做出回答:"第一,澳门居民和葡萄牙本土居民是否一样都是葡萄牙公民?第二,澳门居民交纳的税赋的数量,是否应当和葡萄牙本土、巴西以及其他海外省居民交纳的一样多?第三,澳门居民是否有权将葡萄牙各部派来的官员排除在政府之外?因为这些部门本身也必须加以改革。第四,是否有必要对现政府在军事、民事等方面的开支进行控制,还是它们要多少,我们就给多少?"①在接下来的第20期中,报纸编辑对上述问题做了肯定性的答复,并希望这些问题能够引起广大市民的重视。

《蜜蜂华报》还详细介绍了世界各地反对暴政,争取自由、民主、独立的消息,以鼓舞澳门民众的士气。当时,电报技术尚未被用于发送新闻,主要借助以澳门为中心的四条海上通道(分别是:欧洲大陆—澳门;东南亚各国—澳门;南美洲国家—澳门;中国内地—澳门),将来自欧洲大陆、南美洲、东南亚各国和中国内地的各种消息汇集到澳门。海外国家反对帝制、反对殖民主义斗争的消息,"有的是从欧洲的某个内陆国家传到葡萄牙,再由葡萄牙经印度传到澳门;更有一些先从葡萄牙、西班牙传到南美洲某个国家,再由南美洲经印度、菲律宾传到澳门"②。

《蜜蜂华报》不仅跟踪报道葡萄牙本土资产阶级革命的进展,还登载了西班牙革命、巴西独立运动、墨西哥反帝制斗争、法国的反战义举、智利革命、巴黎会议、马尼拉叛乱等。通过对世界各地反专制斗争情况的介绍,澳门民众充分认识到自己的权利、义务与使命。就像当时一篇文章中所说的那样:"一份好的报纸,正如你们的报纸,是国家的启蒙教师,它能够根据读者的需要为他们上课,传授知识。……这样的报纸,它的作用是显而易见的,它的做法是值得提倡的。"③

《蜜蜂华报》是一份典型的政论报纸。在其问世前,欧美主要资本主义国家已经相继进入党派政治时期,为了巩固自己的阵地,不同党派纷纷利用并控制报纸,

---

① 程曼丽.蜜蜂华报研究[M].北京:清华大学出版社,2015:51.
② 同①173.
③ 同①50.

将其作为政治斗争的工具,这些政党报纸的特点是:经济上依靠政党资助,政治上有明显的党派倾向,内容上侧重于政治新闻和言论。

16世纪以来,西方传教士带来的活字印刷术为《蜜蜂华报》的诞生提供了技术保证。1814年,英国东印度公司为了印刷英国基督教传教士马礼逊编纂的字典和东印度公司所需的文件,在澳门成立了中国境内第一个使用西方活字印刷术的印刷所。由于清政府厉行舆论与出版限制,地方官府对于华人参与刻印图书高度警惕,1817年2月,曾派差役查抄东印度公司的印刷所,导致华人工匠四散逃逸。因此,东印度公司改为雇佣澳门的葡萄牙人充当印工,之后中国官府就再也没有干预。

1822年8月,在政治斗争中获胜的澳门葡萄牙人立宪派决定办报,函请当时澳门唯一拥有印刷设备的英国东印度公司办事处协助。二十天后,由东印度公司印刷所代印的葡文《蜜蜂华报》于当年9月12日创刊。① 《蜜蜂华报》先由立宪派掌控,后来又被保守派夺去主导权,但不管处于谁的掌控之下,它都宣称当局者才是捍卫自由、反对独裁的,都不遗余力地宣扬源自遥远欧洲本土的资产阶级立宪思想与公民自治权利。

立宪派革命成功后,他们在《蜜蜂华报》上以葡萄牙新宪法为依据,号召居澳葡人捍卫自由、反对专制:"澳门人啊,这是多么耻辱!你们心中那崇高的对自由的向往已经离你们远去,而专制主义却在你们心中生根。是你们接受了祖国的召唤,在宪法的基础上选出了政府;在宪法的保护下,你和你们的家人宁静地生活着,可是你们却背弃了自己的诺言,再次寻求不和与专制!"② "澳门人,真正的立宪主义者是这样的:他服从立法机关,遵守法律条文;他珍视自己的幸福,苛求良好的秩序;他同时发自内心地憎恨专制制度。"③

《蜜蜂华报》被保守派控制后,同样宣称保守派政府才是葡萄牙宪法的忠实执行者和政治自由的坚决捍卫者,而之前的立宪派政府则是可怕的独裁者:"在那一天(指保守派复辟的1823年9月23日),我们见到了真正热爱宪法的优秀的民众全身心地展现他们的精神,他们只服从合乎宪法的政府,将那一心想要把澳门置于

---

① 苏精.马礼逊中文印刷出版[M].台北:台湾学生书局,2000:96-98.
② 程曼丽.《蜜蜂华报》研究[M].北京:清华大学出版社,2015:40.
③ 同①49.

可怕的独裁统治之下的邪恶企图拒之门外。"①

持不同政治立场的居澳葡人得以在清朝疆域范围内以出版报刊的形式鼓吹政治观点,很大程度上是清政府对居澳葡人实行特别宽松的怀柔政策的结果。清政府允许居澳葡人享有更多的自治权,这为近代报刊业在澳门开局提供了相对宽松的政治条件。澳门葡人社区相对于葡萄牙本土,地理位置遥远,政治上具有不完全服从葡萄牙王室专制的自治传统;相对于清王朝,他们既作为"远人"拥有华人不能享受的自治权,又作为"内附之夷"拥有其他"洋夷"不能安享的居留权。这种游移于中葡王权之间的特殊地位,为一份政治色彩鲜明的近代报纸的诞生准备了至关重要的政治空间。

《蜜蜂华报》充满理想激情的关于新闻出版与政治民主的思想和言论,"无论对于尚处于王朝统治下的中国,还是更加广阔的东方世界而言,都堪称闻所未闻的先兆之音"②。虽然《蜜蜂华报》用葡文表达的立宪自治思想只针对在澳门的葡萄牙人宣传,但这种作为思想载体的办报形式从此在澳门落地生根。从澳门外报到华文报纸,自西方远道而来的报刊民主思想,逐渐被更多的中国人接触和了解,在中国广袤的大地上点燃了思想启蒙的火焰。

《蜜蜂华报》

《蜜蜂华报》(见图3-1)按照西方早期近代报刊的模式创办,形式上具备"散张、两面印刷、分栏编排"等近代报刊特征。《蜜蜂华报》为小型报纸,尺幅为34cm×21.4cm,分左右两个基本栏,篇幅为4—12页(平日一般为4页)。第一页的上三分之一处为报名、出版日期以及作为刊物宗旨的名言,下面直接刊登新闻。所载新闻大都冠以简短的标题,有的是地名,如"澳门""里斯本""伦敦""纽约"等,表示消息的来源地和所涉及的范围;有的则注明"公文""会议记录""读者来信""国内新闻""国际新闻"等,表示内容的不同类别。

据程曼丽统计,《蜜蜂华报》从创刊到停刊,以葡文标题形式单独列出的文类约有48种,其中包括会议记录、政府宣言、公文、决议、命令、文件、任命书、讨论、法令、法规、演讲、

---

① 程曼丽.《蜜蜂华报》研究[M].北京:清华大学出版社,2015:62.
② 胡雪莲.澳门与中国近代报业[M]//程美宝,等.把世界带进中国——从澳门出发的中国近代史[M].北京:社会科学文献出版社,2013:205.

图 3-1 《蜜蜂华报》创刊号

书信往来、表决、请愿书、一般消息、国内新闻、国际新闻、地方新闻、船期消息、杂文或政论文、读者来信、通告或广而告之、编者的话、勘误、讣告,等等。所刊登的稿件包括新闻类文体和非新闻类文体两类。新闻类文体的稿件约为334条,占报纸稿件总数的48%;非新闻类文体的稿件约为363条,占报纸稿件总数的52%。但在篇幅比重上,新闻类文稿约占30%,非新闻类文稿约占70%。

《蜜蜂华报》服务于澳门葡人社会,以报道欧洲本土信息以及本地政情消息为主。它由政界人士创办、编辑,没有专职采写新闻的记者。程曼丽在分析《蜜蜂华报》对澳门葡文报刊的影响时指出:这些特征几乎一无变化地保留了下来,尽管澳门葡文报刊经历了漫长的发展过程,但是它的体制、模式以至运作方法等似乎在170年前"定格",并传承至今,如发行范围主要限于葡人社区,十分关注葡萄牙本土的政治动向,较多地报道这方面的消息等。

《蜜蜂华报》上以新闻形式出现的中国消息不多,但与中国有关的信息不少,其中包括:中国商人与葡商做生意的信息,中国商品在澳门售卖的信息,中国政府就有关事宜向澳门行政官员质询的情况,以及两广总督派官员处理澳门与果阿矛盾的全过程等;"新闻"栏目中还刊登过北京发生火灾、嘉庆帝去世、广东院试的消息,以及新罗、琉球等"属国"拜谒的消息等。《蜜蜂华报》经由远洋航运被带往世界各地,当时中国的社会状况也由此被世人初步了解。

第二节 《盛世危言·日报》：
中国近代君主立宪第一人的报刊思想

19世纪末，我国近代启蒙思想家、著名实业家郑观应，最早提出为报刊立法的观念，他是近代中国第一个提出制定新闻法的人。1893年，郑观应在父亲去世后隐居于澳门郑家大屋，编写修订巨著《盛世危言》（见图3-2），以西方为镜鉴思考中国从传统向现代社会发展的变革方略，提出从政治、经济、教育、舆论、司法等诸方面对社会进行改造的方案。其中，专设《日报》篇，阐述应将"广设报馆"作为改良政治、变法自强的重要国策，并且率先倡导"妥订章程，设法保护"，以保障报刊客观公正地报道，实现"通民隐、达民情""明义理以伸公论"。①

图 3-2　郑观应与《盛世危言》

郑观应1842年7月24日生于广州府香山县（今广东省中山市）雍陌墟村，其地处澳门之北。澳门被葡萄牙侵占后，雍陌墟村有三分之二的土地划入澳门界内，但郑姓祖居仍属香山县，郑观应的父亲郑文瑞是当地郑姓的第21代。1858年，郑

---

① 夏东元.郑观应集[M].上海：上海人民出版社，1982：345-351.

观应童子试①未中,奉父命远游从商,投奔在上海新德洋行做买办的叔父郑廷江。第二年,他由亲友介绍进入上海一流洋行——由英国商人开设的宝顺洋行任职。1860年,郑观应参与创办英商太古轮船公司。1873年,北洋大臣李鸿章倡导创办的新式航业轮船招商局在上海成立,规定官督商办、招商集股,郑观应投资入股。自此,郑观应以商股代表身份加入了许多官督商办企业,并且历任上海机器织布局、上海电报局、轮船招商局、开平矿务局、汉阳铁厂总办,以及粤汉铁路总董等。

郑观应具有多重身份:他是一位保有朝臣身份的实业家,曾纳资捐得郎中、道员衔。在经营官督商办企业过程中,与李鸿章、盛宣怀等洋务派官员关系密切。李鸿章去世后,郑观应一度继任北洋大臣、直隶总督;他也是一位积极宣扬维新改良的思想家。1860年,郑观应进入传教士傅兰雅创办的英华书馆夜校学习英语,开始对西方政治、经济产生浓厚兴趣。在经商的同时,他潜心研究时事政治,不仅撰写的文章在《申报》《华字日报》《循环日报》《中西闻见录》等报刊发表,并且著有《救时揭要》(1862年写成)、《易言》(1874年在香港出版)、《盛世危言》(1886年着手辑著,1894年出版五卷本,1895年出版十四卷本,1901年出版八卷本),是戊戌变法以前影响最大的维新派代表人物。

美国学者郝彦平在《19世纪的中国买办——东西间桥梁》中指出:"在广东买办中,许多人是香山县人。它是个半岛,既近广州又近香港,也是中国早期国际贸易中心之一——澳门所在地。因为大多数当地人从事海上贸易,所以许多买办就来自这一地区了。长期的对外商业贸易活动培育起香山地方的经商传统,因而数代从事外贸经营活动的家族也在形成之中。郑观应16岁就早早走上商人生活道路就是受这一背景的影响。郑观应日后成为一名有影响的洋务言论家,澳门、香山地方的文化环境也是故乡影响中不可忽视的方面。"②

---

① 童子试,亦称童试,即科举时代参加科考的资格考试,在唐、宋时称州县试,明、清称郡试,包括县试、府试和院试三个阶段的考试。县试一般由知县主持,本县童生要与同考者五人互结,并且有本县廪生作保,才能参加考试。试期多在二月,考四到五场,内容有八股文、诗赋、策论等,考试合格后才可参加府试;府试由知府或直隶州知州、直隶厅同知主持,考试内容和场次与县试相同,试期多在四月。府试合格方可参加院试;院试又叫道试,由主管一省诸儒生事务的学政主持。院试合格后称秀才,方可进入官学和正式参加科举考试。
② 郝延平.19世纪中国买办——东西间桥梁[M].李荣昌,沈祖炜,译.上海:上海社会科学院出版社,1988:270,273.

《盛世危言》在中国近代社会影响深远,郑观应自19世纪70年代开始撰稿,至20世纪初八卷本(庚子本)刊行,共用了26年的时间。① 郑观应年谱记载:1886年,四十五岁的郑观应着手辑著《盛世危言》;1892年4月,他在广州居易山房写下《盛世危言·自序》;1893年5月1日郑观应的父亲郑文瑞在澳门去世,19日郑观应在湖南公干途中于船上得到父亲病逝的消息,22日他从汉口乘轮船先行返沪,随即去粤,在澳门守制至9月初;1894年3月,《盛世危言》五卷本付刊,7月中日战争爆发;1895年冬,《盛世危言》增订新编十四卷本刊行;1898年9月戊戌维新失败,9月底,澳门华商何廷光接康有为的父亲至澳门避难,郑观应特寄一百元请何廷光转交;1900年秋冬间,《盛世危言》增订新编八卷本刊行。

　　《盛世危言》是郑观应身处社会变革中,亲身感受国家面临西方列强进逼以及西学东渐的潮流,对中国社会发展长期思考的结果。他在《盛世危言·自序》中写道:"应虽不敏,幼猎书史,长业贸迁。愤彼族之要求,惜中朝之失策。于是学西文,涉重洋,日与彼都人士交接,察其习尚,访其政教,考其风俗利病得失盛衰之由。乃知其治乱之源,富强之本,不尽在船坚炮利,而在议院上下同心,教养得法。"他还引用著名淮军将领、两广总督张树声1884年去世前口授《遗折》中的话,呼唤政治制度的变革:"西人立国具有本末,虽礼乐教化远逊中华,然其驯致富强亦具有体用。育才于学堂,论政于议院,君民一体,上下同心,务实而戒虚,谋定而后动,此其体也。轮船火炮,洋枪水雷,铁路电线,此其用也。中国遗其体而求其用,无论竭蹶步趋,常不相及。就令铁舰成行,铁路四达,果足恃欤!"②[八卷本增:诚中的之论也。③(笔者注,下同)]

　　郑观应的报刊思想集中体现在《盛世危言》中的《日报》篇,他非常重视报刊对社会政治改良的作用,把"设报馆"提高到变法强国方策的高度。1894年出版的五

---

① 武曦.《盛世危言》的成书、增订及版本[J].文献,1980(2):165.
② 原文为"善夫张靖达公示"。张树声(1821—1884),字振轩,谥号靖达,安徽合肥西乡人,清末淮军将领。历任道台、按察使、布政使、巡抚、总督、通商事务大臣等职。1882年,他代李鸿章署理直隶总督兼北洋大臣,适逢朝鲜发生政变,张树声果断出兵,迅速地平定了叛乱,稳定了朝鲜政局,受到清廷嘉奖。1883年,张树声由署理直隶回任两广总督。中法战争爆发后,清廷战和不定,致使边疆受到影响,北宁陷落,张树声遭到革职留任的处分。此时张树声身染重病,1884年10月,在生命的最后时刻,他口授《遗折》,表达了对时局的深沉忧思,恳请朝廷采撷西方国家行之有效的有用之"体",奠定国家长治久安的基业,使中国臻于富强。郑观应在《盛世危言·自序》中引用了《遗折》中的一段。
③ 夏东元.郑观应集:上册[M].上海:上海人民出版社,1982:233-234.

卷版《盛世危言》，在五十七篇正文中，《日报》位列第六，紧随第五篇《议院》，排在第七篇《吏治》之前。在修订《盛世危言》过程中，郑观应多次对《日报》篇补充完善，如经历中日战争后，郑观应感于时事变迁，在1895年增订出版的十四卷本中，对五卷本《日报》的内容重新修订，把旧作列为《日报上》，结合时事新做了《日报下》，上下两篇《日报》专论共同构成他的报刊思想体系。在十四卷本增订序言中，他直抒胸臆，痛陈中日战争中日本报纸颠倒黑白，而"我中国惜无西文报与之辩诘"，提出办外文报代言国家的思想。戊戌变法失败后，在1900年修订的八卷版中，郑观应补写了没有"报律"的危害，建议翻译英国、日本等西方国家的"报律"，供中国参考颁布实施新闻法；提出办报应不局限于沿海各省仿行而是朝野共需的想法。

郑观应是中国近代明确提出实现君主立宪要求的第一人，早在1874年出版的《易言·论议政》中，他就对君主专制导致的危害做出批判："后世不察，辄谓：天下有道，庶人不议。又惩于处士横议，终罹清流之祸。固于政事之举废，法令之更张，惟在上之人权衡自秉，议毕即行，虽绅耆或有嘉言，莫由上达。且重内轻外，即疆臣有所陈奏，仍饬下部议，况其下焉者乎！夫在上者既以事权有属，法令在所必行；在下者亦以势位悬殊，情隐不能相告。于是利于上者，则不利于下矣；便于下者，则不便于上矣。情谊相隔，好恶各殊，又安能措置悉本大公，舆情咸归允惬也哉？"①在《盛世危言》中，他明确提出要去上下隔阂之弊，根本措施在于施行西方议院制度，"广设日报"是重要的落实方案。

在《盛世危言·日报》开篇，通过回顾春秋以来中国历史上的谤谏制度、采风传统，以及秦焚书坑儒以降的言论控制，郑观应指出：去除雍蔽、沟通上下的最好办法是"广设日报"——"古之时，谤有木，谏有鼓，善有旌。太史采风，行人问俗，所以求通民隐、达民情者，如是其亟亟也。自秦焚书坑儒，以愚黔首，欲笼天下于智取术驭、刑驱势迫之中，酷烈熏烁，天下并起而亡之。汉、魏而还，人主喜秦法之便于一人也。明诋其非，暗袭其意，陵夷而肇中原陆沈之祸。唐、宋代有贤君，乃始设给谏、侍御诸言官，以防壅蔽，而清议始彰。然以云民隐悉通，民情悉达，则犹未也。欲通之达之，则莫如广设日报矣。"②

---

① 夏东元.郑观应集：上册[M].上海：上海人民出版社，1982：103.
② 同①345.

郑观应大力推荐西方国家所采用的议院制,说明报纸在推进民主政治中发挥的作用:"泰西各国上议院、下议院,各省各府各县议政局、商务局,各衙门大小案件,及分驻各国通使领事,岁报新艺商务情形,凡献替之谟,兴革之事,其君相举动之是非,议员辨论之高下,内外工商之衰旺,悉听报馆照录登报。主笔者触类引伸,撰为论说,使知议员之优劣,政事之从违,故日报盛行,不胫而走。"他还介绍了西方报纸的类别和内容体裁:"其名目有日报、月报、七日报、半月报之别。其体裁有新政、异闻、近事、告白之分。或一季一出,一年一出,迟速不一,种类攸分,如律家有律报,医家有医报,士农工商亦各有报。官绅士庶、军士工役之流,莫不家置一编,以广见闻而资考证。甚至小儿亦有报纸,文义粗浅,取其易知。"①

郑观应在十四卷本中特别增补了日报发挥作用的原因,并且点明"报刊是议院制民主社会的信息中枢"(十四卷本增:夫强民读书,而民莫之应。不劝民阅报。而民自乐观。盖新闻者,浅近之文也,增人智慧,益人聪明,明义理以伸公论,俾蒙蔽欺饰之习一洗而空。是以暴君污吏必深恨,日报亦泰西民政之枢纽也)。郑观应引介当时西方各国开设报馆以及报纸印刷发行的现状——"近年英国报馆二千一百八十余家,法国报馆一千二百三十余家,德国报馆二千三百五十余家,美国报馆一万四千一百五十余家,俄国报馆四百三十余家,总各国计之,每一国有三四千种,每种一次少者数百本,多则数十万本,出报既多,阅报者亦广",进而提出"大报馆是国家的耳目"的观点。(十四卷本增:大报馆为国家耳目,探访事情。每值他邦有事与本国有关系者,即专聘博雅宏通之士,亲往远方探访消息。官书未达,反藉日报,得其先声。)②

《日报》上篇还介绍了西方各国政府支持报纸的三种办法,"官家以其有益于民,助其成者厥有三事:一免纸税,二助送报,三出本以资之";并且分析报纸给国家政事改良带来的益处,"故远近各国之事无不周知。其销路之广,尤在闻见多而议论正,得失著而褒贬严。论政者之有所刺讥,与柄政者之有所申辩。是非众著,隐暗胥彰。一切不法之徒,亦不敢肆行无忌矣"。③

郑观应指出当时我国报业发展的状况:一是集中在通商口岸;二是大都由西方

---

① 夏东元.郑观应集:上册[M].上海:上海人民出版社,1982:345.
②③ 同①346.

人开办,遇到中外发生冲突,存在诋毁官员、蛊惑民心的现象;三是随着通商发展,华人主笔出现,情况有所改变。如广州的《广报》《中西日报》议论持平,但总体上是西方人为主,而且华人主笔中也存在排斥中国边地报道的状况,与日本报馆在全国普及的情况形成对比。"中国通商各口如上海、天津、汉口、香港等处,开设报馆,主之者皆西人。每遇中外交涉,闻有诋毁当轴、蛊惑民心者。近通商日久,华人主笔议论持平。广州复有《广报》《中西日报》之属,大抵皆西人为主,而华人之主笔者,亦几几乎摈诸四夷矣。日本无郡不有日报馆。"①

在十四卷本中,郑观应增补了日本的报刊管理禁止报馆"妄言",但同时也指出英国、美国和比利时没有"禁报馆言事"的法律规定。他建议各省政府应制定法律,倡办开风气的报纸;同时考虑到报馆普及可能带来的名誉侵害威胁,他提出应设法保护绅士的名誉,并以英国《泰晤士报》为例说明主笔的素质非常重要。"我各省当道亦宜妥订章程,设法保护,札饬有体面之绅士,倡办以开风气。如英国《泰晤士报》报馆主笔者,皆归田宰相名臣,自然无勒索人财,亦名驰中外矣。"②他认为《泰晤士报》选择的主笔都是有社会声望的人,他们看重声誉,自然不会出现勒索人财物的情况,而且声名远播中外。

郑观应还从政府管理的角度,谈了他对报刊治理的构想:(1)逐步规范沿海各省报刊管理,中文报纸要由华人执笔,西人报馆不准用华人。在没有战争的时候,政府应按照法律对外文报刊予以保护,使其对人才培养、改良风俗、提高报刊水准,发挥劝善惩恶、兴利除弊的作用。"今宜于沿海各省次第仿行,概用华人秉笔,而西人报馆止准用西字报章。无事之时,官吏设法保护,俾于劝善惩恶、兴利除弊,以及人才之盛衰,风俗之纯疵,制作之良窳。"(2)精心选择西方各国政事、兵制、商务制造方面的先进经验并刊登在报纸上。"泰西各国,政事有何更改,兵制有何变迁,商务制造有何新法,足以有益于人者,精心考核,列之报章。"(3)报纸对官员有监督权。"大小官员苟有过失,必直言无讳,不准各官与报馆为难。"(4)遇到报刊无端诋毁名誉、敲诈勒索的情况,为了获得长久的公正,只准向上司委员报告裁决。"如有无端诋毁、勒诈财贿者,只准其禀明上司,委员公断,以存三代之公。"(5)对报人的道德修养和法律惩治提出要求:报人需要没有私心,对于暗中求情的人要委婉拒

---

①② 夏东元.郑观应集:上册[M].上海:上海人民出版社,1982:346.

绝,对于贿赂的人要严厉拒绝,道德修养高才能看清是非,写出好文章。"执笔者尤须毫无私曲,暗托者则婉谢之。纳贿者则峻拒之。胸中不染一尘,惟澄观天下之得失是非,自抒伟论。"对于公报私仇、颠倒黑白、扰乱舆论的报人,可以向官府报告,按照法律惩治。"倘有徇私受贿、颠倒是非(十四卷本增:借公事以报私仇、藉巧词以纾积忿)逞坚白异同之辩、乱斯民之视听者,则(十四卷本增:迹同秽史,罪等莠民。可)援例告官惩治。"①

郑观应指出清政府现行报刊管理制度禁止华人却任由西方人办报,存在很大的弊病;他认为应当允许报纸报道不公正的事件,以求得公论;他提出对于报刊应执行动态权衡的管理政策:如果是战事期间,可以由官府立法对报纸进行检查,本国军队的机密不能轻易让敌人获取。对于敌人的情况,尽可能详细明确。要掌握舆论管理的主动权。"如谓当道挟恨,审断不公,准其登报以告天下。庶公论不稍宽假。有事之际,官吏立法稽查,于本国之兵机,不宜轻泄;于敌人之虚实,不厌详明。则常变经权,操纵在我。较今日之禁止华人而听西人开设者,其是非得失损益为何如也!"②

在1900年修订的八卷本中,郑观应再次阐发他的观点:由于中国没有报律,报馆主笔素质不一,政府管理者因噎废食,导致外国报纸颠倒是非,中国人却没有中文报纸能够予以回击。因此,翻译英国、日本的报律提供给政府,希望敦促政府立法,准许华人办报,官商按照法律行事。(八卷本增:中国现无报律,而报馆主笔良莠不一,恐如以上所言,当道因噎废食,则外国报颠倒是非,任意鼓谤,华人竟无华报与其争辩也。故将英国、日本报律译呈盛杏荪京卿,奏请选定颁行,准人开设,俾官商各有所遵守。)③

在《日报》上篇结尾,郑观应强调开设报馆"其益甚多",并且通过举例陈述:自然灾害消息经过报纸传播,有助于救荒;罪犯得到惩治的消息,有助于明正典刑,具有除暴安良、警示和告慰作用。"夫报馆之设其益甚多,约而举之,厥有数事:各省水旱灾区远隔,不免置之膜视,无动于中。自报纸风传,而灾民流离困苦情形宛然心目。于是施衣捐赈,源源挹注,得保孑遗,此有功于救荒也。作奸犯科者明正典刑,报纸中历历详述,见之者胆落气沮,不敢恣意横行,而反侧渐平,间阎安枕,此有

---

①②③ 夏东元.郑观应集:上册[M].上海:上海人民出版社,1982:347.

功于除暴也。"①

他认为士君子读报可以增强修养,增广见闻,有助于学业提高。"士君子读书立品,尤贵通达时务,蔚为有用之才。自有日报,足不逾户庭而周知天下之事,一旦假我斧柯,不致毫无把握,此有功于学业也。"他指出报纸对于国家政策传播、民情传递、边防警戒、商务沟通,都有很多好处。"其余有益于国计、民情、边防、商务者,更仆数之未易终也。而奈何掩聪塞明,钳口结舌,坐使敌国怀觊觎之志,外人操笔削之权,泰然自安,庞然自大,(十四卷本删"庞然自大")施施然甘受他人之陵侮也!"②因此,政府不应当钳制报刊言论,"掩聪塞明,钳口结舌",这样只能有利于敌国,而最终导致受他人的凌侮。

郑观应 1895 年增补的《日报》下篇,相对于上篇,论述比较零散,结构也相对杂乱,主要是对上篇内容的补遗和展开。如详细列述了报纸可以刊登的内容、简单列举了主笔的素质要求和采编业务方法。下篇特别强调了报纸对于开启民智、改良民风的教育功能:"夫日报逐日阅之,殊不费时,随事求之,必有新获。中国泥守古法,多所忌讳。徇情面行报复,深文曲笔以逞其私图,与夫唯诺成风,嗫嚅不出,知而不言,隐而不发,皆为旷职。故中原利益,无自而开,即民情亦不能上达,告谕亦不得周知。若日报一行,则民之识见必扩,民之志量必高,以此愈进愈深,愈求愈上,吾知其正无止境也。"③

他力主政府应充分发挥报纸的教育功能,以实现变法自强,并且给出了具体的运作建议:"凡外国日报所登有关于中国时事,及新出火器奇技有益于国计民生者,皆须译录。至各省及都会之地,其日报馆每日所出新闻,必一纸邮寄京师,上呈御览。其有志切民生,不惮指陈,持论公平,言可施行者,天子则赐以匾额,以旌直言。"④下篇还补充了与报刊相关的法律惩治措施,针对当时中国没有报律的现实状况,郑观应建议设立"中外陪员听讯"制,按照西方法律进行处罚:"如主笔借此勒索,无故诋毁伤人名节者,不论大小官绅,当控诸地方官审办,并准两造公举中、外陪员听讯。如果属实,

---

① 夏东元.郑观应集:上册[M].上海:上海人民出版社,1982:347-348.
② 同①348.
③ 同①350.
④ 同①350-351.

则照西律,分别轻重,治以禁锢之罪,重则在禁作苦工而已。"①

在1901年八卷本《盛世危言》出版时,郑观应在《日报》下篇后增写了附言,以1894—1895年中日战争为例,痛陈当时中国丧失舆论主导权的弊端,呼吁政府尽早改革、惩前毖后,发挥好报纸服务国家的功能。"西人谓中国人事无大小,非用压力不行,故动以兵船相要挟。当道于彼族律列风俗,强半未谙,应争而不争,应让而不让,卒为所算,悉数难终。乃西报掩其不善而著其善,反谓中国之待外人如何凌辱,意在激怒其民,以与中国为难耳。如中日之战,日本西文报谓中国之兵甚于盗贼,其所述凶暴情形不啻为彼兵写照,乃反诬华兵所为。我中国惜无西文报与之辩诘。惩前毖后,或日报或礼拜报,宜亟用西文,择才识兼优者主持笔政。遇交涉不平之事,据理与争,俾天下共评曲直。东西洋各国政府均有津贴报馆之例。凡政府所不便言者,授意报馆代为发挥,所以励一时之人心,探中外之向背,关系非浅。若我行我法,人言不恤,则沧海横流,伊于何底,非我侪所敢知矣。"②

《盛世危言》第一版五卷本的出版,恰逢甲午中日战争一触即发、民族危机深重之时,1894年兵部尚书彭玉麟首先为其作序,赞扬该书是洞察利弊的"时务切要之言"。1895年5月,光绪皇帝载湉批饬"总署刷印二千部,分散臣工阅看",掀起了《盛世危言》热。③郑观应自己排印了500部,也很快就被求索一空,求书者仍"络绎不绝"。1898年1月,光绪皇帝的老师翁同龢来沪,郑观应前往拜访。翁同龢告诉他:"《盛世危言》一书经与孙尚书先后点定进呈,并邓中丞所上计共三部。今上不时披览。"④时人评价《盛世危言》"纵论中外情势,商榷古今利弊,旁搜远绍,网罗无遗,有当世贤豪欲言而不知所以言,循谨巽柔之辈知言而不知所以言者"⑤。《盛世危言》问世以来,不断再版,版本多达20余种,创下中国近代出版之最。

郑观应的报刊思想具有超前意识,他对近代报刊的真知灼见与时人互相激励,也启迪后人。中国近代维新派代表人物康有为早年为宣传变法而创办了"一会三报",即强学会和《万国公报》《中外纪闻》《强学报》。他在写给光绪皇帝的奏折中多

---

① 同①351.
② 夏东元.郑观应集:上册[M].上海:上海人民出版社,1982:351.
③ 武曦.《盛世危言》的成书、增订及版本[J].文献,1980(2):166.
④ 夏东元.郑观应集:下册[M].上海:上海人民出版社,1982:1555.
⑤ 同①228.

次提到"设报达聪"的建议,认为欲变法,非开通民智不可,而欲开通民智,亦"非有报馆不可"。1895年5月,康有为在其著名的"公车上书"中说:"近开报馆,名曰新闻,政俗备存,文学兼述,小之可观物价,琐之可见土风……尤足以开拓心思,发越聪明""宜纵民开设(报馆),并加奖励,庶裨政教"①。1898年8月9日,康有为在《请定中国报律折》中写道:"臣查西国律例中,皆有报律一门,可否由臣将其书译出,凡报单中所载……酌采外国通行之法,参以中国情形,定为中国报律。缮写进呈御览,审定后,即遵依办理。"②这些观念与郑观应的新闻立法思想相呼应。郑观应的报刊思想,在中国近现代新闻事业史的发展进程中,具有启蒙意义,孙中山和毛泽东的新闻思想都曾受其影响。

第三节 《知新报》:为变法发声,"广《时务报》所不能言"

《知新报》(见图3-3)是19世纪末中国资产阶级改良运动中维新派在澳门创办的重要报刊。它与上海的《时务报》南北呼应,译介先进的变法思想、深刻的政治剖析和丰富的西学知识,将先进的政治社会学说和科技文化介绍给中国读者,使中国知识分子的思想得到初步解放。在戊戌前后的变法维新运动中,《知新报》立足澳门地域优势,为变法发声,广《时务报》所不能言,在海内外华人世界产生重要影响。

1896年8月9日,《时务报》在上海创刊,是当时维新派最重要、影响最大的机关报;同年11月,康有为由广州抵达澳门,决定在澳门创办一份维新报刊。由于《时务报》当时已有相当影响,"数月之间,销行至万余份,为中国有报以来所未有,举国趋之,如饮狂泉"③;因此,康广仁、徐勤等主张将澳门报纸定名为《广时务报》,包含两方面寓意:一是该报风格定位以上海《时务报》为榜样,含有推广《时务报》之意;二是意指"广东的《时务报》"。康有为以为报名应避免重复,澳门新办报纸虽然与《时务报》同为维新派喉舌,风格接近,但仍须有自己的特色和新意,因而决定将报纸定名为《知新报》,有开通民智,启发读者认识新事物、接受新观点之意。

---

① 康有为.上清帝第二书[M]//汤志均.康有为政论集:上册.北京:中华书局,1981:132.
② 黄瑚.中国近代新闻法制史论[M].上海:复旦大学出版社,1999:77-78.
③ 康有为.本馆第一百册祝辞并论报馆之贵任及本馆之经历[M]//清议报.影印本.北京:中华书局,1991:6196.

1897年2月22日,《知新报》正式在澳门创刊,总理为何廷光、康广仁两人,馆址设在澳门大井头街四号,由广东三水何树龄、徐勤,番禺韩文举、王觉任,新会梁启超,顺德吴恒炜、刘祯麟,南海陈继俨、孔昭荧等人任撰述(见图3-4)。徐勤任主笔,梁启超是通讯主笔。担任报纸外文翻译的有:英文翻译周灵生、甘若云;葡文翻译宋次生;德文翻译沙士;法文翻译葡萄牙人罗渣;日文翻译初由唐振超担任,后为山本正义,康有为的女儿康同薇也参加了该报的日文翻译和编辑工作。①

图3-3 《知新报》　　　图3-4 从左至右依次为:康有为、梁启超、何廷光、康广仁

《知新报》最初为五日刊;自1897年5月31日出版的第20册起改为十日刊,篇幅比以前增加一倍;1900年2月14日,第120册起改为半月刊。1898年,百日维新失败后,仍继续出版。1899年7月20日,康有为在加拿大创立保救大清皇帝会,将澳门的《知新报》与他在日本创办的《清议报》定为会报。1901年1月20日,《知新报》停刊,前后共出版133期。② 在出版的三年多的时间里,《知新报》以宣传维新变法为宗旨,"以启发民智为先务",对当时的社会舆论环境产生了很大的影响,"与上海《时务报》、湖南《湘学报》成为鼎足而立的维新派重要喉舌"③。

《知新报》版式与《时务报》相仿,内容丰富,包括五方面内容:(1)宣传变法维新的论说;(2)皇帝发布的变法上谕;(3)报道变法新政的国内近事;(4)世界各国的新闻;(5)西方科技知识。④ 初创期间设论说、上谕、京外近事、美国、法国、英国、德国、日本、俄国、西班牙、希腊、农事、工事、商事、矿事、路透电讯摘录等栏目;一年之

---

① 冯伟勋.维新时期的广东《知新报》[J].广东图书馆学刊,1983(3):35.
② 现存《知新报》缺失第116期,各地图书馆、档案馆均无收藏。
③ 蒋祖缘,方志钦.简明广东史[M].广州:广东人民出版社,1993:481.
④ 郭明荣.浅谈澳门知新报的进步作用[J].四川师范学院学报,1999(4):103-107.

后,根据形势发展和读者需求,自第47册起将美、法、英、德、日等国的专栏改为"亚洲近事""欧洲近事"和"美洲近事",后又综合为"外洋各埠新闻""各国新闻"等;之后,将京外近事逐步扩充为"京师新闻""中外交涉新闻""各省新闻"和"广东、福建新闻"等。此外,在农事、工事栏目之后又添加了"格致"等栏目,并另增附录,连载西方政治、经济、历史、科技著作的译文。第112册之后又增加了一个新的栏目——"诗文杂录"(或"诗章附录"),成为中国近代报纸副刊的雏形。[1]

《知新报》的撰述人员大都为康有为的弟子,他们利用这块宣传阵地积极促进变法运动。在报纸每期开篇,都有梁启超、徐勤、吴恒炜、刘祯麟等维新派重要人物的署名文章,内容几乎全是宣传、研究维新变法的专论。如徐勤所撰长篇政论《地球大势公论》连载10期,阐述人类社会不断变化发展的观点,宣传变法维新;第28册、29册连续刊登欧榘甲的《变法自上而下议》;第51册发表林旭的《春秋董氏学跋》、欧榘甲的《春秋公法自序》和徐勤的《孟子大义述自序》,重新阐释《春秋》和《孟子》,宣传推介康有为的著作,提出一系列变法主张。同时,大力报道维新派在各地所组织的学会、团体及其实际从事的变法宣传活动。如保国会在京成立不久,《知新报》即详加报道,并全文附录《保国会章程》以及康、梁在保国会集会上的演说词,推动变法运动。

第一,百日维新期间,《知新报》密切配合变法工作,大量刊载新政条陈、上谕。

发表康有为历次呈给光绪皇帝的如《为胶事条陈折》《条陈商务折》《请及时变法折》《上清帝第六书》等请求变法、维新富国的奏折全文,并在显著的位置附以精细的插图,敦促清朝封建统治者向俄、日学习,实行政治上的改良。其中,《上清帝第六书》指出,当时中国形势已是"诸国环伺,岌岌待亡",请求"皇上以俄大彼得之心为心法,以日本明治之政为政法"[2]实行变法,并要求改革国家机构,设立法律局、学校局、农局、工局、商局、陆海军局等十二局,分管各部工作,以使国家逐渐走上强大之路。

对于如何进行改革,康有为等人认为必须先从废科举、设学校、育人才等方面

---

[1] 徐新.中国新闻报刊的先驱——澳门《知新报》的成就与康广仁、何廷光的贡献[J].比较法研究,1999(1):149.
[2] 康有为.京外近事康工部请及时变法折(即《上清帝第六书》)[M]//知新报.第77册.影印本.澳门:澳门基金会,1996:1077.

着手。梁启超在《公车上书请变通科举折》中建议皇上"下明诏,将下科乡会试及此后岁科试停止八股试帖,推行经济六科,以育人才而御外侮"。他指出当时国家"割地削权,危亡岌岌"的原因是"人才乏绝,无以御侮""然尝推求本原,皆由科第不变之致之也""内政、外交、治兵、理财无一能举者,则以科举之试,以诗文楷法取士,学非所用,用非所学故也"。① 康有为的《奏请经济岁举归并正科并各省岁科试迅即改试策论折》提出改革考试制度,"除乡会试自下科为始改试策论外,其生童岁科试,……经史时务,两者并重"。②

康有为在《请饬各省改书院淫祠为学堂折》中阐释了兴办学校的重要性:"我中国民四万万,冠于地球,倍于全欧十六国,地当温带,人民智慧,徒以学校不设,愚而无学,坐受凌侮";提议广办学校以培养人才,"各省开高等学堂,各府开中学,各县开小学";增加教育经费,聘请通才之师,"上法三代,旁采泰西,责令民人子弟,年至六岁者,皆必入小学读书,而教之以图算、器艺、语言、文字,其不入学者,罪其父母。若此则人人知学,……人才之众可想矣,……人才大成,而国势日强矣"③;他还建议设立专门学校培养专才。如《康工部有为条陈商务折》指出:"西人商务皆本于学,驾驶则有水师学堂,轮车则有铁路各学堂,电报则有电报学堂,丝业则有蚕桑学堂,制茶、制糖、制磁、制酒、开煤、炼钢、纺纱、织布,无不有学堂,每创一业必立一学堂,故一材一艺之微,万事万物之赜,皆由于学,故能精新。"④

第二,《知新报》刊发大量文章抨击封建专制,倡伸民权,鼓吹君主立宪。

刘祯麟在《地球六大罪案考总序》中,猛烈地抨击君主专制:"纵一人之怒而屠毒千万人之生灵,顾百年之图而愚弱千万年之世界,此其祸虽洪水猛兽不能比,此其罪虽更仆擢发不能数,此其心虽孝子贤孙不能讳"⑤"大声疾呼,声厥罪状,条考官书,旁搜逸史,证以诛心之律,穷其掩恶之微"⑥。它宣传从西方输入的"天赋人权""主权在民"和进化论等学说,结合中国传统的"民本"思想,大力阐扬康有为的

---

① 康有为.公车上书请变通科举折[M]//知新报:第55册.影印本.澳门:澳门基金会,1996:717.
② 宋侍御.奏请经济岁举归并正科并各省岁科试迅即改试策论折[M]//知新报:第61册.影印本.澳门:澳门基金会,1996:821.
③ 康有为.请饬各省改书院淫祠为学堂折[M]//知新报:第63册.影印本.澳门:澳门基金会,1996:854.
④ 康有为.康工部有为条陈商务折[M]//知新报:第70册.影印本.澳门:澳门基金会,1996:964.
⑤ 刘祯麟.地球六大罪案考总序[M]//知新报:第9册.影印本.澳门:澳门基金会,1996:65.
⑥ 刘祯麟.地球六大罪案考总序(续)[M]//知新报:第10册.影印本.澳门:澳门基金会,1996:74.

春秋公羊三世说,论证由"君之世"过渡到"君民之世"的历史必然性,大力倡导"人人应有自主之权",为"伸民权"而呐喊。

《知新报》还通过对欧美诸国民主政治生活的报道,使广大读者对西方各国的民主生活有了初步的了解,开阔了眼界,增长了知识。尤其着重介绍与中国毗邻的日、俄两国变法骤强的根由,《知新报》所刊发的上书奏折中,言明日、俄是最佳楷模,"远法泰西,更近法俄日"①,并尖锐指出目前"迫我者莫如俄日,宜取法者亦莫如俄日,不法于俄日,必见歼于俄日"②,把能否师法俄日,上升到了国家生死存亡的高度来认识。

第三,要求发展民族资本主义经济,大力宣扬资产阶级改良派的兴商富国思想。

《康工部有为条陈商务折》指出"吾中国矿产遍地,草木繁殖,物种地宜,有温带之利,人民繁庶勤敏,甲于万国",丰富的资源、廉价的劳力,是发展商品生产的有利条件;强调经广泛调查获得的及时的信息在商品经济中的重要作用,无论对国内国外,都必须弄清"土产若何,矿质若何,工艺制造若何,及税则之轻重,价值之低昂,转运之难易,天时之寒暖,地利之险彝,何道而浮费可省,……何物可自制,何方之货物最多,何国之措施最善"。康有为在奏折中明确指出:商学、商报、商会、保险、专利保护等是发展商业的基本保障,认为"吾欲恢张利源,整顿商务,试当设专官以讲之""开商学、译商书、出商报以教诲之,立商律以保险,设兵舰以保卫之,免厘金税,减出口征以体恤之,给文凭,助游历经费以奖助之,行比较赛珍厂以激劝之,定专利严冒牌以诱导之,定册籍草簿之式以整齐之";指出生产的商品要"取携便"而"制造精""价值廉"而"外观美",才会在竞争中立于不败之地。③

《知新报》刊载了大量维新派要求摆脱内外压力和束缚,自主、独立发展民族资本主义经济的愿望的文章和奏折:"自古未有不讲商务而能立国者"④,极力强调同外国资本主义进行"商战"的必要性,认为当今世界是"商战之世"⑤,"今之灭国,不以兵,其以商以教矣",列强通过商战"可以把持人国之利权者无不至,扼

---

① 刘桢麟.恭读上谕开经济特科书后[M]//知新报:第45册.影印本.澳门:澳门基金会,1996:558.
② 欧榘甲.变法自上自下议[M]//知新报:第28册.影印本.澳门:澳门基金会,1996:283.
③ 康有为.康工部有为条陈商务折[M]//知新报:第70册.影印本.澳门:澳门基金会,1996:966.
④ 陈继俨.说丕佃[M]//知新报:第56册.影印本.澳门:澳门基金会,1996:733.
⑤ 徐勤.拟粤东商务公司所宣行各事[M]//知新报:第25册.影印本.澳门:澳门基金会,1996:234.

虐人国之生命者无不为"①,给中国人民带来了"洋货遍地,纹银耗漏"②的灾难;严厉指斥封建政府对民族工商业"不为保护,不为提倡,其婪赎官吏,且复诪索抑勒,多方骚扰以病之",使民族经济"合股份则股份亏,集公司则公司倒,土货日见其滞销,洋货日见其充斥,内受压于长吏,外见欺于洋人",强烈要求"创铁路,开银行,行小轮,兴纺织,设商局,凡可以保华商之利,抵洋商之权者,靡不锐意经营,竭力兴举"③。

第四,疾呼救亡图存,痛陈民族的危难,严厉谴责帝国主义列强侵略。

在第5册、12册中,徐勤的《中国盛衰关于地球全局》《论俄国不能混一亚东》等文章公开指责和揭露俄国的侵略野心,第20册"俄国"栏发表《渔人得利》《包藏祸心》两则新闻,揭露帝俄对中国的侵略事实。《知新报》敏锐揭示列强侵华扩张的动向和阴谋,如1897年11月,德国出兵强占胶州湾事件未发前,该报就首先发表了刘桢麟的《论德人寻衅于中国》,深刻分析德、俄、法三国狼狈为奸干涉还辽,其实质是为了"盗劫"中国,警告清政府"德之构衅终必不免,与其仓皇于事后,孰若振作于未然?"④,呼唤国人"激励振起,思雪大耻""伺隙而动,据义而起,叱咤英俄,鞭笞欧美,振我夏声,昌吾华种!"⑤

《知新报》刊发文章对出卖国家利益的行径加以批判:"近日中俄密约纷纷传说,仍推原其故,皆由故使洪文卿侍郎所致。光绪十七年春正月,洪文卿侍郎钧使俄。任满将归,诣俄皇宫辞别。俄先皇免冠握手为礼毕,深语密谈良久。……洪侍郎即以其言专折上闻,且极言俄之可信,俄皇之言胜如条约。于是政府深信之。此次中俄密约,引虎入室,认贼作子,祸未有艾,人人寒心。识者谓洪侍郎误国之罪不能掩也。"⑥

凭借澳门所处的地理优势,《知新报》发表了大量《时务报》不敢刊登的文章,特别是1898年9月21日政变失败后,在清政府的统治区域内,所有维新派报刊均因"聚党密谋,辩言乱政"和"惑世诬民,周知顾忌"等罪名被迫停刊;所有托庇于洋人

---

① 欧榘甲.泰晤士报论德据胶州事书后[M]//知新报:第48册.影印本.澳门:澳门基金会,1996:605.
② 徐勤.拟粤东商务公司所宣行各事[M]//知新报:第25册.影印本.澳门:澳门基金会,1996:217.
③ 刘桢麟.论中国宜开赛会以兴商务[M]//知新报:第16册.影印本.澳门:澳门基金会,1996:121.
④ 刘桢麟.论德人寻衅于中国[M]//知新报:第17册.影印本.澳门:澳门基金会,1996:130.
⑤ 刘桢麟.复仇说[M]//知新报:第40册.影印本.澳门:澳门基金会,1996:475.
⑥ 故使误国[M]//知新报:第2册.影印本.澳门:澳门基金会,1996:11.

和租界的报纸也都噤若寒蝉,对政变的经过和性质都不敢报道和评论。《知新报》远在澳门,赓续出版,保留了不少有关维新变法的资料。在获悉政变消息后,即通过译述外文报刊的新闻资料来报道与政变有关的信息,揭露事实真相。自第69册起,《知新报》连续刊登《北京要事汇闻》,这是中文报刊上最早揭示政变性质和大致经过的报道。

以戊戌政变为分水岭,《知新报》前后两个时期的言论侧重点也有所不同。政变前,维新派把改革希望完全寄托在没有实权的光绪皇帝身上,政论文章语言较为缓和,主要围绕当时社会状况提出针对性的改革建议,大量介绍西方的社会状况,揭露帝国主义侵略中国的真实面目,揭示中国贫穷落后、被动挨打的现实状况,为变法做思想准备;政变后,维新派把矛头直接指向以慈禧太后为首的顽固派,对慈禧太后的专制夺权、扼杀维新变法、囚禁光绪皇帝的行径,进行了猛烈的抨击,认为中国要维新变法必须扫除慈禧太后这个最大的障碍,并希望光绪皇帝重掌政权。

《知新报》从第68册起,不再用真名发表文章,而采用笔名或化名发表专论性文章和有关新政、政变情况的报道。但对戊戌变法的领袖人物的论著和报道,从来不隐匿其名,如变法失败后,仍然继续刊登康有为的《戊戌奏稿》和政变后的一些书信,以及有关对政变的评论。①《知新报》不仅照常继续刊行,而且从1898年12月4日出版的第73册开始,向"后党"发起了正面攻击,刊发《气节说》《读庆元党案书后》《书今上口谕军机章京谭嗣同语后》等文章,热烈歌颂为变法维新而死难的烈士,锋芒直指政变的策划者。

自第74册开始连续3期刊载长篇评论《论中国变政并无过激》,列举大量事实阐述以光绪帝为首的维新派在短短的三个月时间里为改革弊政而做的重大贡献,驳斥"由于改革过激而导致政变"的错误说法。在《八月六日朝变十大可痛说》中,针对八月十四日的"上谕",为康有为辩诬。在康有为被清廷视为"十恶不赦"的"叛逆之首"、悬赏缉拿的"钦犯"后,继续刊登康有为的奏折、书信和演说。

清廷野蛮残杀六君子后,《知新报》先后发表《清国殉难六士传》《以六君子殉难日为纪念会启》,寄托对殉难六君子的悼念,也是对清廷血腥罪行的控诉;并在第

---

① 胡介人.戊戌变法时期著名刊物——《知新报》[J].河南图书馆学刊,1994(2):17.

74册发表《八月六日朝变十大可痛说》,指出清廷发动政变是令人痛心之举。随着慈禧太后"废立"阴谋的出笼,政治斗争形势日益严峻,《知新报》不再慷慨悲歌、申冤辩诬,而是指名道姓、公然痛骂慈禧及其亲信荣禄之流为奸党逆贼,言辞大胆、尖锐。①

除宣传变法维新外,《知新报》还将沟通中外信息、传播西方科技知识作为主要内容。梁启超在《知新报叙例》明确设定"译录西国政事""西国农学、矿政、商务、工艺、格致"之学,以继《西国近事》和《格致汇编》,补《时务报》之不足。每一期刊登的国际新闻多达数十则,内容包括三个方面:一是各国对华政策与中外关系;二是各国互相冲突与交涉;三是国外先进科技文化。《知新报》投入了大量的资源翻译海外诸国的信息,报道最新科技知识。如第1册上的《开垦种茶》《船务英优》《铁至可宝》等,对于我国生产的发展都起了积极作用。梁启超以"专译西国农矿、工艺、格致等报,而以言政治之报辅之"②来概括《知新报》的特色。从每一期的篇幅看,科技知识约占三分之一。

自第20册起,《知新报》增设附图,以图文并茂的方式解说,方便读者掌握新知。《知新报》共刊登122幅附图,是澳门第一份刊登新闻附图的中文报纸。所刊登的附图包括工具图、地图、人像,以及封面页的地球仪。绝大部分附图是农、工、矿、格致内容的图像,服务于引进西方科技知识的宗旨,发挥教育的功能。选择刊登知识性的图像,反映出一种理性思维,是维新派报刊向国人宣扬科技知识的最佳手段。当时其他报刊如《科济学堂报》《湘报》《湘学新报》《集成报》等所载的科技文章,不少均来自《知新报》。③

《知新报》创刊不久便声名鹊起,畅销全国,在北京、天津、烟台、太原、开封、西安、成都、贵阳、武昌、汉口、长沙、南昌、九江、南京、扬州、苏州、无锡、上海、杭州、福州、桂林、广州、佛山、香港等40埠53处设有发行处,甚至远销新加坡、旧金山、东京、横滨、神户等海外国家和城市。江西布政使、杭州知府、广西巡抚等地方官都曾推荐该报。广西洋务总局在通饬中说:《知新报》"论说明正,深通时变,尤能激励愤耻,博深切明。其所译西国政事,以及农商化电等学,足见泰西富强之本,而非同剿

---

① 郭明荣.浅谈澳门《知新报》的进步作用[J].四川师范学院学报,1999(4):107.
② 梁启超.广时务报公启[M]//丁文江,赵丰田.梁启超年谱长编.上海:上海人民出版社,2009:66.
③ 董贵成.《知新报》对科学技术的宣传[J].山东科技大学学报(社会科学版),2004(4):26.

袭讹传,岂可废而不阅","并通饬各府、厅、州、县暨各厘卡委员一体遵照"①。江西布政使称赞《知新报》是"济时之利器,……导风气之先声,破拘墟之成见"②。杭州知府要求下属州县购阅《知新报》和《时务报》,"若兼采此报互证参观,于论证论学,更有裨益,为此特札该州、县,将《知新报》各购阅,其城乡书院,另行筹款多购,以供诸生浏览"③。

《知新报》成为当时进步知识分子、开明士绅,以及关心国家发展的海外华人时常浏览的读物。维新派著名经学家皮锡瑞及后来曾任北洋政府内阁总理的孙宝瑄等人的日记中都有阅读《知新报》的记载。孙宝瑄评价《知新报》"论笔固佳,选择亦情,尤胜《时务报》"④;谭嗣同盛赞其"编排新颖""文风独特""尤见匠心",屡次致函友人探询和索购该报。⑤ 该报在海外华侨中亦引起巨大反响,新加坡华侨黄逊臣致书报馆:"每披读贵报,见指陈时痛,动中窥要,为四百兆苍生请命,可谓不惜歌者苦矣。"⑥甚至有华侨在阅报后,为其所动,"痛哭流涕"。⑦

《知新报》不仅给封闭的中国带来了启蒙教育,而且开辟了反映民意的渠道。它重视读者的信息反馈,发挥报刊的舆论作用。如以读者来信的形式登载《广东省城七十二行商民吁留方岑伯禀》《广东高雷两府与本馆书》《澄海林君任致本馆书(并祭六君子文)》等来自民间的舆论,引导读者关心国家大事和公共利益,积极参与社会事务。这种反映民意的作风,在封建专制统治下的中国,无疑是具有超前素质的民主思想。⑧ 国民党元老冯自由在《革命逸史》中指出:"是时广州香港各报纸记载琐碎新闻及转录沪报消息,绝不知新学为何物。嗣丁酉(1897年)上海《时务报》、澳门《知新报》相继出版,竞言新学,香港各报稍稍和之,广州报纸始敢略谈时事……"⑨

---

① 广西洋务局奉史中丞饬全省阅知新报札[M]//知新报:第15册.影印本.澳门:澳门基金会,1996:115.
② 江西布政翁饬全省阅时务知新商务各报札[M]//知新报:第27册.影印本.澳门:澳门基金会,1996:269.
③ 杭州府林太守饬属购阅知新报札[M]//知新报:第48册.影印本.澳门:澳门基金会,1996:608.
④ 孙宝瑄.忘山庐日记[M].上海:上海古籍出版社,1983:84.
⑤ 何靖.论澳门《知新报》[J].岭南文史,1988(1):28.
⑥ 黄逊臣.新加坡黄逊臣致本馆书[M]//知新报:第48册.影印本.澳门:澳门基金会,1996:608.
⑦ 来书附录[M]//知新报:第62册.影印本.澳门:澳门基金会,1996:835.
⑧ 徐新.中国新闻报刊的先驱——澳门《知新报》的成就与康广仁、何廷光的贡献[J].比较法研究,1999(1):149.
⑨ 冯自由.革命逸史:初集[M].北京:中华书局,1981:113.

澳门《知新报》是中国传播维新思想的先驱,同时既是港澳近代报刊的先驱,更是维新运动的历史档案,它十分完整地记录了维新变法运动的全过程。它在戊戌政变前冲破封建统治者的言禁,推动维新运动的发展,促进知识分子的思想解放;戊戌政变失败后,在康、梁被迫亡命海外,内地的各种报刊迫于清政府的压力和摧残销声匿迹的情况下,凭借得天独厚的言论空间坚持战斗。澳门《知新报》以先知先觉的形象、卓越的勇气和胆识、丰富而有营养的报道内容,吸引了千万读者,成为启蒙运动的一间大学校。

第四章　生存之道：澳门近代报刊兴起的市场空间与创业先驱

第一节　信息·舆情·研究：鸦片战争前英文报刊的市场与竞争

在清政府"以商制夷"的广州体制下，外国商人被严格限制在澳门、黄埔和广州城郊的外商商馆。① 澳门是所有外国船来华的第一站，每一艘外国船都必须在那里领取前往黄埔的证件。距离广州约19公里的黄埔港被指定为外国船的停泊地。广州城郊的外国商馆区，是外国人居住和贸易的场所。外国人在广州的居住期不得超过4个月，一切商务办妥后必须离开、前往澳门。② 贸易季节通常从每年7、8月份开始，至次年2月结束。固定在华的行号或经销商，在广州、澳门两地居留、活动，他们的家庭则全部安置在澳门。

外侨数量的不断增多，为报纸提供了潜在的读者。18世纪70年代，澳门的总人口已接近30 000，外籍人数在5 000—6 000之间，其中具有葡萄牙血统的有3 000—4 000人。在所有的来华商人中，英国人数最多、实力最强，在澳门居住的英国商人也最多。每年商船到来后，负责贸易的商人由澳门进入处理贸易事宜，事毕携带属下再返回澳门。③ 19世纪30年代，英国东印度公司对华贸易特权取消后，英国在华行号从1833年的66家增加到1837年的156家。④ 1784年中美通航成功，这极大地刺激了美国商人来华的热情。19世纪20年代，美国对华贸易地位

---

① 王巨新.广州体制与澳门模式差别性研究[J].社会科学辑刊,2008(2):139.
② 梁碧莹.龙与鹰：中美交往的历史考察[M].广州：广东人民出版社,2004:5.
③ 刘芳,章文钦.葡萄牙东波塔档案馆藏清代澳门中文档案汇编[M].澳门：澳门基金会,1999:733.
④ 格林堡.鸦片战争前中英通商史[M].康成,译.北京：商务印书馆,1961:170.

已在西方国家中稳居第二位,美国商人纷纷在澳门和广州建立商行。

除了居住在中国的外侨,当时的澳门和广州还有大量的外国水手。美国海员教友会1829年的报告数据显示:"每年有三千美国或英国海员访问中国广州港"[①]。美国人马士所著的《东印度公司对华贸易编年史》记载,19世纪20年代,西方来华商船的数量平均每年101艘;30年代,进一步直线上升,1833年来船数已达189艘。到1837年,从粤海关历来偏低的记录来看,当年来船就达213艘。[②] 大批英美外商与过路水手的存在,促进了澳门英文外报的萌芽、发展。

一、《广州纪录报》:商业利益催生中国最早的英文报纸

迄今发现的中国历史上最早的一份英文报纸——《广州纪录和行情报》(*Canton Register and Price Current*),是1827年11月8日美国青年伍德向三孖地臣(Alexander Matheson)借来手摇印刷机,与英国著名鸦片大商人马地臣(James Matheson)一起,在广州创办的商业性英文报纸。马地臣出任发行人兼经理,伍德为编辑兼排字工人。1825年,20岁的威廉·伍德(William W. Wood,1805—1855)从美国费城出发前往广州。随后两年,他都在广州、澳门活动。伍德来华之际,英美在华贸易迅速增长。随着各国对华贸易日益扩展,需要沟通市场行情、商品信息和商船航期等信息的平台,伍德敏锐地看到了这一需求的商机,提出创办英文报刊的倡议。1828年,《广州纪录和行情报》改名为《广州纪录报》(*The Canton Register*)(见图4-1),这是一张四开四页的大页报纸,初为双周刊,后改为周刊,每星期二出版。

图4-1 《广州纪录报》

对《广州纪录报》的创办,学界有三种不同观点:(1)《广州纪录报》由英国商人马地臣创办,没有提及威廉·伍德。密苏里大学1922年出版的英文中国新闻史著作《中国新闻》(*The Journalism of China*)和哥伦比亚大学1924年出版的《中国本

---

① 赖德烈.早期中美关系史(1784—1844)[M].陈郁,译.北京:商务印书馆,1963:84.
② 郭小东.19世纪前期澳门经济特征论略[J].中山大学学报(社会科学版),1994(4):32.

土新闻的兴起》(The Rise of the Native Press in China)、戈公振的《中国报学史》、蒋国珍 1927 年出版的《中国新闻发达史》、台湾学者曾虚白 1981 年出版的《中国新闻史》,都采用这一观点;(2)《广州纪录报》由威廉·伍德向英国商人三孖地臣借来手摇印刷机创办,因财力不足,于 1928 年 2 月将报纸转手给马地臣。持这一观点的有:美国学者白瑞华(Roswell S. Britton)1933 年出版的《中国近代报刊史》(The Chinese Periodical Press)、中国学者潘贤模 1980 年发表的论文《中国现代化报业初创时期——鸦片战争前夕广州、澳门的报刊》、中国社会科学院新闻研究所刘砥中 1982 年完成的论文《解放前英美在我国创办的英文报刊》;(3)哈佛大学 1965 年出版的《中国口岸报纸研究指南,1822－1911》(A Research Guide to China-Coast Newspapers, 1822－1911)、方汉奇 1992 年出版的《中国新闻传播通史》第一卷、甘惜分 1993 年主编出版的《新闻学大辞典》,则采用美国商人威廉·伍德和马地臣共同创办的说法。马地臣任经理,伍德任主编,不久因两人意见分歧,伍德退出,完全由马地臣所有。

学者邓绍根通过多方考证中外史料,逐一分析前两种观点的疑点,认为第三种观点最为可信。其中两项重要论据分别是:(1)在 1965 年出版的《晚清英文报刊研究指南》中,费正清已指出:"马地臣可能从一开始就一直是该刊的发行人。但是创办该刊最初的倡议来自威廉·伍德。他向三孖地臣租用手摇印刷机。手摇印刷机的所有权确实属于马地臣,当报纸没有得到外国社团的支持时,伍德就退出了。"(2)1971 年美国学者鲍尔(Paul Pickouicz)根据第一手资料撰写的论文《伍德在广州》(William Wood in Canton: A Critique of the China Trade Before the Opium War)对《广州纪录报》的分工做了明确的介绍:马地臣任发行人,伍德为主编,三孖地臣是印刷机所有者,而马地臣和三孖地臣为该报实际控制者。①

报人、商人与传教士结盟,是《广州纪录报》诞生的背景。郭晓冬在《19 世纪澳门经济特征论略》一文中指出,19 世纪 30 年代,印刷业是在华外国人投资的重要领域——"在华外(国)人的投资仍集中在印刷业方面",这有助于我们理解鸦片商人马地臣为何要办报。而马礼逊在《广州纪录报》创刊前一天的日记中写道:"中国从未出现过这样的报纸。这份报纸是专门为外商办的,他们也不怕登载走私鸦片

---

① 邓绍根.美国在华早期新闻传播史[M].北京:世界知识出版社,2013:41.

输入中国的报道和价码行情。"让马礼逊感到惊讶的公然刊登的鸦片的价码和行情,显然是马地臣生意经的一部分。不过,为了传教和募款,马礼逊并没有拒绝马地臣的撰稿邀请,只是提出要有"完全的撰稿自由"——"马礼逊博士接受了创办人马地臣的聘请撰稿,以支持这份周刊的出版,但附有一个条件:该刊必须给马礼逊博士完全的自由,发表有关道德和宗教问题的文章。马地臣同意了,并答应每年给马礼逊博士300元稿酬,由他捐助给任何慈善团体,马礼逊为该刊撰文一直到1834年去世前止。"①

《广州纪录报》在创刊时旗帜鲜明地表明了自己的商业性,声称:"我们长期以来感受到出版商业信息和中国其他信息的需要,我们意识到,我们的主要努力是呈现丰富的、正确的物价行情……关于中国的内容将经常占据相当版面。"②但在伍德的主持编辑下,报纸内容相当广泛,并且不受限制:第二期,伍德就发表文章攻击英国东印度公司的审查政策,以及东印度公司对所有在广州的英国人实行官方行政管理;第三期,他对中国人的道德和专制体制发动了猛烈的攻击;第六期,他隐晦地批评广州贸易体制的不平等,以及中国官员在处理外国关系时的专横和腐败行为。由于伍德攻击东印度公司和广州当局的编辑主张,与英国商人的利益背离,他与马地臣的分歧也越来越大。1828年2月,伍德失去了报纸的编辑权,被迫辞去了编辑职务,该报完全归马地臣所有。③

二、舆论战:《中国差报和广州钞报》vs《广州纪录报》

1831年7月28日,伍德以一份新的报纸《中国差报和广州钞报》(*Chinese Courier and Canton Gazette*)重回广州报界,报纸在广州的外国商馆正式创刊发行,发行人是美国人普尔(T.Poole),威廉·伍德任主编。伍德在1831年7月28日创刊号的《发刊词》开头写道:"在广州这么小的社区里再另办一种报纸可能是多余的工作,想得到社区的支持,也是不合情理的和不实际的想法。但是我们深信,我们非常需要传播媒介以传达别人(《广州纪录报》)无意谈论的意见和政策。"

---

① 马礼逊夫人.马礼逊回忆录[M].顾长声,译.桂林:广西师范大学出版社,2004:262.
② FRANK H H K,CLARKE P.A research guide to China-coast newspapers 1822-1911[M].Cambridge:Harvard University Press,1965:42.
③ 邓绍根.美国在华早期新闻传播史[M].北京:世界知识出版社,2013:42.

美国学者鲍尔曾分析当初伍德从《广州纪录报》黯然退场的原因:"伍德在东印度公司的远东大本营走得太远了,与英国利益背离的编辑方针,在英国主导的外国社团内很难得到普遍的支持。……东印度公司对所有在广州的英国人的司法审查,使得作为美国公民的伍德也未能幸免,因为《广州纪录报》是在英国人赞助下创办的。"①如今,伍德却明确表明《中国差报和广州钞报》作为《广州纪录报》的对手而存在,而且宣称即使得不到社区支持,也要从事这项事业。

  如果我们对某种杂志(《广州纪录报》)的诉求不放心,我们就应该从事这项事业。我们赞成把这个愿望表达出来,并去创办它,当然也带着一丝对我们实现愿望能力的怀疑。然而,我们相信,如果不幸失败,这将不能归因于我们努力的缺失,也不能归因于我们无视了不希望我们改进的友好的意见。……公开宣布意图,我们希望明确地理解。我们公正、正义和适度,除了排除异己的拥护者和暴政的代理人,我们没有敌人。②

尽管伍德在《中国差报和广州钞报》的发刊词中阐述了他的报刊追求:"我们目前最大的目标就是建立一个自由和品行良好的媒体,一个可以立即因为言论赢得尊重和经营值得信赖的媒体。"③但真正让《中国差报和广州钞报》诞生并得以生存的根本原因,是英美商人经济利益的冲突与经济形势的变化。《晚清英文报刊研究指南》中的两段材料,可以印证这一推断。

第一段:"伍德同东印度公司的抗争,可能首先建立于他的信念:东印度公司是专制的和东印度公司对美国利益的不公正待遇。特别是他反对东印度公司插手干预美国商船装运英国货物进入广州。尽管事实上,英国没有对通过美国船只出口提出过反对意见,但是伍德认为:东印度公司集体的不友好行动,保证了他们比美国商人的个人贸易更富有效率。"④——揭示伍德与马地臣关于《广州纪录报》编辑

---

① PICKOUICZ P. William Wood in Canton:a critique of the China trade before the opium war[M].Essex Institute.Essex Institute Historical Collections.Salem:Essex Institute,1971:4.
② 邓绍根.美国在华早期新闻传播史[M].北京:世界知识出版社,2013:48.
③ 同②49.
④ FRANK H H K,CLARKE P.A research guide to China-coast newspapers 1822-1911[M].Cambridge:Harvard University Press,1965:42-43.

分歧的背后存在着英美商人根本利益的冲突。

第二段:"普尔是该报发行人,他可能先前发行了一份货价行情表,然后转让给伍德,(伍德)编辑出版了一个周刊。伍德曾受雇于美国旗昌公司,在旗昌公司的账本中有规律地记载着他们支付给伍德的订阅费、广告费和用途不明的费用。显然,旗昌公司支持、可能资助甚至出版了《中国差报和广州钞报》。"①——说明《中国差报和广州钞报》创刊的直接原因是伍德接手一份货价行情表,并得到了美国旗昌公司的大力资助。

此外,经过三年时间,中外关系也发生了微妙变化:首先,中外冲突不断发生;其次,英国国内展开了废除东印度公司贸易垄断权、实行对华自由贸易的讨论;最后,美商在中国的利益进一步增加。《中国差报和广州钞报》应运而生,旨在引导舆论导向。

1830年10月,英国东印度公司驻华特选委员主席(大班)盼师(William Baynes)无视清政府《防范夷人规定》的禁令,公开地带着妻子坐轿子从澳门进入广州公司商馆,引发中外严重交涉,并以停止贸易相威胁,甚至发展到兵戎相见的程度。尽管这一事件最终以双方妥协告终,但加剧了中英双方的对峙。1831年5月12日,巡抚偕同海关监督率领武装士兵进入商馆逮捕一名通事,监禁浩官,下令拆除了东印度商馆和河岸的建筑物并发出两个告示:一是告诫外国人,严禁外国妇女逗留广州,二是关于广州体制的规定比以往做了稍微的让步。这一行动引起东印度公司和各国商人的强烈不满。②

由于东印度公司董事会对华奉行妥协屈从政策,只注重在华攫取利润,避免引发争端,招致其他外商不满。与此同时,由于东印度公司特许状将在1833年到期,英国国内兴起了对华自由贸易改革的讨论热潮:英国北部的制造业者认为"中华帝国是可以吸收他们大量产品的水池";航运商人抱怨他们"现在被关在整个大洋之外";英国商人认为他们"普遍被禁止从事一种已开放给美国人和不列颠的其他各国的贸易"。英国商人强烈要求1834年终止东印度公司的对华贸易垄断权,开放自由贸易,突破中国传统体制。为此,他们组织起来游说英国议会。议会组织了调

---

① FRANK H H K,CLARKE P.A research guide to China-coast newspapers 1822—1911[M].Cambridge:Harvard University Press,1965:45.
② 邓绍根.美国在华早期新闻传播史[M].北京:世界知识出版社,2013:46.

查委员会进行贸易调查,并于 1830 年 7 月 8 日公布了调查结果,"对伦敦东印度公司提出了极不乐观的评价",认为"英国公众将由于自由贸易而使从广州运来的茶叶因成本减少而受益"。①

英国废除东印度公司垄断贸易权、实行对华自由贸易的讨论,传到中国后引起了外国商人的热切关注,一场关于自由贸易的争论也在广州、澳门等地展开。伍德密切关注这场讨论,他认为英国议会仅从英国制造商和运输商的商业讨论出发就得出结论,忽略了中国贸易的关键问题——广州体制的实际运作。伍德反对东印度公司的垄断贸易,提倡自由贸易,但又主张在彻底摧毁广州贸易体制之前,贸易最好由东印度公司垄断,否则自由贸易将不起作用。

"带着对英国议会调查结果的失望,伍德决定创办第二张报纸,作为关注中国贸易的英国读者的信息来源"。②《中国差报和广州钞报》的报头,以英文报名"Chinese Courier and Canton Gazette"包围着一艘乘风破浪的帆船,报名下面卷首语引自马韦尔的名言:"啊!印刷,你是如何扰乱了人类的和平!铅铸的文字比子弹更有杀伤力!(Oh! Printing, how hast thou disturbed the peace of mankind! That lead, when moulded into bullets, is not so mortal as when founded into letter. Marvell)"——预示着《中国差报和广州钞报》将带来搅动世界战争的舆论风暴。

《中国差报和广州钞报》从创刊伊始,就展开了同《广州纪录报》的论争。1831 年 7 月 17 日,东印度公司炮兵队队长莱斯特(William K. Lester)乘坐葡萄牙舰,在从伶仃前往澳门途中遇到海盗袭击。一名水手被打死,莱斯特被打成重伤,船上两箱鸦片和财物被抢劫。事发后,莱斯特向澳门董事局交涉要求赔偿损失,东印度公司特选委员会觉得善后事宜非常棘手,便向孟买管理会总督克莱尔伯爵致信求助,不过他们认为"这其实是盗匪的袭击,目的只不过是抢劫"③。《中国差报和广州钞报》随即发表短评,指出《广州纪录报》的真实性问题,伍德撰文《伶仃近来的愤怒》批评东印度公司缺乏同情心,认为东印度公司可以为十三行行商向中国政府提出

---

① PICKOUICZ P. William Wood in Canton: a critique of the China trade before the opium war[M]. Essex Institute. Essex Institute Historical Collections. Salem: Essex Institute, 1971: 5.
② 同①12.
③ 马士. 东印度公司对华贸易编年史:第四卷[M]. 区宗华, 译. 广州:中山大学出版社, 1991: 284.

抗议，但对国民被抢却无动于衷："一个被收监的行商是一个关心的对象，一个农民、一位绅士和一位官员在他们履行责任时被殴打和抢劫，却没有得到任何同情。"①

伍德批评东印度公司对中国妥协的态度，积极主张采用强硬的手段，武力侵略中国。1831年5月，英国自由商人对于清政府干预贸易不满，举行聚会向英国当局和东印度公司特选委员会请愿。《中国差报和广州钞报》第二期刊发《外国请愿》，伍德评论说："没有任何措施将起作用，中国人必须用武力或有效而良好的义务教导他们去尊重不可践踏的权利。"第三期刊发的《特选委员会》一文中阐发："支持发动一场战争的财政支出必定是高昂的。……检验与中国政府冲突的结果，我们不仅必须看到经济利益的损害，而且要看到这个国家傲慢和无知的国民性被伤害。前景远不容乐观，以往坚决避免的后果，现在只能用武力来检验。"第八期直接发表文章《向中国开战》，"毫无疑问，任何欧洲政府都认为他是谨慎而必须去侵略中国的疆土，流血（将）不可避免地发生"，并以"大多数居住在这里的人们和密切关注中国的人们都会认同：除了武力之外，任何手段都不可能取得进展"②作结。

《中国差报和广州钞报》和《广州纪录报》针锋相对、剑拔弩张。伍德指责"《广州纪录报》成为东印度公司的工具，而没有成为争论的平台"。《广州纪录报》编辑济廷辩护说："《广州纪录报》的编辑和商业评论的作者都是商人，他们既不是东印度公司的奴仆，也没有受到那个公司的影响"，并指责伍德"充其量是一个麻烦的制造者，除了激怒广州外国社团外没有固定的目的"③。《广州纪录报》发表了一封攻击《中国差报和广州钞报》的匿名信，招致伍德的反攻："《广州纪录报》以刊登让人厌恶的中国腐败的细节出名，已经提交的最新一期，从新的角度成为最为野蛮的广州外国社区最厌恶的匿名谩骂的平台样本。"伍德宣称："《广州纪录报》低劣的质量是专制当局的副产品。"④

1832年4月4日，《中国差报和广州钞报》改版，更加注重经营管理，反映在版面上就是广告、船期、价目表等相关内容的增加。改版前，长期仅刊登报纸自己的

---

① 邓绍根.美国在华早期新闻传播史[M].北京：世界知识出版社，2013：53.
② 同①56-57.
③ PICKOUICZ P. William Wood in Canton: a critique of the China trade before the opium war[M].Essex Institute.Essex Institute Historical Collections.Salem：Essex Institute,1971：23.
④ 67.

订价广告;改版后,广告、船期、价目表的篇幅明显增加,每期都刊有兑换比例、伶仃洋的鸦片输出、船期、通告、减价等内容。在每期四版中,这些内容占据了一个版面的60%。每期刊登的订价广告的内容也发生了变化。改版前,每期刊登的订价广告为:"《中国差报和广州钞报》在广州每周出版,提前付款,每年12美元,联系和订阅地址是第五号法国洋行,每期售价25美分,零售由马斯勒斯、马克奎克和雷那负责。"改版后,每期订价广告的内容更加丰富:"每周六在第五号法国洋行出版,每年12美元,向出版编辑办公室直接订阅;由马克奎克、雷那和艾特威负责零售。印刷所印刷的传单、通告、鸦片订单、表格、提货单和合约等,预先通知,印刷精美。各种各样的欧洲报纸,为了上述目的,可以以适当的折扣交换。"① 这则广告一直刊登到终刊。

《中国差报和广州钞报》于1833年的9月24日停刊。邓绍根认为其停刊的根本原因是中外贸易形势发生了变化,导致它失去了存在的基础。1833年8月23日,英国国会通过《东印度公司改革法案》,宣布将于1834年4月24日开始取消东印度公司对华贸易的独占权。该法案的出台,直接粉碎了伍德的贸易主张,外国社区不再有人支持伍德出版这类主张摧毁广州贸易体制后进行自由贸易的报纸。② 1833年9月,伍德向澳门一位美国商人洛先生的侄女哈雷尔求婚,洛先生断然拒绝了这位一文不名的冒险家的请求,伍德心灰意冷,停刊《中国差报和广州钞报》,离开中国。

《广州纪录报》则成为当时广州影响最大的外文报纸,主要报道中国近事、市场行情与船期等消息,尤其侧重广州本市商场,1833年开始增出商情副刊《广州市价表》。1835年开始接受华人订户。③ 它也有不少海外订户,据1836年统计,每期有280份运往南洋、印度地区和英美一些主要城市。④ 1839年,《广州纪录报》迁往澳门出版。1843年,迁往香港,改名为《香港纪录报》。

三、《中国丛报》:中间立场、调和对抗、注重研究的教会报纸

当《广州纪录报》与《中国差报和广州钞报》相互攻击、大打舆论战时,狭小的外

---

① 邓绍根.美国在华早期新闻传播史[M].北京:世界知识出版社,2013:59.
② 同①70.
③ 梁群球.广州报业1927—1990[M].广州:中山大学出版社,1992:5.
④ 邓毅,李祖勃.岭南近代报刊史[M].广州:广东人民出版社,1998:44-45.

侨社区气氛紧张,急需一份站在中间立场上调和对抗的情绪、团结各派外侨力量的报刊,《中国丛报》(*Chinese Repository*)应运而生。1832 年 4 月,传教士裨治文建立印刷所,以每月 50 元的薪酬雇用了一名印刷工人,着手出版刊物;5 月 31 日,《中国丛报》在广州美国商馆正式创刊(见图 4-2、图 4-3)。

 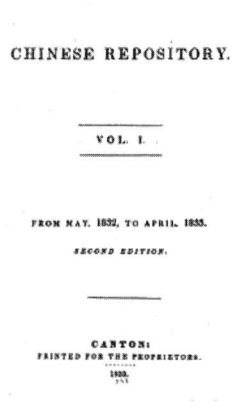

图 4-2　裨治文　　　　　　图 4-3　《中国丛报》

裨治文(Elijah Coleman Bridgman,1801—1861)是美国第一位来华的基督教新教传教士。1829 年 10 月 14 日下午,他搭乘商船罗马号离开美国赴中国传教。经过 126 天航行,1830 年 2 月 19 日晚,罗马号抵达珠江口的伶仃锚地。2 月 22 日,他们乘船前往澳门,拜访马礼逊先生,因马礼逊外出不在家,双方未能碰面。2 月 25 日,裨治文一行抵达广州,26 日再次拜访马礼逊。马礼逊与裨治文一见如故,相见恨晚。1830 年 2 月 27 日,马礼逊为裨治文聘请了一位中文教师,开始教他汉语,并且为他准备了《华英字典》《广东省土话字汇》及中文《圣经》等学习资料,这为裨治文研究中国语言文化打下了坚实的基础。裨治文后来成为美国汉学研究的先驱。

1830 年 5 月 11 日,马礼逊从澳门给裨治文寄来两期驻孟买传教士创办的英文宗教期刊《东方基督教观察》(*Oriental Christian Spectator*)。裨治文受到启发,致信美部会表达创办报刊的愿望并随信寄去几份《东方基督教观察》。1830 年 11 月 15 日,裨治文、马礼逊和雅裨理三名传教士,联合美国商人、奥利芬的合伙人查尔斯·京(Charles W. King)和马礼逊的儿子马儒翰,建立"在华基督徒协会",联络欧美各国来华传教士和商人;建立资料库和图书馆,资助出版中文《圣经》。裨治文认为:印刷出版物在中国将有广泛受众,他的想法得到奥利芬的支持,奥利芬为其提供了印刷设备、场地和资金。1831年12月,印刷机由美国运抵广州;1832年4月,印刷活字运到后裨治文立即着手创办报刊;5月31日,《中国丛报》在广州美国商馆正式出版。①

裨治文创办《中国丛报》的宗旨是:第一,介绍中国,就像报名 Chinese Repository 的中文含义"中国的仓库"一样,其内容无所不包,旨在让西方读者认识中国,成为有能力、值得信赖的、公认的中国权威;第二,传播西方文明和基督福音,从而改造中国人的灵魂。裨治文在《中国丛报》第二卷中说:"我们不能强迫人去服从拯救世界的命令,去向所有的国家传递福音,我们应该运用方法去改善与中国的政治和商业关系,取得宗教的宽容。……我们应该有更多的知识交流。我们寻求获得关于中国的法律、礼仪、风俗、资源等方面的信息。"

裨治文在创刊号上发表了两千多字的导言,详尽地阐述了创刊宗旨和编辑方针:

> 中华帝国,是我们世界重要的组成部分,此时却孤悬于"地球的中央",超越了所有的争论,为世界提供了最辽阔最有趣的研究领域。但是,从世界发展的历史,到最普世的正义和繁荣法则,地域广阔的中国依然封闭,这是很难理解的。……时间必将全方位地改变这个国家。许多有价值的人和他们所创造的业绩将会被铭记。……石头无法经常变形,河流绝不会停止流动;但是,即使没有地震和暴风雨的袭击,石头仍可能在它们的河床里滚动;另一块石头将改变他们的路线。闭关锁国的禁令不久将成为过去。现代的其他法令共享平等争议的观念,不容置疑。……即便此时仍将外人拒之门外,巨大的变化还将发生。
>
> 这项工作的目标之一,旨在评论关于中国的外国书籍,目的是介绍变化何时、如何发生,尽可能地辨别变化的真假。这些旧书籍包含了许多有

---

① 邓绍根.美国在华早期新闻传播史[M].北京:世界知识出版社,2013:76-90.

价值的内容,也包含着没有任何价值的内容,以致阻碍它们的出版。近代作家也不总是准确、令人满意地陈述内容,例如中国人口的总数就有从2 000万到33 300万不等的描述。大量不同的甚至矛盾的记载存在于外文书籍中,将强有力地刺激人们尽可能清晰地去请教和求证于有能力的、值得信赖的、公认的中国的权威。①

《中国丛报》将有关中国的知识作为研究领域,成为汉学发展的先声。其创刊号设有三个栏目:(1)评论(Review),刊登了两篇文章——《古代中国和印度》和《郭士立游记》,前者是书的内容介绍并附有评价,后者是一篇游记,附加的编者按介绍文章由来和作者情况;(2)宗教通讯(Religious Intellgence),栏目内的文章都以黑体的国名、地名为小标题,介绍基督教在该国该地的传教情况。每篇通讯用短横线隔开,创刊号分别发表了来自缅甸、暹罗、马六甲、孟买、好望角、马达加斯加的6篇通讯和1篇中国基督徒的日记;(3)时事日志(Journal of Occurences),报道了8则发生在中国的世俗新闻,如广东、广西、湖南交界处的叛乱,海林阿将军之死,军人吸食鸦片,刑部尚书陈若霖退休等。

1832年,第2期增设3个栏目:(1)杂录(Miscellanies),刊登有介绍基督教用语的小杂文《一个基督徒》《友谊》《平安》《偶像崇拜》和《婆罗门教徒》;(2)文艺动态(Literary Notices),刊登最近的文教活动和书籍出版情况,如:《一个新学院》,介绍江苏新设立的一个书院;《黄教教义的几点研究》,介绍1831年阿贝·雷米扎在巴黎出版的著作;《以怨报德的多事之秋》,介绍1932年伦敦出版的《家庭丛书》第15集;《圣书集口》,介绍为各个学校编写的圣经教材;《训女三字经》是马丁小姐为女孩编写的著作;(3)末页增加"附记"(Postscript),选录北京《京报》的新闻消息。

《中国丛报》从第3期开始,基本稳定为6个栏目:(1)书评,一般放在刊首,不仅对书的内容和作者进行简单介绍,而且对书中的错误之处进行纠正;(2)杂录,主要刊登宗教小论文、传教士旅游见闻、读者来信和介绍中国情况的大文章,介绍中国和邻近国家的情况,以中国的世俗情况为主;(3)宗教通讯,主要介绍基督教在中国和邻近地区的传播进展和业绩;(4)文艺动态,主要刊登一些与中国有关的书刊

---

① Introducton[N]. Chinese Repository,1832-05-21(1).

出版信息以及相关文件报告,只提供出版信息,没有评论;(5)时事日志,以中国的时事新闻报道为主,内容偏重世俗新闻;(6)附记,是一个小栏目,篇幅短小,有时不出现,一般是在出版前摘录《京报》补充时事报道,或是天气情况的报道。6个栏目中:书评从第3卷第1期消失后,在随后的18年的208期中只出现过2次;杂录完全取消,原来该栏目刊登的宗教小文章,全部换成了篇幅较长的大文章;宗教通讯栏目逐渐消失;文艺动态时隐时现;附记完全消失,偶尔会出现"告示";时事日志是唯一一直刊登的栏目。①

《中国丛报》从1832年5月创刊,至1851年12月31日停刊,存世19年零8个月,共出版了232期12 356页,平均每卷617.8页,每期53页有余。篇幅最长的一期是第20卷第7期,多达168页。篇幅最短的是创刊号,为32页。在每卷内页码连续,装订成套,成为合订本。篇幅最长的第10、第11卷,均为688页;最短的为第1卷,512页。每卷《中国丛报》的合订本,编辑部都会按照字母顺序制作目录,附在卷首,一般长达5—6页。从第13卷开始,又增加了内容目录,按每期的文章排列,一般也长达3—4页。特别在第20卷卷首,还发表了长达4页、类似停刊词的社论通告。此外,还重印1—5卷《中国丛报》以满足各地读者的需要。②

与英文商业报纸《广州纪录报》和《中国差报和广州钞报》之间相互攻击不同,《中国丛报》体现了西方在华各界人士的通力合作。报纸创办人裨治文是第一位来华的美国传教士,他与外国在华的政界、商界和宗教界人士往来密切,为报纸赢得了各方面的支持。美国商人奥立芬在经济上给予积极支持,免费提供一幢楼房作为编辑与印刷用地;"广州基督教联合会"也曾给予资助。许多在华的西方外交官、商人和传教士支持其出版工作,《中国丛报》拥有一支相当有文化素养、由各方人士组成的作者队伍,英国传教士郭士立和马礼逊等都曾为其撰稿。

《中国丛报》大量刊载有关中国的政府机构、政治制度、法律条例、文武要员、军队武备、中外关系、商业贸易、山林矿藏、河流海港、农业畜产、文化教育、语言文字、宗教信仰、伦理道德、风俗习惯等方面的情况材料,甚至道光皇帝的软弱性格、中国官吏贪赃枉法的手段等内幕信息,为西方人士了解中国提供了丰富的资料,并且成

---

① 邓绍根.美国在华早期新闻传播史[M].北京:世界知识出版社,2013:90-154.
② 同①110-112.

为深入探讨对华政策问题的舆论阵地,因而受到在华的外国人和西方社会的广泛欢迎。《中国丛报》出版后,第1卷400册,很快销售一空;第5卷印数超过了1 000册。到1836年,《中国丛报》的固定订户遍及各地,包括:中国200册、美国154册、英国40册、马尼拉15册、新加坡18册、马六甲6册、槟榔屿6册、巴达维亚21册、孟买11册。① 由在华外国人收集到的各种有关中国的信息,通过广州外国商馆门前通往澳门的珠江航道,传输到遥远的南洋、印度、欧洲和美洲。

《中国丛报》不像《广州纪录报》《中国差报和广州钞报》等商业报刊,注重刊登广告、获取广告费,而是与其他宗教报刊一样不经营广告;但他们另辟蹊径,通过宗教书籍的印刷和销售补贴报纸的开支。1833年10月卫三畏到广州后,《中国丛报》就一直由他掌管(仅1844年11月至1848年9月1日卫三畏回美国期间,由詹姆士·裨治文负责)。1835年12月,《中国丛报》印刷所迁至澳门后,卫三畏扩大了印刷所的印刷业务,利用东印度公司的中文铅字,重新开始印刷英国传教士麦都思编纂的《福建土话词典》。书籍的印刷出版为印刷所带来的利润,补贴了《中国丛报》的印刷开支。②

《中国丛报》在20年间印刷的书籍有:

1832—1851年,《中国丛报》20卷,8开本,23 000卷(含1—5卷重印的卷数)。

1837年,麦都思的《福建土话词典》,4开本,300册。

1841年,裨治文、卫三畏的《广东方言中文文选》,4开本,800册。

1842年,卫三畏的《拾级大成》,8开本,700册。

1844年,卫三畏的《中国地志》,8开本,200册。

1844年,卫三畏的《商务指南》第二版,8开本,100册。

1845年,《中国与英美法三国条约》,8开本,600册。

1847年,裨治文的《马若瑟〈中国语文札记〉》,8开本,600册。

1848年,卫三畏的《商务指南》第三版,8开本,800册。

1849—1856年,卫三畏的《华番通书》,8开本,8册,共2 000册。

1849年,密迪乐的《英译满文资料》(木版印刷),8开本。

---

① 邓毅,李祖勃.岭南近代报刊史[M].广州:广东人民出版社,1998:47-48.
② 卫斐列.卫三畏生平及书信[M].桂林:广西师范大学出版社,2004:95.

1854年,博尼的《广东话词汇和口语习惯用法》,8开本,800册。

1856年,若特尔的《英国、印度、中国货币汇率换算法》,8开本,300册。

1856年,卫三畏的《英华分韵撮要》,8开本,800册。

1856年,卫三畏的《商务指南》第四版,8开本,1 000册。

这些印刷品共计38 000册(卷)。此外,还多次承印了各种小册子、承接其他业务,盈利超过12 000美元。①

第二节 "华洋合璧""利益澳门":整合"澳门人"的《镜海丛报》

长期以来,澳门社会华葡分治,19世纪末之前,葡萄牙人在澳门出版的报纸,如1822—1823年出版的《蜜蜂华报》、1834—1838年出版的《澳门钞报》、1836—1838年出版的《帝国澳门人》、1836年出版的《大西洋国》、1838年出版的《真爱国者》,都以葡文印制,并没有考虑将澳门的华人纳入读者范围。直到1893年,澳门才真正出现中文商业报刊——《镜海丛报》。

一、《镜海丛报》出现的背景

首先,19世纪40年代以来,澳门管理权发生改变,鸦片战争之前葡萄牙人与华人共处分治的政治局面被打破。1845年,葡萄牙当局擅自宣布澳门为自由港。1846年4月,亚马留任澳督后积极推进殖民政策,宣布对华籍居民征收地租、人头税和不动产税,把原本只对葡萄牙人实行的统治权力扩大到华籍居民,下令所有在澳门停泊的中国船只向"船政厅"登记纳税。1847年,撤销设立在澳门的中国海关南湾稽查口,逮捕中国稽查口的巡役并将他们逐出澳门,逐步排除清朝广东地方政府对澳门华人社群行使的管治权。1888年,葡萄牙通过《中葡和好通商条约》,取得对澳门"永居管理"权,居住在澳门地区的华人被纳入澳门政府的殖民管治之下。

其次,澳门华、葡人口比例发生重大变化,华人在数量上逐渐成为澳门社会的绝对主体。1839年,鸦片战争爆发前夕林则徐巡视澳门时,澳门华人为7 033人,

---

① 卫斐列.卫三畏生平及书信[M].桂林:广西师范大学出版社,2004:155.

葡人为 5 612 人①。但到 19 世纪 50 年代,由于中国内地爆发太平天国起义和天地会起义,许多中国内地人尤其是广东人避往澳门,使 1860 年澳门人口组成变为葡人 4 611 人、华人 80 000 人。② 此后,到 1896 年,澳门的人口组成是葡人与其他西洋人 4 000 人,华人 74 627 人;1910 年,人口组成是葡人与其他西洋人 3 845 人,华人 71 021 人。③ 澳门的葡人与华人人口自 1860 年以来保持着接近 1∶20 的比例,但是华人在澳葡政府中无任何政治地位可言,从《中国丛报》公布的 1851 年 1 月澳门政府的组织机构和官员来看,政府官员及职员清一色是葡人(或土生葡人),无一人为华人。

最后,澳门华商崛起,成为澳门社会经济活动中的主体力量。19 世纪 50 年代后,进入澳门的富裕华人,很快掌握了澳门大部分近代工业生产部门及对内对外贸易,并且掌握了澳门特色经济——博彩业的主控权。据澳门档案记载,截止到 1911 年,澳门共有 32 家工厂。④ 其中,除美国旗昌洋行 1844 年在妈阁建立的一家玻璃厂⑤、1886 年由英国商人投资在青洲兴建的水泥厂及 1906 年由法国商人投资兴建的发电厂外⑥,其余均为华商工业。其中,最主要的为丝织业和爆竹业,以及对博彩业专营权的控制,对鸦片、鱼盐、肉类专卖权的垄断。到 19 世纪末,澳门具有雄厚经济实力又有重大社会影响力的华人家族有:王(禄、棣)、陈(六)、柯(六)、曹(有)、何(桂)、卢(九)、萧(登)等 8 家。⑦ 澳门华商既是澳门近代工业的创建者,又是澳门各类贸易经营的垄断者,更是澳门早期博彩业的巨擘、赌王,还是澳门最大的房地产业主。

随着华商经济的迅速发展,澳门的政治和社会生活悄悄发生了变化。由于澳葡当局坚持用葡文作官方语言,而占据澳门人口绝大多数的华人社群不懂葡文,为使自己的统治有效施行于华人社群,澳门当局不得不妥协。1879 年 2 月 8 日的总

---

① 《林则徐全集》编辑委员会.林则徐全集:第 3 册[M].福州:海峡文艺出版社 2002:194.
② 施白蒂.澳门编年史:19 世纪[M].金国平,译.澳门:澳门基金会,1999:144.
③ 1892 至 1901 年拱北关十年贸易报告[M]//莫世祥,等.近代拱北海关报告汇编(1887—1946).澳门:澳门基金会,1998:82.
④ 施白蒂.澳门编年史:1900—1949[M].金国平,译.澳门:澳门基金会,1999:49.
⑤ 同②235.
⑥ 同②247.
⑦ 王文达.澳门掌故[M].澳门:澳门教育出版社,1999:225-227.

督札谕中写有:"照得澳门并澳门所属之地华民,应知澳门宪报刊印官出军令、札谕、章程各事,惟华人庶乎均不识西洋文字,凡是不翻译华字,则华人不得而知。"①以刊登澳葡当局政令为主要内容的政府公报《澳门宪报》,率先将直接与华人社群相关的内容译成中文刊发,以使华人社群能够遵照执行。《澳门宪报》1867年开始出现葡文与中文两种文字并行的标题;1879年2月8日,澳葡当局宣称:"自今以后,《澳门宪报》要用大西洋及中国二样文字颁行,由翻译官公所译,华文校对办理,并正翻译官画押为凭。"②

《澳门宪报》虽然刊载了更多的中文内容,却没有如它所承诺的那样将全部内容翻译成中文,所发布的中文信息也大多局限于与华人直接相关的命令、公告等。1892年,澳门实施专卖制度引发的华人社群抗议行动,真正令这一格局发生了改变,并促使《镜海丛报》诞生。

据担任清朝拱北海关税务司的英国人柯尔乐记述,葡萄牙政府首次在澳门强行实施生活必需品专卖制度,华人为对抗澳葡当局而罢市,其规模之大是澳门开埠三百年来所未有的。这次事件之后的十年间,澳门所有生活必需品都一一征税,但这类专卖都由华人掌理,他们为专卖权支付固定费用,从中也大捞一笔;另一方面,虽然专卖制度增加了澳门的生活开支,但所收税款用于澳门公共设施改进,也给澳门的公共利益带来好处——"专卖制度肯定增加澳门的生活开支,压制竞争这一贸易之魂;但它们带来官府需要的岁入,其中有相当部分用于改进房屋及道路卫生等,因此这种制度还是有些好处的。"③通过这次冲突事件,澳葡当局看到了有效管治华人社群的迫切性,也促使澳门社会各方意识到"包括葡萄牙人、华人在内的澳门本地共同利益"。

二、为"澳门人"代言

1893年,《镜海丛报》中文版率先打破华、葡隔阂,极力整合以澳门地方为本位的利益共同体。在其创刊号中,创办人飞南第一再强调,以中文和葡文两种文字出版是该报独创,目的是为打破澳门华人、葡萄牙人之间的隔阂,特别是在葡裔官员

---

①② 汤开建,吴志良.澳门宪报中文资料辑录:1850—1911[M].澳门:澳门基金会,2002:8.
③ 柯尔乐.1892到1901年拱北关十年贸易报告[M]//莫世祥,等.近代拱北海关报告汇编(1887—1946).澳门:澳门基金会,1998:41.

与华裔市民之间架起信息沟通的桥梁:"本报专为利益澳门而设,报字系用华洋合璧。独用洋文,遇有秘要,华人昧焉而不悉;独用华文,遇有枉曲,洋官昧焉而不详。创设此法,破上下格阂之弊,联中外敦睦之情。本澳商店数千,民居数万,岂不欲一体相安,共受其福乎?"①

事实上,早在《蜜蜂华报》创刊号中,就已多次使用"澳门人"(Macaense)这个单词。例如1822年9月澳门葡人发动驱逐总督的政变,《蜜蜂华报》刊登消息说:"上个月19日,澳门人聚集在自由亭周围,推翻了忍受多年的专制统治。本报编辑的职责,就是将这一事件发生的原因告诉读者。"②但当时"澳门人"的含义,仅指在澳门居住的葡萄牙人,与华人并无关系。直到鸦片战争后,澳门商业衰落促成澳门地方利益共同体产生,并以此整合形成同时包括澳门华人与葡萄牙人的"澳门人"观念。

当时澳葡当局的诸多政策虽然符合葡萄牙宗主国的利益,但使澳门在与香港和广东省内茂名、恩平、开平及新会等埠头的商业竞争中节节败退,直接损害了澳门本地商人的利益。据清朝拱北海关税务司贺璧理分析,澳葡当局有两方面的政策失误:第一,广东当局准许各埠用小轮拖带渡船运货,快捷方便,澳葡当局却不准许,而来往澳门之船,"系为转运货物,然澳门内港水浅,并无大洋船只可靠之码头",这使越来越多的洋货贸易商选择其他地方作为转运点;第二,澳葡当局为增加收入,"所抽船钞,较之香港约多五倍",更使往来商船转向香港,这使澳门洋货贸易衰败之势长期持续不止。③ 在澳门本地利益的基础上,居澳的华人与葡人打破隔阂,形成了从本地出发看待问题的"澳门人"共识。

1893年,华人社群罢市后诞生的《镜海丛报》,一改澳门本地报刊传统,视华人为重要读者,以"华洋合璧"的两种文字出版,"既符合政治地位居高的葡萄牙人和人口数量居多的华人之间互通信息的现实需求,也迎合了清朝控制力被排除出澳门的新情况下,全澳居民希望打破华洋隔阂,聚合成政治上虽服膺于葡萄牙当局、现实利益上却以澳门当地为本位的利益共同体的愿望。"④

---

① 飞南第.创办《镜海丛报》条例利益布启[M]//镜海丛报.影印本.澳门:澳门基金会,2000:1-2.
② 程曼丽.蜜蜂华报研究[M].北京:清华大学出版社,2015:44.
③ 贺璧理.光绪十五年拱北口华洋贸易情形论略[M]//莫世祥,等.近代拱北海关报告汇编(1887-1946).澳门:澳门基金会,1998:137.
④ 胡雪莲.整合"澳门人":《镜海丛报》中文版的地方意识[J].学术研究,2012(7):124.

三、利益澳门

作为澳门第一份中文商业报刊,《镜海丛报》真实呈现了澳门当时的政治和社会特征,以及在经济上作为联通四海的国际商埠的特色。创刊之时,报主飞南第就申明"澳门一埠,非第一乡一镇之繁而已,上有西洋官,下多闽粤人",强调办报目的"实为振兴商旅,扩充智识起见,中间具有两要义。其一,专为有益澳门。……其二,专为有益外埠。"他甚至提出澳门经济得不到振兴与报纸有着极为密切的联系:"澳门自通商开埠以来三百有余岁矣,商贾不繁,户守不阔,其故何哉?殆缘于不设日报。货物涨跌无由先知,禁令更张无由遍悉,群商裹足而不前耳。"将快捷有效的信息流通,看作振兴澳门的关键,"本报将赖澳商而绵长,澳商又赖本报康埠"[①]。

在创刊号头版所刊登的《创办〈镜海丛报〉条例利益布启》中,飞南第对未来报纸所刊载信息的方向、内容和将会发挥的功能做了详细阐述:

(一)西洋文字华人多不通晓,每遇更张事例,未能深悉例中之意,或生疑意。往年酒税之衅可为殷鉴。本报遇有西洋新例,必照原义详细译明,使大众周知,不致茫然蹈犯。其益一。

(二)遇有寻常告示,西洋官或译作华文张贴街道,刊登宪报,然亦未能周知也。刊于报端,万众瞭然共观,上助官府下利民间。其益二。

(三)间或译出西洋律例数条,比拟中国律例数条,使人触目惊心时,凛君子怀刑之惧。其益三。

(四)每日采登西洋衙门及前山、香山、广州省宪各等词讼、要批,胜负曲直,关心讼事者一览而知。其益四。

(五)遇有冤抑不平之事,官或贪横差或恣纵,无论本埠外埠,本报可为代登,以听在上之详察。其益五。

(六)拟仿申沪报例,采登时贤诗章,以扬秀士之华,以启童蒙之慧。其益六。

(七)按日采登本埠外埠各货市价行情,以便居奇亿中。其益七。

---

① 飞南第.创办《镜海丛报》条例利益布启[M]//镜海丛报.影印本.澳门:澳门基金会,2000:1-2.

（八）善善恶恶据实而登，暗寓锄惩之意，使人慕善而相趋，懔恶而相戒，归风俗于纯良。其益八。①

《镜海丛报》的办报宗旨是：通过沟通"华洋"信息，形成稳定的社会环境；通过报纸扩充视听，起到教育民众、启迪民智的作用。在《镜海丛报》发行期间，这一宗旨一直不曾改变。首页常会全文刊登政府公文、告示，以及科考榜单，以达到"大众周知"的目的。言论则始终围绕当时的大事要事进行评说，如新闻纸第二年，从第十二号（1894年10月10日）起，共刊登了11篇关于甲午海战的言论，内容包括战事情况、败绩分析、官员将领褒贬等，爱国、忧国之情跃然纸上。澳葡当局不仅将《镜海丛报》看作政令发布平台，而且还主动邀请其"操笔"前往衙门，记录案件。"每日准令操笔到衙旁，设端儿听讯。要案又承库务司大惠，传知理事官每礼拜抄录所定囚案，差人送到，以备刊登，示无枉曲。"②政府主动向媒体提供新闻素材的行为，在当时并不多见，体现了借助媒体实施社会教育的现代社会管理雏形。

另一则《镜海丛报》服务澳门的典型案例，是其对1894年爆发的大面积瘟疫的报道。当时，报纸全程跟进报道：新闻纸第二年第三十七号，首次报道疫病出现并呈现扩散趋势。紧随其后的三十八号、三十九号也都有相关报道。第四十号首次直言澳门有时疫发生，并建议当局应及时公布疫病信息，以免谣言四起造成恐慌；应倡导居民做好卫生清洁工作，减少病菌的滋生，避免发生更大面积的扩散；此外，告知民众鉴于澳门时疫有加重的趋势，香港已经发布"禁止澳人赴港。往澳各轮，只准载货不准载客"的信息。新闻纸第四十一号至四十五号的头条都是译自西报的与时疫相关信息，如病症发生时的表现、病症的检验方法、疫病的预防和治疗等。在第四十二号的"本澳新闻"中，对这次时疫的爆发进行了较为详细的梳理。第四十三号称疫情减弱，之后的各号还刊登了防治时疫的药方等。直到第四十八号的新闻"时疫已静"，报道了瘟疫彻底被扑灭。在这次事件中，《镜海丛报》为民众及时提供疫情相关信息，配合当局做好疫情治理的宣传引导，还多次撰文向官员及医生的辛勤工作表示赞赏和感谢。

---

① 飞南第.创办《镜海丛报》条例利益布启[M]//镜海丛报.影印本.澳门：澳门基金会，2000：1-2.
② 澳中锁案[M]//镜海丛报.影印本.澳门：澳门基金会，2000：4.

澳门曾经是中西贸易乃至整个东西方贸易的一个关键性节点,但在中国五口通商后,渐渐丧失了在亚洲国际贸易体系中的重要地位。《镜海丛报》第一号首篇社论就是《振兴澳门商务论》。现今保存下来的这期报纸缺页,只能看到这篇文章开头的几行:"澳门商务之疲,日甚一日。有心人戚然忧之,思有以变通而振起。" 1894年4月,澳门当局将火油(即煤油)贸易的专项经营权通过招商的方式发包给私商,致使火油价格上涨。《镜海丛报》密切注意行情变化,每一期的《本澳新闻》栏目几乎都有"火油时价"一项。自1894年春至1895年夏,澳门至广东的火油贸易"已减三分之一"。火药贸易也存在类似情况。在澳门当局将火药贸易发包后,承包商加价十分之一以上,致使"各工获利较少,相率去而之他"。《镜海丛报》为此专门发表社评,批评澳门西洋官员"自为裕饷生财之计,眼光如豆,所观不远,只贪目前之利,不计细民之害"。①

在港、澳发生大面积瘟疫后,新闻纸第二年第四十九号中的《澳地后盛论》讲述了色情业和博彩业对澳门经济的拯救。"未旺则思有以致其旺,已旺则宜有以保其旺""是以其旺也,在于客店赌场妓馆。则保其旺者,亦宜留意于客店赌场妓馆,毋使滋事毋使犯法。绿衣梭巡显以防之,暗差查访隐以察之。则宵小寒心户无犬吠,将见商贾皆欲藏于澳之市,行旅皆欲出于澳之途,而兴隆之象蒸蒸日上矣"。② 从中可见,无论是澳门当局还是在澳华人,都已接受了博彩业和色情业的蓬勃发展。新闻纸第三年第十二号中,黔中味味生谈及色情业,也仅仅是希望"中西官府循兹善章,禁革省澳及各乡埠之妓馆不准诱藏年未十六之幼女,教之歌曲迫以治淫。如违厥禁,将其所育之幼女发交善堂,候择良家领归教养"③。

《镜海丛报》以针砭澳门时弊为己任,新闻纸第三年第九号登载《论国课官》,这是批评澳门国课官(即税务官)伯波沙的文章。文章首先明确指出"国(应)不以利为利,以义为利",但国课官伯波沙"精于谋利无纲不张,几有绝流而渔之叹",以致"澳众之怨声啧啧";之后,回顾丛报多次替百姓请命,"叠以增饷攻锄,几舌敝而唇焦,卒无能摇动冰山",劼数年,终于有了结果,"今始以仁慈票事先动澳督,复感通于西洋大臣,而上闻于君主,得以电撤其任,不许留澳。可云慰矣"。文中还描述了

---

① 录登报册[M]//镜海丛报.影印本.澳门:澳门基金会,2000:275.
② 澳地后盛论[M]//镜海丛报.影印本.澳门:澳门基金会,2000:257-258.
③ 即事陈言[M]//镜海丛报.影印本.澳门:澳门基金会,2000:341.

澳门百姓听说消息后的喜悦之情——"通澳商民,至于三尺孩童,皆欣欣然有喜色而相告曰:伯波沙撤去国课官,今而后莫余毒矣。"①

《镜海丛报》在促进澳门的华人和葡萄牙居民互相理解习俗、文化传承,以及中西文化交融方面也起到重要作用。如报纸刊登了大量不同宗教、文化生活的报道:1893年12月19日,报道了广州小北门道观派人到澳门"募修仙庙"之事;27日又报道了澳督举行的圣诞节庆典。1895年9月,报道在澳门大三巴教堂旁边,本"建有包公庙一所","现在庙旁建有新祠,内供医灵等神,准本月廿五晚开光升座"。《镜海丛报》常以华人习俗和观念类比向华人读者介绍西方风俗文化,如将圣诞节称为"西邦冬至节",把天主教的圣母说成中国人熟悉的"观音",把葡萄牙人的化装晚会称为"古傩礼"——以本土文化的眼光来看待和描述外来文化,从而在无形中将西方的宗教和习俗渗入华人生活。

四、以政论改革信息拓展市场

《镜海丛报》的报主,是澳门土生葡人飞南第(Francisco H. Fernandes)。他办的葡文 Echo Macaensa 相当成功,进而萌生创办中文报纸的想法,认为此举可以扩大影响、增加读者和收入。但因不谙中文,他需要与华人合作才能成事。《镜海丛报》的主笔是贵州人王真庆,又名王孟琴,笔名"黔中味味生"。在创刊之初,飞南第参与了一定的文字工作,不仅《创办〈镜海丛报〉条列利益布启》出自他的笔下,报上刊登的一些告白也系飞南第所书。在黔中味味生正式主持《镜海丛报》的笔政之后,飞南第主要承担报纸的其他工作,对言论和新闻,仅从报主身份出发进行指导和监督。

《镜海丛报》占篇幅最大的《中外报》栏目,主要内容是与中国相关的新闻。而甲午战后《本澳新闻》之《要电汇登》栏目,也照常刊登内地重要新闻,以中日关系、中外关系为主。《镜海丛报》不仅通过对影响国运的中日战争的强烈关注,表达其对国家、民族前途命运的关心,而且引导人们对中国面临的问题作进一步思考。《镜海丛报》占据头版的社论栏,发表了不少关于改革的言论,这种做法早于后来的《时务报》和《知新报》。现存的政论文章有15篇,关乎澳门的方方面面,通过评论

---

① 论国课官[M]//镜海丛报.影印本.澳门:澳门基金会,2000:323.

时政、贬恶扬善的文字,力图发挥监督政府、凝聚社会的作用,在社会文化范畴内营造出一个新的、包括葡萄牙人与华人在内的澳门地方社会。

《镜海丛报》中的新闻多为摘录,有作者署名的仅"言论"一栏。经统计,现存 69 号《镜海丛报》,共发表言论 39 篇,其中署名"黔中味味生"的有 23 篇,署名"高阳(番禺)少笙氏"的有 5 篇,飞南第署名 3 篇,其余均佚名。《镜海丛报》既以澳门利益代言人自居,便宣称要坚持舆论独立的地位,对华、葡权贵显要损害澳门社会共同利益的行为进行抨击。该报多次以西方报纸为例,申明报纸有权批判权贵显要的地位:"欧洲之所以创报,非徒采拾元稽,供人笑玩,搜罗有益,助彼见闻而已也。国政之得失、风俗之淳浇、人情之良恶,无所避畏,例得直书,隐有春秋之意焉""新闻纸馆者效法泰西而设者也……所论大而国计民生,小而日用饮食……其善也,各报馆力赞其可行,朝廷每俯从而准之;其不善者,各报馆力陈其不可行,朝廷每俯从而止之"①。

报主飞南第的葡萄牙人身份及他的报刊理念,对《镜海丛报》的风格有很大影响。1894 年 12 月 20 日的言论《铁石人语》中,飞南第加入了一段评论,公开内部编务分歧,毫不留情地指责主笔黔中味味生"懦人懦语,设词抵塞",认为其拒不登载弹劾李鸿章的奏折是一种极为懦弱的表现:"牙慧且不敢拾,而敢持刀杀敌哉?"阐明丛报"夙名狂直,刚质不渝",应不畏权势,尊重事实,并称自己"爵裔隶属西洋",因而"不畏一品当朝之势,且无虑"。他还要求主笔"必自取续稿而补登之,刊诸报首,据事书名,不似省港两报之畏避也。"②1895 年 4 月 17 日,《镜海丛报》刊发言论《晓述》。这篇由飞南第授词、黔中味味生改稿的文章,回应了当时社会上有"奸人"称丛报"指摘过甚,露示机械"的情况,指出对《镜海丛报》进行恐吓的行为是以"幺麽世人之力,而撼天空之健气",言明《镜海丛报》之所以能够在如此恶劣的环境下生存,全系"仰承帝助,无坚弗摧,无物能制,殆积天空之健气而奔聚于笔尖,咽结于文幕"③。

《镜海丛报》只是一份商业报纸,并非维新党人所办,但其政论大胆,纵横捭阖,羡煞清朝治下的内地同行。《镜海丛报》中文版多次刊文称:"澳门数百年来,仅仅

---

① 闲论[M]//镜海丛报.影印本.澳门:澳门基金会,2000:389.
② 铁石人语[M]//镜海丛报.影印本.澳门:澳门基金会,2000:89.
③ 晓述[M]//镜海丛报.影印本.澳门:澳门基金会,2000:191.

有一华报","开三百年未开之局""发千万人未发之情""澳门自三百余年以来,今始有《镜海丛报》"。1895年2月6日,新闻纸第二十八号《改论》将内地与澳门如何面对报纸讽刺时弊的态度进行比较:"操报以来,遇有西洋弊坏之政,必于报楮而陈之,以冀修警,其略为曲讳者不过一二。端利之所丛言亦无益,然而西洋多官亦未尝不鉴心迹之,无他俯为听纳,就或间有过激之语,付一笑而涵容异。夫中国官商憎恨无已,或购凶以暗害,或行牒以移拿,可叹可怜!"①

《镜海丛报》向澳门乃至华南地区、东南亚推崇西方文化、鼓吹维新变革相当得力;打破了教会报纸的教条乏味,以崭新的形式向华人读者介绍其喜闻乐见之事,将资产阶级思想潜移默化地融入报内,为近代中国的政治变革提供了可贵的养分,也极大地拓展了其读者范围。在《镜海丛报》创刊号上,刊有8个"代派纸之处",其主要通过商店、档口、洋行销售发行,覆盖范围以粤港澳为主,并在内地的汉口设有报点。从新闻纸第一年第二十号(1893年11月28号)开始,代派纸之处增加至17处,是创刊时的两倍还要多。除了国内,在星架波(新加坡)、小吕宋、旧金山、横滨等地都有销售。

《镜海丛报》从未撰文提及其发行量,但在报局光绪二十年(1894年)八月廿七日发布的告白中,丛报自称"通计汉文各报,报少价昂斯为第一;犯难敢言亦斯为第一。每次报出,索借纷驰"。针对这种情况,"主笔特备纸墨,借机印送,每次约千数百张,发往省城各处……每月每份不取分毫"②。仅省内的赠报就达千余份,照此推算,《镜海丛报》的发行量也并非是一个小数目。这同样可以说明,《镜海丛报》凭借其"直言""敢言"的文风,在当时报纸数量繁多的报刊市场中,占据了一席之地,成为一份颇具影响力的报纸。

---

① 改论[M]//镜海丛报.影印本.澳门:澳门基金会,2000:131.
② 本报告白[M]//镜海丛报.影印本.澳门:澳门基金会,2000:23.

《镜海丛报》概况

《镜海丛报》(见图4-4)是中西文化交融的产物,它所体现的传媒理念、经营管理方式、发行渠道、报道内容、编排印制方法等,均模仿西人报刊。报纸开张32cm×24cm,版芯26cm×21cm,铅字排印,每号6页。创刊号报头正中书"镜海丛报"四字,下有拼音"Ching-Hai Ts'ung-Pao",右侧为报价"每月收银半元",左侧注明"按月发单清收"。报名下方分为两行:一行为具体发行日期,分别用农历时间和西纪时间注明;一行为发行的星期、地址、报主、期数。自1893年出版后,报头曾多次微调,报价创刊时"半元",后减为"三毫",每月四版,每星期三早发派,"殷商巨室多取观焉"。①

图4-4 葡人飞南第于1893年发行的中文《镜海丛报》

在内容和版式方面,《镜海丛报》从创刊开始一直为6页,保持到终刊。报纸正文部分采用纵向通栏。首页每列41个字,每页32列(其中大标题按2列计算);其他各页均为每列53个字,每页33列;每份《镜海丛报》的字数都在10 000字上下。

《镜海丛报》首页一般刊有"目录""代派纸之处""本报(局)告白""言论"等内容,其后顺序排印"中外报""省港报"和"本澳新闻"。从"新闻纸第二年第二十八号"(1895年2月6日),取消"省港报",内容并入"中外报",持续到终刊。此外,报首和报尾有时刊发"告白""告示""赏格"等。各栏目所占的版面:《中外报》最多,平均有两页半到三页,有时甚至超过三页;《本澳新闻》次之,大体占两页;《言论》基本都在一页左右。

---

① 本报告白[M]//镜海丛报.影印本.澳门:澳门基金会,2000:23.

> 《镜海丛报》以言论大胆著称,主笔王真庆曾两次因言辞过激而招来祸端。第一次是在1894年12月24日晚,王真庆行至康公庙前大街品泉门口遭遇镪水掷击。飞南第在12月26日发行的丛报上刊登赏格,出30银圆悬赏知情人。虽然被暗袭,但王真庆并未改变笔风,一年后的1895年12月,他因开罪澳督被"判监三日"。《镜海丛报》第三年第二十号(1895年12月4日)的《本澳新闻》中简要记录了这一事件,同期刊发的《闲论》中说:"报虽不尽相同,而其采剌时事,有益见闻则一也。……至于所闻异词,所传闻异词,采访人或有不实不尽之处,则阅报诸公指其迷焉可。又或所引之典所用之字,操笔人倘有过深过晦之处,则犹望阅报诸公静默寻思焉可。"①此后直到终刊,《镜海丛报》的言论不再出现作者署名,但它所开启的澳门华报大胆放言的传统,被《知新报》发扬光大。

第三节 澳门华商与政治喉舌联盟:辐射全球华人的《知新报》

资产阶级维新派在澳门创办的宣扬社会改良思想的《知新报》,酝酿创刊于1896年秋冬至1897年春季,作为创刊者之一的梁启超曾解释称:选址澳门的一个重要原因,是想依托澳门的特殊政治环境,"为《时务报》不敢言者"②。中国近代史学者程美宝、胡雪莲在其研究中揭示,澳门华商与政治喉舌的结盟,是《知新报》诞生并成为辐射全球华人的中国现代报刊的重要原因:首先,澳葡当局的政治庇护不会自动落到康有为、梁启超等在澳门没有立锥之地的外来知识分子身上,以何廷光为代表的澳门华人绅商起到了重要中介作用;其次,《知新报》的开办,是何廷光代表的澳门华人经济势力与康有为代表的内地激进知识分子完美组合的结果;最后,澳门华商何廷光出资开办《知新报》,不仅是一项爱国义举,在当时也是一门获利在望、值得投资的生意。③ 这三个方面,为我们更完整地呈现了《知新报》在19世纪末澳门出现的生存之道。

---

① 闲论[M]//镜海丛报.影印本.澳门:澳门基金会,2000:389.
② 上海图书馆.汪康年师友书札:第2册[M].上海:上海古籍出版社,1986:1846.
③ 程美宝.把世界带进中国——从澳门出发的中国近代史[M].北京:社会科学文献出版社,2013:233-254.

一、澳门华商助力维新派

梁启超在澳门参与商讨《知新报》创办期间,写给《时务报》经理人汪康年的书信中谈到对澳门华人政治势力的倚赖:"至其股东,则皆葡之世爵,澳之议员,拥数十万者也。(有一曹姓者,伯爵也,一何姓者,子爵也,皆华人而兼具西籍者。)"[①] 其中,何姓子爵即为何廷光。第一次鸦片战争后,澳葡当局对澳门内部的管理越来越倚重华人绅商。一方面,香港被割让给英国并成为新的转口贸易中心后,澳门作为外国商人等待进口贸易落脚点的地位被取代,居澳葡人越来越贫穷,澳葡当局不得不转而扶持并倚赖有财力的华人绅商;另一方面,由于华人人口增多且多数人不懂葡文,与葡萄牙当局之间存在隔阂,在社会建设与管理方面澳葡当局也不得不倚赖华人绅商。与此同时,华人绅商通过投资慈善事业,赢得了华人的尊重。因此,华人绅商得以在葡萄牙当局与下层华人之间充当中介的角色。

何廷光,本名连旺,字穗田,生卒年不详,原籍为广东顺德,少时以"何廷光"之名加入葡萄牙籍,成名后又以"何仲殷"之名在清廷捐官,而澳门的葡萄牙人多称之"亚旺"。[②] 何廷光的父亲何桂,于19世纪迁来澳门经营闱姓、番摊等赌博生意,积累了万贯家财。到19世纪80年代,他同商人陈六共同承揽着澳门煮鸦片烟的专营权。何廷光家族在澳门发迹的历程,正是19世纪澳门华人精英崛起的缩影。[③]

---

① 上海图书馆.汪康年师友书札:第2册[M].上海:上海古籍出版社,1986:1846.历史学者茅海建在《巴西招募华工与康有为移民巴西计划之初步考证》一文中,猜测梁启超所称"曹姓伯爵"似指"曹有",胡雪莲则认为更大的可能性是指曾资助孙中山在澳门行医的澳门华商曹子基,因为史料显示何廷光与曹子基早有合作关系,二人同为其祥纱厂代理人,又曾联名登报盛赞孙中山的医术,而没有见到何廷光与曹有合作的史料。而且《澳门宪报》1896年12月26日刊有消息表明曹有已于近期去世,此前正是康有为、梁启超与何廷光商议办报的时间,曹有临去世前还和他们共商办报的可能性不大。参见程美宝.把世界带进中国——从澳门出发的中国近代史[M].北京:社会科学文献出版社,2013:237.
② 声告[M]//镜海丛报.影印本.澳门:澳门基金会,2000:23.
③ 程美宝.把世界带进中国——从澳门出发的中国近代史[M].北京:社会科学文献出版社,2013:234.

何廷光平素热心捐资赈灾,深得澳葡当局认可。1889 年,中国北方遇灾,澳门总督任命的 3 位赈灾襄理中有 2 位华人,其中一位就是何廷光,另一位是承充澳门赌博生意的卢九①(见图 4-5)。澳门总督在任命公告中称赞他们"素以乐善为怀,存心仁爱"②。1895 年,澳门本地发生严重瘟疫,何廷光与卢九再次联袂出资,在湾仔石角嘴设立镜湖医院分局,专门收治染疫的华人病患:"澳中华绅卢卓之、何穗田竭力襄助,立督工匠人役,择得石角嘴地方附近拱北关分厂海旁旷区,建成大厂,分作两层,约容数百人之广"③"该厂绅董何卢两商既捐货财又复不惮劳苦,按日赴厂指点,故人人不敢偷安"④。镜湖医院湾仔分局的设立,使"澳门的死亡人数大大减少"⑤。1899 年,澳门华人绅商设立"专行善举"的嘉善堂,向澳门华人贫民"送药剂丸散,赠医宣讲,送善书",何廷光名列嘉善堂的 36 名值事之一。⑥

图 4-5　卢九

何廷光经商致富后屡屡不惜巨资兴办慈善事业,既惠泽贫病交加的下层华人,也为澳葡当局排忧解难,他在澳门政局与社会生活中的身份地位,由此得到迅速提升。1884 年,何廷光获澳葡当局颁授的"基利斯督宝星"。1891 年,俄国皇太子打算访问澳门,澳督邀众富商办公会、捐银两以备迎接,何廷光被任命为庆礼委员会副主席,居华人之首。1894 年,澳葡当局为防止瘟疫入境,设立华人洁净委员会,

---

① 原名卢华绍,广东新会人,字育诺,号焯之。因其小名卢狗,故亦称卢九。他被誉为澳门第一代"赌王"。
② 汤开建,吴志良.澳门宪报中文资料辑录(1850—1911)[M].澳门:澳门基金会,2002:172.
③ 善则旌之[M]//镜海丛报.影印本.澳门:澳门基金会,2000:232.
④ 办理妥善[M]//镜海丛报.影印本.澳门:澳门基金会,2000:243.
⑤ 柯尔乐.1892 至 1901 年拱北关十年贸易报告[M]//莫世祥,等.近代拱北海关报告汇编(1887—1946).澳门:澳门基金会,1998:64.
⑥ 同②304.

何廷光被任命为会长。同时,他还是澳门理商局三位华人成员之一,参与管理澳门商业。① 澳葡当局一面授予何廷光荣誉和权柄,一面倚赖他聚合华人绅商力量,通过捐资、管理华人社会等方式为当局效力。

学者胡雪莲指出:正因为何廷光在澳门政治生活中扮演着重要角色,所以他能为《知新报》立足澳门提供政治保障。康有为、梁启超等维新人士,虽可为《知新报》提供激进的思想和文字,但他们此前的主要活动范围是广东、北京、上海等地区,在澳门没有任何政治基础,根本不可能为这份报纸支撑起政治上的生存空间。只有同何廷光等当地富商结盟,依靠他们在澳门政局中的重要地位,才能使澳葡当局有意无意的政治庇护落实到《知新报》。也因为有这层保护,在1898年9月北京发生戊戌政变、《知新报》经理人之一康广仁在北京菜市口被杀的凶险关头,《知新报》仍然能继续刊发《论中国政变并无过激》《八月六日朝变十大可痛说》《论政变后可疑之事》《废立要闻汇录》等"大逆不道"的文章而免遭清廷迫害。澳门华商何廷光正是康、梁等人激进政治主张与澳门特殊政治环境的联结点。②

何廷光与康、梁等人的相识、相交,是《知新报》诞生的契机。而这一契机出现的背景是澳门与中国内地尤其是广东珠三角地区的家族与经济联系密切。何廷光出生在广东顺德,他在澳门经营的缫丝业所需原料生丝就来自他的家乡,这些原料在澳门的缫丝厂加工后远销外洋。③ 尽管何廷光年少时就已加入葡萄牙籍,但他与其他广东人一样重视在清朝体制内科举仕进、光宗耀祖的传统使命。何廷光经商发达后,出钱捐得广西候补道员的功名。1894年,何廷光三子何云章考中秀才,何廷光不仅在澳门大摆筵席三日,宴请嘉宾族党,还安排儿子在春节"荣归顺德县原籍行谒祖礼"。④ 敬慕功名的心理,使何廷光乐于结交来自广东腹地的文人士子,与他们建立良好的关系。1896年秋,因开办强学会而名震京城的康有为游历到澳门,何廷光经人介绍,立即与他结为知交。康有为急需支撑实现政治理想的财力,而何廷光渴慕康有为在广东乃至京城的政治影响力,两人一拍即合,议定创办

---

① 汤开建,吴志良.澳门宪报中文资料辑录(1850—1911)[M].澳门:澳门基金会,2002:119、188、233、236.
② 程美宝.把世界带进中国——从澳门出发的中国近代史[M].北京:社会科学文献出版社,2013:240.
③ 1887年拱北海关报告中描述:"(澳门)丝皆产自顺德。此地丝厂广布,多集中于西江左岸村落。然运抵澳门者,皆为生丝及大量之蚕茧,供缫丝用。"柯尔乐.1892至1901年拱北关十年贸易报告[M]//莫世祥,等.近代拱北海关报告汇编(1887—1946).澳门:澳门基金会,1998:126.
④ 荣归谒祖[M]//镜海丛报.影印本.澳门:澳门基金会,2000:141.

《知新报》。

二、澳门华人经济势力与内地激进知识分子的完美结合

《知新报》创办时的两个经理人,分别由何廷光和康有为的弟弟康广仁担任,这集中体现了何廷光代表的澳门华人经济势力与康有为代表的内地激进知识分子组合的人事格局。当时何廷光虽属"澳门第一等之大绅,拥有天不及其高,地不及其大"①的能耐,但终究只是一介商人,不具备办报所需的知识资源。他与康、梁等内地知识分子联合,就使《知新报》问世之时聚合了一批能够提供新锐内容而且费用低廉的文字作者——梁启超曾写信告诉汪康年,"此间(指澳门),一切皆省于上海,翻译人乃自行报效,领薪水极薄,主笔亦不必从丰"②。

《知新报》问世后仅一个月,就建立了较完善的海内外营销网络,这得益于《时务报》的营销网络与澳门的商业网络协作,建构起面向海内外华人的传播网络。从1897年3月初出版的《知新报》第3册刊登的"本馆代派报处"和"挂号处"目录看,它的营销网络大致可以分为三大类:一是包括澳门、香港、广州在内的广东珠三角地区,有书坊、纸店、报馆、药店、鞋店、皮店、面店等,各式各样的代销或代订《知新报》的店铺共29家,分布最为密集;二是外洋各埠,有"旧金山广丰泰、安南(越南)源盛德、庇能(槟榔屿)祯祥、鸟丝纶(新西兰)广盛荣、雪梨(悉尼)新金泰"等代销点,分别是出洋华侨在美国、越南、马来西亚、新西兰、澳大利亚等地开设的商号;三是广东以外的中国各地,除广西梧州、桂林两地有《知新报》自己的代销点外,其他地方均完全借用上海《时务报》的代派报处。

胡雪莲指出:《知新报》的前两类代销代订点组成的营销网络,正是19世纪最后十年作为澳门经济支柱的土货贸易的营销网。由于香港、江门和雷州半岛等先后被迫开放贸易的澳门近邻都征收低于澳门的商品税费,澳门的洋货贸易迅速衰落,但把珠三角与出洋华侨联结起来、为出洋华侨提供故乡日常消费品——丝、茶、糖、花生油等的土货贸易却不断增长。③何廷光原本在澳门经营丝、茶加工生意,

---

① 声告[M]//镜海丛报.影印本.澳门:澳门基金会,2000:30.
② 上海图书馆.汪康年师友书札:第2册[M].上海:上海古籍出版社,1986:1846.
③ 柯尔乐.1892至1901年拱北关十年贸易报告[M]//莫世祥,等.近代拱北海关报告汇编(1887—1946).澳门:澳门基金会,1998:46-56.

他投资开办《知新报》,借助土货贸易网络销售报纸,是顺理成章的事情;而《知新报》在国内其他省份的营销,通过借用上海《时务报》的销售网,不仅分享了当时已声名鹊起的《时务报》声誉,而且可以获得《时务报》创办人黄遵宪①等高官的荫蔽,倚仗康有为及其门徒在北方获得的政治与文化影响力。

因此,《知新报》开办不久即风靡海内外,直隶、安徽、两湖、江浙、山西、广西、贵州等地均有官员或学者要求下属、学生购阅。② 由于销量迅猛增加,《知新报》自1897年5月出版的第20册开始,改最初的5日一刊为10日一刊,篇幅增加一倍③;1898年春节之后,则只接受整年订阅,不再接受零购。④《知新报》和上海《时务报》一样"洛阳纸贵"起来。⑤

三、"爱国义举"与"值得投资的生意"

作为入了葡萄牙籍、身居澳门的商人,何廷光等人为何会有兴趣出资开办这样一份针对清朝政治的《知新报》呢?程美宝、胡雪莲等在研究中发现:在康有为及其门徒的直接描述当中,何廷光等人办报是纯粹的爱国义举,但分析其中细节却有值得重新考量的地方。他们出于六个方面的理由认为何廷光投资《知新报》,不仅是一项爱国义举,在当时也是一门获利在望、值得投资的生意。

康有为在回忆《知新报》缘起时写道:"光绪二十二年……十月,至澳门,与何君穗田创办《知新报》,穗田慷慨好义,力任报事"⑥;梁启超在宣传《知新报》创办机缘时写道:"濠镜海隅,通商最早。东西孔道,起点于斯。二三豪俊,继倡此举(指办报之举)。"⑦这些文字给后世读者留下了一个深刻的印象:以何廷光为首的澳门华人绅商,完全是出于侠义心肠和爱国诉求,慨然斥资开办了鼓吹新知、力主变法的《知

---

① 黄遵宪(1848—1905),清朝诗人、外交家、政治家、教育家。黄遵宪1877年任驻日参赞官,1882年调任美国旧金山总领事,1890年任驻英二等参赞,后调任新加坡总领事。1894年底,他结束了十几年的外交生涯,回到国内,任江宁洋务局总办。1896年8月9日,黄遵宪、汪康年、梁启超在上海创办《时务报》。
② 贵州学政严通饬全省教官士绅购阅时务知新报札[M]//知新报:第42册.影印本.澳门:澳门基金会,1996:511.
③ 本馆告白[M]//知新报:第21册.影印本.澳门:澳门基金会,1996:168.
④ 重订明年售报单程[M]//知新报:第41册.影印本.澳门:澳门基金会,1996:507.
⑤ 程美宝.把世界带进中国——从澳门出发的中国近代史[M].北京:社会科学文献出版社,2013:244-246.
⑥ 康有为.康南海自编年谱[M].北京:中华书局,1992:32.
⑦ 梁启超.知新报叙例[M]//知新报:第1册.影印本.澳门:澳门基金会,1996:2-3.

新报》。然而这些文字并未透露何、康二人在澳门商议办报的细节,所以这个问题还是值得考究的:

第一,何廷光的身份是生意人,他虽然因为热心慈善事业而赢得了澳葡当局的倚重和澳门华人的尊重,但并不是一位专以行侠仗义为己任的义士。澳门土生葡人飞南第开办的《镜海丛报》,曾因发表不利于何廷光的言论而被何廷光控告,遂于1894年秋多次发文揭露何廷光为人狡诈,说他"交通官府,营求请托,晨夕弗遑,惟颇畏清议""内藉丰产,外贡嘉谀,贪吏艳其财而与游,愚民震其名而相避"①。尽管这是《镜海丛报》的一面之词,但何廷光逐利轻义、交通官府的痕迹确有不少。胡雪莲举例说,何廷光曾在1895年2月间联合其他掌握澳门丝业的富商,从每个工人的工资中扣除一元作为预防偷窃的押金,而当时普通工人每月的工资也不过是7—10元。面对工人罢工激烈抵抗的局面,他们一面争取到澳葡当局华政衙门撑腰,一面登报威胁工人不要"自绝其养生之路"②。1895年6月上旬,《镜海丛报》曾刊登一则消息:有个浑身是血的黑人直登澳门宜安公司楼上,寻找何连旺、卢九二人,声称二人用钱买凶、自己被拦路殴击,后被警察带走问话。何、卢两富商"随造督辕禀陈",次日该黑人被传讯时"竟茫然不能置答",而何、卢二人又代他求情,"令赴港寻事,勿得留澳",此事不了了之。③ 这些琐闻说明,何廷光对于花钱结交达官贵人与文人士子,进而赢得政治庇护,最终取得更大经济收益的套路并不陌生。

第二,《镜海丛报》的示范作用最早激发起何廷光等人的办报念头。由澳门土生葡人飞南第创办于1893年7月的《镜海丛报》中文版,对澳门华人绅商相当不客气。1894年秋,何廷光之子何云章考中秀才,《镜海丛报》以"谋秀才""未发号之前,风声播露"等文字指其功名来路不正,讥讽何廷光"以此等秀才为至尊至荣,固甚宝贵而爱惜也";又揭露何廷光对他自己家族内部失和负有责任。何廷光延聘律师控告《镜海丛报》"诬谤"④。同期,《镜海丛报》遭遇匿名信恐吓,因怀疑是何廷光挟恨报复,所以反过来控告何廷光,导致何廷光被官差拘捕询讯。《镜海丛报》接连刊文挖苦何廷光"遍派华人"⑤。这段不愉快的经历,使何廷光初次见识了报纸的

---

① 声告[M]//镜海丛报.影印本.澳门:澳门基金会,2000:29-30.
② 丝工暂停[M]//镜海丛报.影印本.澳门:澳门基金会,2000:147.
③ 狂人可怜[M]//镜海丛报.影印本.澳门:澳门基金会,2000:243.
④ 声告[M]//镜海丛报.影印本.澳门:澳门基金会,2000:24.
⑤ 来稿照登[M]//镜海丛报.影印本.澳门:澳门基金会,2000:28.

舆论威力，以至于立志自创一报予以反击。《镜海丛报》揶揄何廷光："又闻有人愤报之多口，拟延某状师出名，自创成日报一间，运机器到澳，计时开办，隔日一张，贱收其费，以泄其愤。本报甚喜其速开且望其长久。"①不过后来《镜海丛报》对1895年5月何廷光解囊赈济澳门瘟疫的举动大加旌扬，该报与何廷光之间的怨怼应当大为缓解。《知新报》创办之时，《镜海丛报》中文版已经停刊，因此，何廷光虽与《镜海丛报》有一段恩怨，但此举并非"为逞当年意气"，而有更加理智的利益权衡。

第三，胡雪莲在研究中重新厘清《知新报》经营的主导权，即1896年何、康二人开办《知新报》，是以何廷光等澳门商人为主导的。由于《知新报》问世后一直以宣扬维新派政治观点为己任，在思想文字方面也确实是由康氏门人把持，而后世研究者又乐于突出强调这一点，所以给人造成了《知新报》的开办是由康、梁等人主导，澳门商人只是慷慨出资相助的印象。但是，有诸多迹象表明，何廷光才是开办《知新报》的积极动议者。梁启超在写给《时务报》经理人汪康年的书信中谈到即将从老家新会启程赴澳门商议办报时说："澳门顷新开一报馆……而澳人必欲弟到澳一行，拟日内出城到澳，亦数日即返。"此时康有为已在澳门与何廷光商谈，坚决邀请梁启超去澳门的，不是他的老师康有为，而是素不相识的何廷光，由此可见在这场"商议"当中何廷光绝不是居于被动地位的。梁启超抵达澳门后，又向汪康年解释自己不得不兼任《知新报》主笔的原因："此事（指澳门办报一事）欲以全力助成之，令彼（指何廷光等'澳人'）知我实能办事，则它日用之之处甚多也。"②这句话清楚地说明是康、梁助"澳人"办报，而非"澳人"助康、梁办报。而"澳人"身为商人，对办报如此积极主动，其目的是不言而喻的。

第四，1896年秋，澳门商人何廷光与康有为见面晤谈，当时不仅商议合办《知新报》，还商议招募华人移民巴西一事。历史学者茅海建经考证认为，由于清政府此前禁止巴西招募华工，此时又有意与巴西使节商谈此事，何廷光获知消息后极有兴趣，着手雇船招工，并请康有为北上疏通关系，希望促成此事。历史上，澳门曾长期充当苦力贩运中心，许多商人从中大发利市。康有为曾称"吾港澳商咸乐于此，何君穗田擘画甚详，任雇船招工事"，更使人感到其中的商业操作和巨大利润。③

---

① 控冤创报[M]//镜海丛报.影印本.澳门：澳门基金会，2000：28.
② 上海图书馆.汪康年师友书札：第2册[M].上海：上海古籍出版社，1986：1845、1846.
③ 茅海建.巴西招募华工与康有为移民巴西计划之初步考证[J].史林，2007(5)：11-12.

因此,程美宝等学者提出:何廷光与康有为共商移民巴西的同时,又谋划开办《知新报》,应当不会忽略其中明显可期待的利益——倚仗澳门的特殊政治环境,开办一份言论比《时务报》更加大胆的"时务报",是一门获利在望、值得投资的生意。

第五,何廷光等澳门华商与康有为商议合办《知新报》的时间,正是《时务报》刚刚赢得了令人瞩目的政治关注和商业收益之时。1896年8月,初次面世的上海《时务报》风靡一时。初创时,每一期所刊载的梁启超"议论新颖""文字通俗""笔头常带感情"①的文章,令《时务报》声名鹊起,使"时务报""梁启超""新思想"成为三个极具商业价值的元素。身为商人的何廷光,显然看到了这一点。他与康、梁商议办报时,最初打算把这三个元素完全复制过来,即以"广时务报"为报名,请梁启超任主笔,利用澳门的特殊政治环境在"新思想"方面走得更远。这些想法引起《时务报》主办者的不满:他们不同意澳门方面以"广时务报"为名,不愿意因澳门报纸放言政治把《时务报》拖下水,更不许梁启超留在澳门兼任主笔,要求梁启超必须坐镇上海。因澳门办报引发的争执,导致《时务报》经理人汪康年和主笔梁启超失和。②最后,梁启超让步,返回上海,报纸改名为《知新报》。筹议中的《知新报》与上海《时务报》之争,从一个侧面揭示了隐藏在康、梁背后的主要投资者何廷光的商业考虑。

第六,有史实可以佐证《知新报》确实给何廷光等澳门投资商带来了利润。梁启超应何廷光之邀到澳门商议创办《知新报》时,为倚靠上海《时务报》的发行网络,曾写信给《时务报》经理人汪康年,告知在澳门办报成本低于上海,如果新报纸每期销3 000份就可以支撑下去。后来《知新报》风靡海内外,到1898年春节只接受订阅、不接受零购,其销量必定远远超出梁启超预期的3 000份,才能摆出如此高的姿态,因而其经营状况也必定远远超出"即可支持"的程度。此外,澳门《镜海丛报》中文版的价格亦可作为参照。该报主要刊载中外、省港与本澳新闻及其评论,内容丰富,极少广告,每周一期,除创刊号外每期6页。1893年初创时订阅价格为每月5毫③。由于销量很好,从1894年9月26日起,公告价格降为每月3毫,平均每页价格约为0.117毫,这个价格一直维持到1895年底现存的最后一期中文版《镜海丛报》。一年多后创刊的《知新报》开始5日一期,每期8页,订阅价格每月5毫,以后

---

① ② 马勇.近代中国知识分子的悲剧:试论《时务报》内证[J].安徽史学,2006(1):15-24.
③ 清代计量单位,《光绪会计表》中载有:两、钱、分、毫、厘、丝、忽、微、签。

虽然改为 10 日一刊，但篇幅增加一倍、报价维持不变，平均每页价格 0.104 毫。两相比较，价格差别不大。《镜海丛报》作为商办报纸不可能长期亏损经营，而且其主笔王真庆还曾提议把价格降到低于每月 3 毫，① 由此可以推知，《镜海丛报》每月 3 毫的价格下降后还有盈利的空间，而《知新报》以与《镜海丛报》相差无几的价格出售，且销量甚巨，显然是有利可图的。

分析何廷光等澳门商人斥资开办《知新报》的动机和过程，可以看到澳门华人绅商扮演的角色不只是单纯的出资者，而且是办报的倡议者和主导者。受澳门本地已持续 70 多年的办报历史启发，他们意识到近代报刊的舆论价值必将带来商业价值，因而积极动议创办了这份报纸。在《知新报》运营过程中，由于它不像内地的《时务报》那样有官员和名流的捐款可收，而是完全向商人募股集资开办②，所以采用澳商熟悉的纯粹的商业运营方式。在这种纯商业运营方式中，它所刊发的维新变法思想、家庭与社会改革主张、京师与各省新闻、各国各洲新闻、农工商矿各事及格致，既是知识与信息，又是可以赚取商业利润的商品。

胡雪莲指出，商人的逐利目标直接决定了该报作为商品的性质。何廷光等澳门绅商"力任报事"，虽然在客观上促成了一份在思想上、政治上都值得时人与后人称道的《知新报》问世，造就了中国近代史上君主立宪思潮中的一面精神旗帜，但他们当时的出发点，应是"好利"多于"好义"。《知新报》并不是一份仅为政治宣传而办的报纸，而是重商之地澳门的商人利益和广东边缘知识分子③的政治理想相结合的产物。以何廷光等澳门绅商为切入点，还可更加深刻地理解《知新报》的诞生极大程度上得益于澳门特殊的地缘政治与人际网络，生存在夹缝当中的华人绅商凭借自身经济实力赢得了澳葡当局的倚重。④

在《知新报》创刊与传播的背后，是澳门与珠三角其他地区的血肉联系，以及由此辐射出去的与京城和其他省份的政治、文化联系，与南洋和美洲的商业、家族联系。作为澳门华人之首的何廷光，就是这种种联系当中激进政治思想与澳门特殊环境、内地知识分子与澳门华资势力、海内与海外华人世界的联结点。《知新报》作

---

① 本报告白[M]//镜海丛报.影印本.澳门：澳门基金会，2000：23.
② 本馆告白[M]//知新报：第 1 册.影印本.澳门：澳门基金会，1996：8.
③ 萧功秦.从大历史角度看中国当代大转型[N].南方都市报，2009-12-03.
④ 程美宝.把世界带进中国——从澳门出发的中国近代史[M].北京：社会科学文献出版社，2013：251-252.

为澳门华商旨在盈利的商品这一面,并不损害它在思想启蒙方面的进步意义,相反更好地揭示出它是应时而生的杰作——《知新报》酝酿的时间点在1895年《马关条约》签订之后,中国面临着被西方列强瓜分的强烈危机,这深深刺激着国人为救亡图存探寻道路。何廷光等人敏锐地察觉到中国人苦求救亡之路的心理需求中蕴藏着的商机,利用自己与康、梁等维新派人士的同乡关系,创办一份满足读者需求的报纸,并合双方之力将该报向海内外华人传播,取得了意料之中的成功。①

程美宝、胡雪莲等学者指出:是无数如饥似渴的华人读者,支撑起澳门商办报纸《知新报》畅销海内外的辉煌,何廷光等澳门华人绅商只是因时应势,充分运用包括澳门在内的广东珠三角地区特有的政治、地缘、人缘环境,为这些读者及时传送出一份提供救亡图存新路径的报纸;而何廷光等澳商赋予《知新报》时代性和商业性的同时,也为其在商业意义减弱时的终结埋下了伏笔。戊戌政变后,清廷于1900年2月14日颁布上谕,查禁康党所设报馆,并断言他们"发卖报章,必在华界,但使购阅无人,该逆等自无所施其伎俩";严令各省督抚"惩办"购阅康党报纸的读者。② 这一谕旨击中了《知新报》主要行销于海内外华人群体的要害,加上此时主要投资者何廷光在澳门的社会地位随他在生意上的失利转入颓势,《知新报》于1901年1月20日出至第133册后停刊。

---

① 程美宝.把世界带进中国——从澳门出发的中国近代史[M].北京:社会科学文献出版社,2013:253.
② 方汉奇.中国新闻事业编年史:上册[M].福州:福建人民出版社,2003:169.

第五章　澳门传媒法制与新闻出版情况

如果人类状况会有什么改善的话,那么哲学家、神学家、立法者、政治家和伦理学家将发现,在他们不得不解决的最困难、最危险和最重要的问题中,对新闻界的管制居于首位。如果没有这种管制,治理人类就无从实现;如今尽管有了它,治理人类也无从实现。

——约翰·亚当斯

"新闻自由"是政治自由的基础。哪里的人们不能自由地彼此传递他们的思想,哪里就没有自由可言;哪里存在着表达的自由,自由社会就在哪里发端,因而每一种自由权的扩展就具备了现实性。……公共讨论是维系自由社会的一项必要条件,而表达自由是展开充分公共讨论的一项必要条件。公共讨论能激发和拓展心智的力度和广度,它是培养心智强健之公众的基础。如果没有这种东西,一个自治社会就不可能运转。

——《一个自由而负责的新闻界》

第一节　澳门传媒法与传媒管理历史

澳门传媒管理的历史,大致可分为四个阶段,即:19世纪20年代至二战前;抗日战争时期;二战后至澳门回归;回归以来。

一、19世纪20年代至二战前

澳门长期以来没有制定自己的法律,在中国政府行使主权和治权、居澳葡人自发组织自治机构进行管理的"双重管治"下,独特的社会政治文化二元格局决定了葡萄牙人据澳时期澳门法制的两大基础性渊源:一是中国历代政府制定颁布的中国法律以及在中国政府管治下由中华民族长期积累形成的道德、文化、风俗、习惯等要素;二是葡萄牙的法律和葡萄牙民族的文化要素。[①]

1783年,葡萄牙颁布《皇室制诰》,单方面宣布"葡萄牙皇室在澳门拥有主权之绝对权利"。1822年,葡萄牙公布首部宪法时,在第20条中把澳门列入其领土范围之内。之后,1826年、1838年、1933年修改公布的葡萄牙宪法,其中都有将澳门列为葡萄牙领土范围的条款。[②] 1887年12月1日,《中葡和好通商条约》签订,葡萄牙对澳门的殖民统治得到了清朝中央政府的承认。二战前,澳葡当局基本上是通过把葡萄牙国内的法律延伸到澳门生效,来管治居澳葡人和土生葡人。

因此,历史上大部分时期,澳门地区的报刊传媒基本上处于自由、宽松的社会环境中,居澳葡人和土生葡人享有充分的新闻和出版自由,包括:无须事先经行政部门批准、不受保证金或任何先决条件限制,创办报纸及其他任何出版物的权利;政府也不设新闻检查制度,只要不违反葡萄牙宪法规定的条款,澳葡当局就不能进行强制性管理和处罚。

19世纪末,澳门第一份中文商业报纸《镜海丛报》、维新派在澳门的重要刊物《知新报》,可以放言时政,激烈抨击清政府的腐败无能,宣传反清思想。尽管当时澳葡当局及葡萄牙政府与清政府的外交关系密切,却没有对《镜海丛报》和《知新报》进行任何压制,两报照样正常出版,且可以发行到中外各地;这两份报纸最后都是自己停刊,而非被澳葡当局政府查封的。

二、抗日战争时期反常的报刊检查

1937年1月27日颁布实施的第27495号命令,是澳门抗日战争时期的报刊管

---

① 倪延年.中国报刊法制发展史台港澳卷:上册[M].南京:南京师范大学出版社,2010:302-303.
② 潘知常,谭志强.《出版法》和《视听广播法》修订方向文献研究[R].澳门:中华人民共和国澳门特别行政区政府新闻局,2010.

理法规。目前学界因对该法规实际内容不清楚,仅能根据 1990 年澳门总督文礼治在签署颁布《出版法》时,宣布将第 27495 号命令与其他相关法规一同撤销,推断其与新闻出版有关。究竟第 27495 号命令是否就是澳葡当局制定颁布的第一个报刊法律法令,仍有待新闻传播法学界的进一步考证。①

不过,抗日战争期间澳门的新闻出版管理,的确处于一个特殊的管治阶段;1938 年以后,特别是在 1941 年太平洋战争爆发及日本占领香港后,直到日本宣布无条件投降前的三年零八个月的"风潮时期",澳葡当局一反长期实行的"新闻自由"传统,改变以往创办报刊不必经行政当局批准、对报刊内容不进行新闻检查的制度,以及新闻媒介在面对经济和政治力量时应保持独立自主性的新闻政策,②屈从于日伪势力的淫威,对澳门的报纸实施严格的新闻检查。

二战期间,尽管葡萄牙宣布澳门保持"中立",不卷入同盟国与轴心国之间的战争,但日军并不尊重澳门的中立地位,反而通过进入香港的军队对澳葡当局施加压力,通过设在澳门的日本特务机构直接镇压澳门的抗日活动。他们一方面收买汉奸,开办《西南日报》《民报》等汉奸报纸,为日本的战争暴行涂脂抹粉;另一方面迫使澳葡当局压制澳门的抗日宣传,对《大众报》《华侨报》等爱国报纸实行严厉的新闻检查,删去有反日嫌疑的文字,甚至不准登载重庆国民党中央社的消息。③ 澳葡当局为了不得罪日本,特设华务科,负责当地报纸检查,并且规定:报上刊出的所有文字(包括广告)都要限时送检;禁用"敌军""日寇""救国"等字眼。如果发现不利于日本人的内容,或删去其中的字、句以"×"代替,或干脆将整篇文章抽出。④ 因此,澳门报纸当时经常出现"开天窗"的现象。

三、二战后至澳门回归前

战后,澳葡当局在澳门地区的立法活动进展得十分缓慢,⑤直到 20 世纪 70 年

---

① 黄汉强,吴志良.澳门总览[M].北京:中国友谊出版公司,1994:523.
② 倪延年.中国报刊法制发展史台港澳卷:上册[M].南京:南京师范大学出版社,2010:305.
③ 李蓓蓓.台港澳史稿[M].上海:华东师范大学出版社,2003:583.
④ 邱岭,陈言.澳门风云录:上[M].广州:广东旅游出版社,1998:415.
⑤ 据倪延年整理,战后至 20 世纪 70 年代以前的报刊相关法令法规有:1946 年 3 月 9 日颁布实施的第 33015 号法令,1966 年 2 月 5 日颁布实施的第 46833 号法令以及 1969 年 7 月 5 日颁布施行的第 49064 号令等 4 份文件,而且其中以法令形式公布的仅 2 份。

代中期以后澳门的传媒法制才有了改观。1974年4月25日,葡萄牙爆发"康乃馨革命",由一批中下级军官组成的"共和国领导委员会",推翻了葡萄牙持续近50年的独裁政府,葡萄牙开始民主化进程。革命政府上台后,公开承认澳门不是葡萄牙殖民地,不再把澳门当作殖民地或所谓的"海外省"。1976年2月17日,由葡萄牙革命委员会通过的第1/76号法令《澳门组织章程》颁布生效,规定"澳门是中国领土葡萄牙管理的地区,具有内部公权及除葡萄牙共和国组织和澳门组织章程的原则外,享有行政、经济、财政及立法自治权的法人地位",但是澳门仍主要沿用葡萄牙本土的法律。

1976年4月2日,葡萄牙制宪会议批准并颁布《葡萄牙共和国宪法》,其中与新闻出版有关的第37条和第38条明确规定:"任何人均有权利以语言文字、图像或任何媒介自由表达及传播其思想,并具有报道权、采访权及接受资讯权,且不得遭受妨碍与歧视";规定宪法所保障的出版自由包括"新闻工作者及撰稿人之表达及创作自由,以及新闻工作者对所属社会传播媒介之出版方针之参与"权利;明确规定任何人都拥有"创办报章及任何刊物之权利,且无须事先经行政许可、担保或资格审查";明确规定禁止政府机构对创办出版的报刊实行新闻及内容"检查制度",赋予"社会传播媒介,在面对政治及经济力量时,仍保持其自由独立性的权利"。①《葡萄牙共和国宪法》的相关规定,也成为澳门新闻传播工作遵循的法律依据。

澳门传媒法制建设具有标志性的转折点,是1987年澳门发生的执业律师侵犯记者采访权益事件。当时,《澳门日报》连续五天在头版刊发相关报道及评论,并与《大众报》《华侨报》等华文媒体联合拜会新闻署长,促请当局关注事件,采取切实措施维护新闻采访自由和新闻从业人员的合法权益。②"澳门记协"在事件发生后,发表声明谴责这一严重侵犯记者正当权益的行为,支持各报维护新闻采访自由和记者合法权益的要求。在强大的社会舆论压力下,2月12日当事律师公开刊登道歉声明,事件得以妥善解决。同时,在"澳门记协"及澳门新闻工作者的强烈要求

---

① 赵占全.澳门市民的权利、自由及保障[M].澳门:澳门政府法律翻译办公室,1998:55.
② 1987年2月7日晚7时许,为监守自盗罪名成立的博彩监察处稽查队长边度辩护的律师李伯乐,在法院门外公然干涉新闻采访,粗暴对待3名记者,企图抢夺相机、出言恐吓,并非法挟持一名记者前往司警司署。之后,该律师又向澳门广播电视公司及香港《南华早报》的记者表示,会尽快入禀法庭,控告所有未经他同意而刊登他的照片的报纸,由此激起澳门新闻界和社会人士的义愤。《澳门日报》1987年2月8日至12日曾就此事刊发连续报道。

下，澳葡当局表示将对备受新闻界批评的《新闻法议案》作进一步修改。①

1988年1月15日，中葡两国政府在北京互换了《中华人民共和国政府和葡萄牙共和国政府关于澳门问题的联合声明》批准书，联合声明随即正式生效，澳门正式进入回归祖国的过渡期。根据"中葡联合声明"及附件《中华人民共和国政府对澳门的基本政策的具体说明》，"澳门现行的社会、经济制度不变；生活方式不变；法律基本不变""澳门特别行政区成立后，澳门原有的法律、法令、行政法规和其他规范性文件，除与《基本法》相抵触或澳门特别行政区立法机关作出修改者外，予以保留"。

1990年6月19日，澳门立法会通过了《出版法》；7月7日，由澳门总督文礼治正式签署《出版法》，以"法律第七/九〇/M号"的形式公布，并于8月6日起正式实施，标志着澳门地区没有独立出版法的时代结束。澳门《出版法》的颁布施行，对进一步明确和保障澳门新闻工作者的权利、义务和职责，适应过渡时期对传媒管理的需要，具有积极的意义和十分重要的作用。著名传媒法学者倪延年在评价澳门《出版法》颁布实施的历史进程时说："如果没有中葡两国政府关于澳门问题的联合声明签署生效，没有中国政府将于1999年12月20日对澳门恢复行使主权的历史性推动，没有澳门进入回归前过渡期的社会环境，没有'澳门法律本地化'工作的正式启动，也就很难出现以保护澳门新闻工作者权益为基本宗旨的澳门《出版法》。"②

澳门回归前，管制大众传媒传播行为的法规，除《出版法》外，还有《视听广播法》（1989年9月4日颁行）、《广告活动法》（1989年9月4日颁行）、《通讯保密及隐私保护法》（1992年9月19日颁行）、《出版登记规章》（1991年1月28日生效）、《书刊的法定收藏制度》（1989年10月31日颁行）、《公开映、演甄审法令》（1978年6月1日生效）、《文学及艺术之作品之著作权》（1999年10月1日生效）及《发出卫星电视广播系统及服务准照应遵守之基本原则》（1998年1月16日颁布）等。其他

---

① 时任澳门新闻署长的李明基在接见澳门华文媒体拜会时说："澳门缺乏适合本地新闻法例的依据，以列明记者的权利及义务。1937年葡国制定的旧新闻法，至1974年'四·二五'葡国革命后已被取消。数年前重定及实施的新葡国新闻法，仍保留若干旧法例的条款，不适合澳门的实际环境，不宜将之引用到本澳，澳督马俊贤亦无意将葡国有关法例整套搬来澳门。为保障记者的新闻采访权利、自由及人身安全，当局有意重定适合澳门的新闻法。"参见李明基署长关注采访自由 认为记者受侵犯事件严重 指出李伯乐律师粗暴行动确使人不能容忍 表示将新闻界意见向澳督马俊贤转达[N].澳门日报,1987-02-10(1).
② 倪延年.中国报刊法制发展史台港澳卷：上册[M].南京：南京师范大学出版社,2010:307.

次要的法律,虽然不是直接针对大众传播媒介进行管治,但有部分条款会直接影响到大众媒体的运作及新闻工作者的言论、报道等自由。如《刑法典》中的"侵犯名誉罪",包括"诽谤罪""侮辱罪"以及"侵犯行使公共当局权力之法人罪"。澳门也适用多条有关传播方面的国际公约,例如《国际电报公约》《与贸易有关的知识产权协议》以及《世界知识产权公约》等。①

四、回归以来大众传媒管理的调整变化

回归前,澳葡政府唯一与新闻管理有关的机构,是隶属于"传播旅游暨文化事务政务司"的"澳门政府新闻司"。回归后,特区政府重整行政架构,设立新闻局,直接隶属行政长官办公室,由一名局长及一名副局长负责。新闻局下属机构仍然按照1994年颁布的第24/94/M号法令规定的新闻司的机构设置,即附属新闻厅(下设辅助社会传播处、档案暨文件处)、研究暨刊物处、行政暨财政处。第一任新闻局局长是陈致平。② 2012年2月下旬,澳门行政会通过《新闻局的组织及运作》行政法规草案,将新闻局由澳门特区成立之初的"一厅四处"改为"两厅五处",即新闻厅(下设传媒处)、研究及推广厅(下设推广处、出版处)、行政财政处、资讯及档案处;人员编制也由2000年的51人、2010年的60人,增至73人,编制内外人员共计111人。③

澳门特区政府新闻局在回归后的首要任务是:处理澳葡政府的遗留问题,全面检查澳门新闻及传播界状况,制定相关政策,推动澳门传播事业的发展。(1)新闻局于2000年8月29日正式启用官网;于2001年第3季度起试用面向传媒内部使用的互联网资讯发布系统。(2)针对澳门本地报业竞争力不足的问题,新闻局整合以往的报刊资助制度,于2000年底推出《鼓励本地报业提升竞争力方案》,确保社会多元化声音继续存在。(3)重新规划广播事务管理,由行政长官办公室直接负责牌照审理和批准,由运输工务司司长负责牌照发出,新闻局负责广播内容及收支监

---

① 张荣显.澳门特别行政区传播相关法规增修概况[M]//夏春平.世界华文传媒年鉴2006.北京:中国新闻社,2006:217.
② 梁丽娟.回归以来澳门新闻与传播事业[M]//中国社会科学院新闻与传播研究所.中国新闻年鉴2001.北京:中国新闻年鉴社,2001:140.
③ 澳门特别行政区第7/2012号行政法规《新闻局的组织及运作》第二章第三条[EB/OL].[2015-01-23]. http://bo.io.gov.mo/bo/i/2012/10/regadm07_cn.asp.

管,电信暨资讯科技办公室负责监管频谱动用。(4)为了推动澳门传播事业、吸引海内外媒体到澳门投资,对外开放卫星电视业务,承诺只要申请者符合法律规定、妥善利用澳门频谱、保证播放内容符合澳门的相关规定,即可获发牌经营。

1999 年澳门回归至今,澳门传媒管理及相关法规的发展变化,主要集中在以下几个方面:

(一)对公共天线接收卫星电视转播做出规范

澳门卫星及有线电视发展迅速,以往与公共天线公司管理相关的法规已不适应新的形势。自 2000 年以来,澳门有线电视股份有限公司(简称澳门有线电视)①与澳门公共天线公司之间的矛盾争执,困扰澳门长达十年。2009 年 11 月,澳门有线电视入禀初级法院,控告公共天线公司于 2006 至 2009 年期间非法转播英格兰超级足球赛,导致有线电视收入损失,并向法院申请向公共天线公司索偿 5 955 万澳门元。7 月初,法院判决认为:没有理据开庭审理有线电视提起的诉讼,并建议有线电视向特区政府提起索偿诉讼,控告政府没有制止公共天线公司的侵权行为。其后,有线电视表示会控告政府未履行有线电视专营合约,以此保障公司合法权益,同时亦让广大市民知悉,只要是合法的事情,澳门有线电视会坚持去做。最后,法庭判澳门有线电视对 3 家公共天线公司的诉讼胜诉。②

2010 年中,澳门有线电视再次因"英超"转播权问题,向澳门 6 家公共天线公司发出律师函,指"英超"授予"澳门有线电视"在澳门地区通过有线电视传输系统转播授权节目,第三方不得转播。但是,公共天线公司中止转播"英超",致使澳门八成居民无缘收看赛事,球迷反应激烈。之后,澳门广播电视股份有限公司(简称澳广视)力证自身拥有该赛事播放权,电信局表示公共天线公司有义务确保市民收到节目讯号,因此 6 家公司恢复了节目播送。③ 11 月初,澳门行政长官崔世安在施政报告答辩时表示,将通过修订法律法规,解决公共天线公司的合法性及跟进专营合同问题。11 月底,特区政府成立"规管公共天线服务工作小组",其职能包括检

---

① 澳门有线电视股份有限公司(简称"澳门有线电视"或"澳门有线"),于 2000 年 7 月 8 日成立,是澳门唯一建立和营运公共电讯系统及以专营方式提供收费电视服务的公司。
② 梁丽娟.澳门 2009 年新闻传播业概况[M]//中国社会科学院新闻与传播研究所.中国新闻年鉴 2010.北京:中国新闻年鉴社,2010:227.
③ 梁丽娟.澳门 2010 年新闻传播业概况[M]//中国社会科学院新闻与传播研究所.中国新闻年鉴 2011.北京:中国新闻年鉴社,2011:233.

讨、分析及研究有关规管公共天线服务和广播制度的法律制度；编制报告书、拟定规管公共天线服务范围和监管制度的立法建议。在此期间，澳门电信局提出由政府购回有线专营权等建议方案，但未能与澳门有线电视就收购金额达成协议。

2010年底，澳门廉政公署就澳门有线电视公司与公共天线公司争执问题发表厚达124页的调查报告，批评电信监管部门"有法不依、执法不严、知而不理、理而不决，失职失责，致公共天线公司问题如雪球般越滚越大，影响澳门特区政府的管治威信"。① 澳门电信办认为：公天问题只是电讯发展过程中一个暂时的产物，"三网合一"后公天问题自然会消失；澳门有线电视的"收费电视地面服务专营合约"于2014年到期，合约续期时将不再采用专营方式，未来将向开放的市场方向发展；有关诉讼有助厘清一些法律定义。②

2011年，跟进公天问题的法律小组，按特首批示在成立6个月后递交的中期工作报告中指出：公天问题涉及法律、合同及其他方面，情况比较复杂，需要更多时间研究如何在法律层面妥善解决；建议现阶段从规范电视版权方面开展工作。经公共天线公司传播的电视节目，并未完全得到版权人的授权，存在通过非法手段解除已加密电视节目的密码后再转播的行为。作为国际城市，澳门要承担保护版权的国际义务，须通过相关法律制度的完善以尽快解决。③

2012年2月，澳门立法会审议通过《修改著作权及相关权利的法律制度》法案，对非法解密频道及播放行为作出规范，明确规定：公共天线公司在未授权情况下解密电视讯号属刑事罪行。2012年中，《修改著作权及相关权利的法律制度》法案生效，澳门6家公共天线公司停止接收中央电视台第3、5、6、8套节目，以及台湾的民视、中视、华视等十多个卫星电视加密频道。④

2014年，澳门电视服务专营时代正式告终，电视服务模式划分为免费及收费电视，政府成立全资公司向居民提供免费的"基本频道"讯号，收费电视服务依然只

---

① 澳门廉署.关于"澳门有线电视股份有限公司"与"公共天线服务商"的调查报告及第05/RECOM－OP/2010号劝喻[EB/OL].(2010-10-12)[2015-05-28].http://www.kongseng.com.mo/cableissue/chn/NomoneyNew.asp.
② 同①227.
③ 澳门大学澳门电视服务研究小组.澳门电视服务研究中期报告[EB/OL].(2014-01-24)[2015-05-28]. http://macautv.fst.umac.mo/report/midterm_report/.
④ 梁丽娟.澳门2011年新闻传播业概况[M]//中国社会科学院新闻与传播研究所.中国新闻年鉴2012.北京：中国新闻年鉴社,2012:227.

由澳门有线电视独家经营。4月8日,有关澳门基本电视频道股份有限公司的第8/2014号行政法规颁布生效,规定:澳门基本电视频道股份有限公司的起始资本额为一千万元,由股东按比例悉数认购并以现金支付,其中澳门特别行政区政府占70%、澳广视占25%、邮政局占5%;按照批给合同的规定,对居民接收基本电视频道提供支持服务。① 4月15日,澳门有线电视股份有限公司与澳门特别行政区政府签署为期五年的"收费电视地面服务批给合同"。澳门有线电视服务以非专营形式续约,使用的并非三网融合的牌照,而是电视牌照。②

(二)《出版法》《视听广播法》修订问题

20世纪80年代末90年代初,由澳葡政府颁布的《出版法》《视听广播法》的遗留问题长期未能解决。如在1990年颁布的《出版法》中规定,在该法颁布起180天内公布《新闻工作者通则》,但历时20年仍未有任何法律形式的《新闻工作者通则》出现。此外,随着澳门广播事业的发展,尤其是有线电视及卫星电视频道在澳门的相继启播,1989年颁布实施的《视听广播法》中对于新兴的电视广播形式未有规范,其运作只是通过政府批给的专营牌照训令、批示或合约来约束。在2000年3月引发的公共天线接收卫星电视转播事件中,民间与政府对由公共天线公司提供卫视讯号至一般住户的立场迥异,凸显现存法例不足。③

2010年,行政长官崔世安上任后,在第一份施政报告中提出修改《出版法》《视听广播法》,希望在维护"新闻自由"的前提下,更好地支持本地传媒发展,使其更有效地监督施政,以及处理现行法律中没有涉及的新媒体问题。澳门新闻局从2011年12月起,收集业界对修法的意见。新闻局局长在这期间分别与澳门的6个传媒组织和31家传媒机构的代表进行了24场会晤,并于2月21日、22日举办了2场传媒公开座谈会,共有来自28家传播组织及机构的57名新闻从业者出席。另外,在座谈会现场及通过电子邮箱收到6份新闻工作者提出的书面意见。④

根据澳门新闻局计划,修法分四个阶段进行:第一阶段展开方向性研究,通过

---

① 政府今起提供基频讯号[N].澳门日报,2014-04-22(1).
② 电视频道公司法规今生效[N].澳门日报,2014-04-09(7).
③ 张荣显.澳门特别行政区传播法规概述[M]//夏春平.世界华文传媒年鉴2003.北京:中国新闻社,2003:381.
④ 澳门新闻局.修改《出版法》与《视听广播法》商议式民调期末报告已完成[EB/OL].(2012-08-31)[2015-05-20].http://www.gcs.gov.mo/showCNNews.php? DataUcn=63650&PageLang=C.

与新闻业界交流,以及委托学术机构进行科学化的研究和民调,收集意见;第二阶段,因应首阶段的研究结果草拟法律文本;第三阶段则就法律草案展开全面咨询工作;最后,按照咨询结果整理法案文本后正式进入立法程序。① 根据修改《出版法》《视听广播法》商议式民调期末报告,业界主流意见认为有必要检讨、修订两法,但对出版委员会应否成立及《新闻工作者通则》的问题意见不一。而业界一致认为:出版委员会不应由官方代表并带有官方色彩,应由业界自行讨论、组织;《新闻工作者通则》应由业界自行定义,原则是必须维持原有"新闻自由"尺度不变。而新闻局表明对修法没有既定的立场,也没有推动出版委员会、广播委员会成立的意图,政府给予了最大的空间让传媒业界自行检讨两法事宜。②

2012年9月,新闻局召开新闻发布会公布:特区政府根据新闻业界及公众所表达的意见决定以"只删不增"的原则修改《出版法》,拟删除具争议的"出版委员会"及《新闻工作者通则》相关条文;并会调整多项条文的用词,以配合、适应《回归法》《刑法典》《刑事诉讼法典》及《民事诉讼法典》等法律法典,不会考虑新增其他内容;同时,决定暂缓《视听广播法》的修订。③ 重申修法的基本原则和目标是保障"新闻自由",令业界健康发展。

(三)规范信息传播方式、保护个人隐私、保护原创作品

澳门特区政府于2005年8月10日颁布《个人资料保护法》,其制定原则是个人资料的处理应以透明方式进行,并应尊重个人隐私和《澳门特别行政区基本法》、国际法文书和现行澳门法律确定的基本权利、自由和保障。《个人资料保护法》共分9章46条,详细规范了现代社会涉及个人获取及传播资讯自由的权利、义务和责任,并且在豁免、程序、罚则方面作出了明确的界定,其中包括对个人资料的定义、处理方式和性质以及对其进行处理的正当性,如何处理敏感资料,资料当事人的权利(例如资讯权、查阅权、反对权)、资料处理的公开性、行为守则、行政和司法保护、违法行为的界定以及刑罚等。与1992年9月19日颁布的比较抽象空洞的

---

① 龙土有.澳门华文传媒发展综述[M]//夏春平.世界华文传媒年鉴2011.北京:世界华文传媒年鉴社,2006:195.
② 梁丽娟.澳门2012年新闻传播业概况[M]//中国社会科学院新闻与传播研究所.中国新闻年鉴2013.中国新闻年鉴社,2013:227.
③ 龙土有.澳门决定修改《出版法》《视听广播法》[EB/OL].(2012-09-19)[2015-05-20].http://www.chinanews.com/ga/2012/09-19/4197009.shtml.

《通讯保密及隐私保护法》相比,《个人资料保护法》具有长足进步。此外,澳门特区政府于 2000 年 3 月和 2012 年 2 月两次修订《著作权制度》,填补了因科技发展迅速而出现的有关著作权保护的新型作品的漏洞;也体现了澳门在加入世界贸易组织后所承担的保护版权的国际义务。①

(四)设立政府发言人办公室

2009 年,"澳门回归"十周年之时,新任特首崔世安上任。澳门舆论开始讨论政府与媒体的关系,特别是针对一些突发社会事件,由于政府方面没有建立发言人制度,在应对一些敏感事件时往往错失及时告知公民相关信息的重要时机,无法形成主流声音、建设性地引导舆论。2010 年,特区公报 2 月下旬刊登第 41/2010 号行政长官批示:设立政府发言人办公室,加强与传媒和公众的沟通,通过新闻界为公众提供更多、更及时的信息,提高施政透明度。但也有澳门媒体忧虑政府发言人制度建立后,会成为高官向公众解释施政、回应质疑的"挡箭牌"。对此,澳门特区政府发言人表示:新闻发言人制度建立后,主要官员仍须面向公众解释施政,在适当的时候,行政长官仍会公开就政府施政或社会问题发言。

总的来说,与回归前相比,澳门的新闻法规没有大的变化,现行新闻法规主要包括四项内容:《出版法》《出版登记规章》《组织法》《视听广播法》。其中,1989 年发布的确定视听广播业务法律制度事宜的《视听广播法》、1990 年发布的关于出版登记规章事宜的《出版法》,都是由澳门立法会制定并颁布的法律;2012 年行政长官根据《澳门特别行政区基本法》第五十条(五)项的规定,经征询行政会意见,制定颁布的"新闻局的组织及运作",属于澳门特别行政区行政法规;1991 年澳门政府配合《出版法》推出的《出版登记规章》则为训令。在澳门新闻局官网上新闻法规栏公示的《出版法》《出版登记规章》《组织法》《视听广播法》,基本保持了当年发布时的原始样貌,仅在正文中对极少数条款做了调整更新。如《视听广播法》删去了已废止的第五十九条第一款及第六十条第一款内容,但仍保留了原条款序号,并用 * 号注明该条款已废止,印证了《中华人民共和国澳门特别行政区基本法》中"保持原有的资本主义制度和生活方式,五十年不变"的基本原则。②

---

① 张荣显.澳门特别行政区传播相关法规增修概况[M]//夏春平.世界华文传媒年鉴 2006.北京:世界华文传媒年鉴社,2006:217.
② 澳门新闻局网站[EB/OL].[2015-03-06].http://www.gcs.gov.mo/.

第二节　注重操作性的澳门报刊管理

澳门现行的传媒法规中,以报刊管理为主要内容的《出版法》最为成熟,务实、注重法规执行的可操作性,是其重要特色。下面,结合报刊管理具体规定逐一分析。①

一、报刊负责人资格、权利、义务及责任

在澳门《出版法》中,对报人的资格、权利、义务及责任都有明确的规定。

(一)报人的资格

获得报人资格有两个基本条件:只有完全享有民事权利和政治权利的人,方得成为定期刊物的负责人(第十条第二款);定期刊物必须最少有一名居住在本地区的负责人担任社长职务(第十条第一款)。

在民事权利和政治权利两个方面的权利中,有任何一方受到限制的人都不能担任定期刊物的负责人。只有在澳门地区居住的人才能担任澳门地区定期刊物(包括了报纸、杂志等以同一名称及定期连续出版或发行,且存续期不定的出版物)的社长(报社、期刊社的法人代表)。由此,排除了不在澳门居住的人担任报社、杂志社社长的可能性。

这两项规定提高了报刊法制执行的可行性和便利性,一旦报刊团体或个人违反某一法律,在本地居住的报刊社长便于接受传唤、询问、处罚。《出版法》规定"担任社长职务的负责人,在法院内外代表刊物"(第十一条),作为报刊的全权法人代表;另一方面,对一般的负责人则没有强调"必须在本地区居住",体现了澳门地区报刊从业者队伍的开放性特点。

(二)报人的权利

《出版法》规定:出版界思想表达自由的行使,不受任何形式的检查、许可、存放、担保或预先承认资格等限制(第四条第一款)。"思想表达自由"由"资讯权"体

---

① 倪延年.中国报刊法制发展史台港澳卷:上册[M].南京:南京师范大学出版社,2010:308-340;澳门新闻局.出版登记规章[EB/OL].[2015-03-06].http://www.gcs.gov.mo.

现,包括报道权、采访权和接收资讯权(第三条第一款)。具体体现为:"接近资讯来源的自由;职业保密的保障;新闻工作者独立性的保障;发表和散布的自由;企业的自由"(第三条第二款)。

"出版自由"还包括"讨论和批评是自由的,尤其对政治、社会和宗教的学说、法律以及本地区本身管理机关和公共行政当局的行为、其人员的行为而言"(第四条第二款);"对出版自由的限制,只能援引本法律和一般法的规定,以保障人们身心的完整性,其审议和适用只能由法院负责"(第四条第三款)。

《出版法》规定:"新闻工作者有权接近资讯来源,该等资讯包括来自管理机关、公共行政当局、公共资本企业、或本地区或其机关占多数出资额的公私合资企业、经营公有产业的企业、经营公共工程或公共服务的承批企业者"(第五条第一款);"在未有指明资讯来源时,推定资讯由著作人取得;如文书或图像无署名时,刊物的社长被视为著作人"(第五条第三款)。

《出版法》规定:"根据本法律和《新闻工作者通则》的规定,新闻工作者执行职务时,享有独立性的保障"(第七条);"任何人不得以任何借口或理由扣押不违反现行法律的任何刊物,或以其他方式妨碍其排版、印制、发行和自由流通"(第八条);"报刊、编印和新闻通讯等企业,根据法律规定自由设立"(第九条);拥有"刊物的公开发售价、广告价目表和商业利润等,由企业自由订定"的权利(第十三条第一款)。

《出版法》在赋予新闻工作者有接近资讯来源的自由和权利时,也明确规定了对这一权利的限制。如规定"在司法保密中的程序;有权限的实体视为国家机密的事实和文件;法律规定为机密的事实和文件;涉及保护私人生活和家庭生活隐私的事实和文件"等情况中,新闻工作者"接近资讯来源的权利即行中止"(第五条第二款)。《出版法》规定"承认新闻工作者有权对有关的资讯来源保密,行使此权利时,不受任何直接或间接的处分"(第六条第一款),"刊物的社长和出版人以及报刊、编印和新闻通讯等企业不需透露其资讯来源(第六条第二款);但是在某一资讯"明显涉及犯罪集团或匪徒集团的刑事事实时,经法院命令,职业保密和保障方得中止"(第六条第三款)。

(三)报人的义务

《出版法》规定,新闻工作者的所有活动都必须依照法律规定办事,同时也规定所有执法人员必须依照法律规定实施对报刊、报刊活动及报人的管理。新闻工作者行使接近资讯来源的权利,在涉及"法律规定为机密的事实和文件"时即行中止;"报刊编印和新闻通讯等企业,根据法律规定自由设立",各报刊对那些由政府机关部门"根据诉讼法律规定,由法院命令或根据法律规定要求刊登的信息、通告或公告,不论是否与透过出版作出的违法行为有关,均应刊登"(第十八条第二款)。在《出版法》"司法诉讼程序"一章中特别规定,"嫌犯须在法律不禁止的情况下,遵守刑事诉讼法第五百九十条和后续各条的规定,申请提出被责难事件真实性的证明"(第四十八条)。

无论是赋予新闻工作者获取新闻消息资源的权利,还是赋予新闻工作者自由竞争的权利,或者是责成新闻工作者刊登特定内容文稿,都有一个前提,即遵守"法律"。"嫌犯申请提出被责难事件真实性的证明",也必须是在"法律不禁止"的情况下。凡是"法律"规定中没有禁止的事情都可以做,凡是法律规定中禁止的事都不能做。一切依公布于众的法律办事,既是新闻工作者的义务,也是每一个公民的义务。

在《出版法》中,不仅要求新闻工作者必须遵守法律,同时也要求政府的机关部门及执法人员(上自总督,下至普通公务员)都必须依照法律办事,《出版法》第八条规定:"任何人不得以任何借口或理由扣押不违反现行法律的任何刊物,或以其他方式妨碍其排版、印制、发行和自由流通。"只要刊物不违反法律,"任何人"都不得以"任何理由"对它采取"扣押"或"其他方式"干扰或妨碍其正常运行。

(四)报人的责任

对于报人的责任,《出版法》规定得更为详细而具体,也更具有操作性。

例如,规定"担任社长职务的负责人,在法院内外代表刊物",即社长对刊物的所有活动承担责任;规定"刊物应具有订明其方针和目的的出版旨趣,且应在创刊号内刊登"(第十二条),以利于受众和政府了解和监督刊物的运作;规定"如定期刊物更改公开发售价,应在最少五天前通知新闻司";规定"定期刊物应在第一版载明名称、其负责人姓名、日期和单价""定期刊物尚应载明拥有所有权的企业的名称、法人住所所在地,以及印刷场所的识别资料和地点""不定期刊物应载明著作人、出版人、印刷场所的识别资料和地点、出版量及印制日期等"(第十四条第一、二、三款),以便于社会公众尽可能地了解该定期或不定期刊物;规定定期刊物在登记时应载明"包括负责人识别资料、刊物名称和刊期"等在内的基本信息,并且"如经登记的资料嗣后有变更,应在发生之日起十五天内通知新闻司"。

定期刊物(负责人)负有为社会受众明确区别广告与新闻的责任:在定期刊物上刊载的"所有文书或图像形式的广告,如不能令人即时辨别其为广告时,应在其上端以显见字样标出'广告'一词或明确的简写。如仍不明显时,应列出广告客户名称"(第十七条第二款),避免广告与新闻混淆后误导受众。

规定"周刊或刊期少于一周的定期刊物,不得拒绝刊登总督通过新闻司发出的官方文告,并应在接获后在刊物续后两期的任一期内为之"(第十八条第一款),以便总督通过定期刊物(报纸或周刊)向社会公众宣示政治主张或行政指令。此外,《出版法》在关于"答辩的刊登"(第二十二条),"答辩权的司法实行"(第二十三条)以及"澄清权"(第二十四条)中,也都明确规定了定期刊物(负责人)在上述场合或事件中的责任。

二、报刊活动过程的有关规定

报刊活动的完整过程一般包括:报刊的申请登记和创办,报刊的编辑、印制和推广,报刊的出版、发行和反馈,以及报刊的呈缴和保存等环节。

(一)申请登记和创办

采取严格认真、详细具体的报刊出版登记方式,并采用法律手段保证政府掌握的报刊登记资料翔实、准确。《出版法》规定:"在新闻司设有出版登记,其内应载明:a.定期刊物之登记,包括负责人识别资料、刊物名称和刊期。b.拥有报刊、编印或新闻通讯等企业所有权的实体之登记。其中应指出有关商业名称或公司名称、常设场所、公司机关的组成和公司资本的分配。c.法人住所在本地区以外的社会传播机关的通讯员和其他形式的代表之登记。其中应指明其本人和任职的资讯机关所有识别资料。"为了保证出版登记的权威性,《出版法》明确规定"未进行上款所指的登记,上款 b 和 c 项所指实体不得开展活动",并且又规定:"如经登记的资料嗣后有变更,应在发生之日起十五天内通知新闻司。"(第十五条第一、二、三款)

(二)报刊编辑、印制和推广

《出版法》中虽然没有明确规定报刊禁载内容的范围,但该法在"事件真实性的证明"条款中规定:"在诽谤案中被责难事件真实性的证明是可被采纳的""在侮辱案中,必须经被害人或其代理人申请,方采纳文书或图像著作人因造成冒犯事件而提出的证明"。但接着又明确规定"在下列情况,不采纳事件真实性的证明:a.被针对者为(葡萄牙)共和国总统或(澳门)总督;b.被针对者为外国元首,而有对等待遇协定者;c.被责难事件如涉及被害人私人或家庭生活,且该项责难并非为谋求正当的公共利益时"(第三十五条第一、二、三款)。上述规定的内容明显地向新闻工作者(报人)传递出:批评葡萄牙总统和澳门总督以及与葡萄牙政府和澳葡当局有"对等待遇协定"的其他人员,成为变相的报刊内容禁区。此外,涉及被害人私人或家庭生活的"诽谤案",也只有在"为谋求正当的公共利益时"才合法,否则就是违法。

在广告处理方面,《出版法》规定"任何人不得将任何文书或图像形式的广告强加在刊物内"(第十七条第一款),并且规定"所有文书或图像形式的广告,如不能令人即时辨别其为广告时,应在其上端以显见字样标出'广告'一词或明确的简写。如仍不明显时,应列出广告客户名称"。这样,既赋予定期刊物经营广告的自主权,但同时又对定期刊物刊载广告活动提出明确的要求标准,即要让读者能"即时辨别其为广告",不能把广告混在新闻、消息及评论之中,以避免误导消费者,并且规定了具体操作方法。

(三)报刊的出版、发行与反馈

澳葡当局对报刊的出版、发行管理,基本上采取了定期刊物自主创办、自由定价、自办发行和自己负责的政府监管、刊物自律的管理方式。仅对定期刊物因其内容与"任何自然人或法人"的名声或声誉权产生纠纷时,如何应对受损害者行使答辩、否认和更正权的有关事宜,做了十分具体、细致和明确的规定。

《出版法》规定:"如任何自然人或法人认为刊登在定期刊物的文书或图像直接冒犯或含有直接冒犯的内容,又或提及不真实或错误的情事,可能影响其名声或声誉,因而受到损害时,得行使答辩、否认或更正权。"(第十九条第一款)"答辩、否认或更正权得由权利人,其代理人,或权利人的任何继承人行使。对于周刊或刊期少于一周的定期刊物,该等权利在文书或图像刊登日起,或知悉事实之日起十天内行使;对于超逾上述刊期的定期刊物,则在文书或图像刊登日起,或知悉事实之日起三十天内行使之。"(第二十条第一款)也就是说,只有认为受到定期刊物内容冒犯(损害)者本人及其代理或权利人的继承人,才有权行使要求定期刊物(负责人)对有关被认为损害其名声或声誉的内容进行答辩、否认或更正的权利,其他任何人都不得行使该权利。而且,在超过上述规定的时间以外,认为受到损害者将自动丧失其要求答辩、否认或更正的权利,法律也不再保护已经失去时效的受众的答辩、否认或更正权。

《出版法》规定:"答辩、否认或更正权的行使,应向刊物负责人提出请求为之,该请求应经任何适当方法证明已提出。应客观地指明冒犯、不真实或错误的情事,并提出要求作出的答辩、否认或更正的内容"(第二十条第二款)。"具有正当性行使答辩、否认或更正权的人士,其签名应先经公证认证,但如权利人亲自将要求书交予刊物法人住所时,则不在此限"(第二十条第三款)。如果是权利人以外的人士(代理人或继承人)提出要求定期刊物答辩的请求,权利人在文件上的签名"应先经公证认证"后才有效。只有在上述条件都满足后,定期刊物(负责人)才承担对有关内容进行答辩、否认或更正的责任。

《出版法》对定期刊物(负责人)如何应对受众的答辩请求,作出了明确而具体的规定:明确了履行答辩责任的行为主体,"答辩内容的责任只能要求由其作者负起"(第二十条第四款),而不是由定期刊物团体(报社或杂志社)承担。"(定期刊物)社长得根据下列任一理由拒绝刊登答辩、否认或更正:a.没有冒犯、不真实或错误的情事;b.与引起答辩、否认或更正的文书或图像无直接关系或不产生作用的关系;c.答辩、否认或更正内含有不礼貌的、又或涉及民事或刑事责任的字句"(第二十一条第一款);d.如无拒绝理由时,属日刊者应在接获答辩、否认或更正后,在刊物续后两期的任一期内刊登之。若是其他情况,则在续后一期刊登(第二十一条第二款)。

关于刊登答辩、否认或更正的具体要求,《出版法》在费用、版面、显见程度、刊登次数、篇幅、超出原文篇幅的处理方式等方面作出了具体的规定,使之具有操作性(第二十二条)。对于可能出现的定期刊物应当刊登答辩、否认或更正而不刊登时,《出版法》规定"关系人得向法院申请,使法院命令通知其社长刊登之"(第二十三条第一款);"如社长不遵守法院裁判,不刊登或以他种方式刊登时,应受《出版法》第三十条所指的处罚"(第二十三条第十款)。

(四)报刊的呈缴和保存

《出版法》规定:"定期刊物的社长和不定期刊物的出版人,必须在刊物出版后五天内,送交或邮寄予下列实体各两份刊物:a.新闻司;b.Biblioteca Centra(澳门中央图书馆);c.澳门的共和国检察长公署。"并且规定"寄送上款所指刊物时免付邮费"(第十六条)。

新闻司是澳葡当局对新闻及报刊活动实施行政管理的职能机构。只有及时收到法定存档的刊物,行政管理部门才能及时发现已登记资料发生变化等情况,这对于政府有效实施和加强对报刊的管理是完全必要的。

澳门中央图书馆是面向全社会读者提供文献信息收集、整理、报道和服务的社会文化机构,是澳门地区社会文献信息资源的收藏和服务中心。只有及时完整地收到法定呈缴的定期刊物和不定期刊物,才能保证其对澳门地区刊物文献信息资源收藏的系统性和完整性,进而才能提高澳门中央图书馆向社会提供的文献信息资源服务的系统性和完整性。

澳门的共和国检察长公署是葡萄牙共和国政府设在澳门地区的监察澳门总督施政并向葡萄牙总统负责的官方机构。只有及时收到法定存档的刊物,共和国检察长公署才能从中检察总督施政的得失和澳门地区的社情民意,从而更真实全面地了解澳门的政治、经济、文化及社会等方面的实际情况,更有效地履行葡萄牙共和国政府赋予的职责。澳门回归后,该项规定取消。

免费邮寄,鼓励定期和不定期刊物按照法律规定送交和邮寄刊物,表明政府在这一过程中所承担的责任,对于促进定期刊物和不定期刊物履行法定存档的责任具有积极的作用。

三、报刊违法行为责任

对一些报人、报刊不按照法律规定行事的行为,澳葡政府在《出版法》的有关章节或条款中,专门规定了有关"不法行为引致的责任"的内容。各种关于报刊违法行为承担责任的形式,构成从民事到刑事的不同处罚程度的责任体系,主要有:

(一)滥用出版自由罪

《出版法》规定"透过出版品发表或出版文书或图像,损害刑法保护的利益之行为,为滥用出版自由罪"(第二十九条)。规定凡被《出版法》认定属于"透过定期刊物犯滥用出版自由罪","应负罪责者"的顺序为:"文书或图像的著作人"以及"刊物社长或其代理人";"如文书或图像无署名,或著作人不能负起责任时,应由刊物社长或其代理人负责任";"如文书或图像无署名,而社长或其代替人不知情或不能阻止发表时,则由负责刊登者负责"。对于应负责任者采取何种处罚,也有非常具体的规定。

(二)加重违令罪

《出版法》规定:"违反本法律第二十三条第十款(即:社长不遵守法院裁判,不刊登或以他种方式刊登时)、第二十四条第七款(即:不遵守法官作出的关于公布声明和澄清的命令)和第三十八条第二款(即:被判有罪的有关责任人未能按法院的有罪裁判命令,'以摘要的方式作出内容包括经证明的事实、被害人和被判罪者的身份、所科处的处罚以及所定的损害赔偿'等判决公布)、第三款(即:被判有罪的有关责任人未能按照法院有罪裁判命令,'如刊物已停刊,有罪裁判应在本地区发行较广的一份定期刊物上刊登,费用由承担责任者支付')的规定,以及出版已被法院命令停刊的定期刊物",均为"加重违令罪"(第三十条)。

(三)对公共当局的冒犯或威胁罪

《出版法》规定:"透过出版品对公共当局作出侮辱、诽谤或威胁,概视为当场对公共当局作出冒犯或威胁。"(第三十一条)

(四)良好行为的担保

《出版法》规定:"判决决定违法者给付良好行为的担保供法院处分,为期六个月至两年,金额不低于五千元和不高于二万五千元。""违法者如在所定期间内违犯本法律所指的任何罪行,该项担保将被宣告为本地区所有。"(第三十九条)

(五)暂时禁止业务或职务

《出版法》规定:"刊物社长在五年内第五次被判滥用出版自由罪时,应被禁止从事新闻工作一年到五年。"(第四十条)

(六)违反秩序行为

《出版法》规定:"如无特别规定较重的其他处罚,违反本法律所定的行为",将定为"违反秩序行为",根据不同的规定予以处罚。(第四十一条)

(七)负"连带责任"

《出版法》规定:"对违反本法律者所科的罚款或损害赔偿的支付,拥有用作违法行为的刊物所有权之企业,应负连带责任。"(第四十二条)

四、报刊违法行为处罚

主要的处罚措施大致如下:

(一)不准予登记

澳葡政府总督文礼治于1991年签署公布施行的"训令第十一/九一/M号"中附属的《出版登记规章》规定:"(定期刊物的登记)申请书应载明:a.刊物名称;b.刊期;c.办事处地址;d.所有权实体;e.被任命负责人及倘有的代替人姓名""如申请书未列全上款所指任何一项,如刊物名称可能与其他已登记刊物或已申请登记刊物在词义上或书法上引起混淆,则不准予登记。"(第七、八款)

《出版法》规定"报刊、编印及新闻通讯企业所有权实体的登记,应由其法定代表人申请,申请书应载明:a.所有权实体的姓名或名称;b.其办事处地址和常设场所;c.公司机关的组成;d.公司资本的分配"(第十款);"如除主要业务外,还从事其他有关的或辅助的业务,申请书中应一并申报"(第十一款);"如申请登记的企业为法人或公司,申请书还应附有有关的成立契约复印本"(第十二款);"如申请书不载明第十及十一款所指的任何一项,以及未呈交十二款所指文件,将不准予登记"(第十三款)。

(二)吊销登记

1991年公布施行的《出版登记规章》规定:"定期刊物倘有下列情况,登记将被吊销:a.刊物登记后,如属日刊,在一百八十日期限内仍未出版;如属其他刊物,在一年期限内仍未出版;b.刊物出版中断的时间与上述期限相同。"(第九款)

(三)停刊

《出版法》规定:"刊物在四年内因散布文书或图像,滥用出版自由五次,得被(处以):a.如属日刊,停刊最长一个月;b.如属周刊,停刊最长至三个月;c.如属月刊或刊期逾一个月者,停刊最长至二年;d.如刊期介于两者之间,停刊期最长至根据上数项所定期按比例算出者"(第四十条第一款)。"如不遵守上款所指命令,将使著作人受第三十条所指处罚,但不影响法官根据情况的严重性而将刊物停刊不超过三个月。"(第二十四条第七款)

(四)罚款

《出版法》规定:如无特别规定较重的其他处罚,违反本法律所定的行为将根据下列各项规定处罚之:

a.违反第九条第二款(即企业应在澳门设有实际领导机关,其所有权必须只属于居住在本地区,或法人住所在本地区的自然人或法人)和第三款(即报刊、编印和新闻通讯等企业,不得从事与其主要事业无关或非附属性的活动)规定的行为,对刊物所有人科六千五百元至一万六千元罚款。

b.违反第十条(即定期刊物必须最少有一名居住在本地区的负责人,担任社长职务;完全享有民事权利和政治权利的人士,方得成为定期刊物的负责人)规定的行为,对刊物所有人科三千元至八千元的罚款。

c.违反第十二条(即刊物应具有订明其方针和目的的出版旨趣,且应在创刊号内刊登)的行为,对刊物社长或出版人科四千元至一万元的罚款。

d.违反第十四条(即定期刊物应在第一版载明名称、其负责人姓名、日期和单价;定期刊物应载明拥有所有权的企业名称、法人住所所在地,以及印刷场所的识别资料和地点、出版量及印制日期等)和第十五条(即在新闻司的出版登记,其内应载明:a.定期刊物之登记,包括负责人识别资料、刊物名称和刊期;b.拥有报刊、编印或新闻通讯等企业所有权的实体之登记,其中应指出有关企业名称或公司名称、常设场所、公司机关的组成和公司资本的分配;c.法人住所在本地区以外的社会传播机关的通讯员和其他形式的代表之登记,其中应指明其本人和任职的资讯机关所有识别资料;d.未进行上款所指的登记,上款 b 和 c 项所指实体不得开展活动;如经登记资料嗣后变更,应在发生之日起十五天内通知新闻司)规定的行为,对刊物社长或出版人科三千元至八千元的罚款。

e.违反第十六条第一款(即定期刊物的社长和不定期刊物的出版人,必须在刊物出版后五天内,命令送交或邮寄下列实体各两份刊物:a.新闻司;b.澳门图书馆;c.澳门的共和国检察长公署)规定的行为,对刊物社长或出版人科八百元至三千元的罚款。

f.违反第十七条第二款(即所有文书或图像形式的广告,如不能令人即时辨别其为广告时,应在其上端以显见字样标出"广告"一词或明确的简写,如仍不明显时,应列出广告客户名称)和第十八条(即周刊或刊期少于一周的定期刊物,不得拒绝刊登总督透过新闻司发出的官方文告,并应在接获后在刊物续后两期的任一期内为之;根据诉讼法律规定由法院命令或根据法律规定要求刊登的信息、通告或公告,不论是否与透过出版作出的违法行为有关,均应刊登)规定的行为,对刊物社长或出版人科一千五百元至五千元的罚款。

g.违反第二十一条第二款(即如无拒绝理由时,属日刊者应在接获答辩、否认或更正后,在刊物续后两期的任一期内刊登之;若是其他情况,则在后续一期刊登)和第二十二条第一款(即刊登答辩、否认或更正是免费的,刊出时应与引起事端的原文书或图像所处版面、显见程度一样,且仅刊登一次,及不得加插内容或断续刊出)规定的行为,对刊物社长或出版人科三千元至八千元的罚款。

h.违反第二十四条第六款(即如被通知者不作出有关声明或澄清,又或刊登方式被认为不可信纳或与第一、二款规定不同时,法官应命令公布声明和澄清)规定的行为,对刊物社长和文书或图像的著作人,各科二千五百元至五千元的罚款。

另外,《出版法》规定,"如冒犯行为人不为被责难事件提出可被采纳的证明时,应作为诋毁者而被处罚两年以下监禁(但绝不得少于三个月和以其他刑罚代之),并应缴付相应罚金"(第三十五条第四款)。规定"当裁判认为拒绝系无依据时,应科第四十一条第一款g项所指的罚款"(第二十三条第七款)。"如违法者从未因滥用出版自由罪而被判有罪,得以罚金代替监禁"(第三十四条)。"罚款的缴付并不免除违法者因违法行为所可能引致的民事责任",所有的"罚款成为本地区的收入"(第四十一条第一、二、三款)。

(五)赔偿

《出版法》第四十七条规定:"在提出控诉期间内,被害人得对嫌犯、刊物社长和所有人请求损害赔偿"(第三款);"应通知被请求损害赔偿者,使其可在五天内提出答辩,如不答辩时,将不会产生民事诉讼第四百八十四条和七百八十四条所指效力"(第四款);"损害赔偿的请求和答辩应以分条缕述方式连同所有证据一并提交"(第五款);"因损害赔偿的请求而应缴付的司法税,应定为相应于同等利益值的民事诉讼内应缴者的六分(之)一与三分(之)一之间,且作为犯罪司法税论"(第六款);"经接收起诉,且存在损害赔偿的请求,而该项请求不逾越中级法院的法定上诉利益限额时,应命令作出第四十四条第三款所指的通知"(第八款)。

第四十四条规定,"如当事人声明不舍弃上诉,或请求损害赔偿的金额超逾中级法院的法定上诉利益限额时,经作出起诉批示或同类批示后,应适用控告诉讼程序"(第二款);第三十五条规定,如冒犯行为人不为被责难事件提出可被采纳的证明时,应作为诋毁者而被处罚两年以下监禁,并应缴付相应罚金。此外,法官应将损害赔偿定为一万元,被诋毁者无须提出任何受损害的证据。如被诋毁者要求更高的赔偿金额时,法院得另定金额,但绝不得低于上述数目(第四款)。

(六）扣押刊物

《出版法》规定了对报刊可处的"扣押"或"暂时扣押"的处罚,同时规定了实施处罚的两个必要条件。第五十一条规定:"仅法院得命令扣押载有被视为冒犯的文书或图像的刊物,并得定出适当处分阻止其散布,以作为准备行为或有关诉讼程序的附随事项"(第一款);规定"法院得应检察院或被害人的申请,命令暂时扣押载有被视为冒犯的文书或图像的刊物,或当认为有关散布可引起无法补救或难以补救的损害时,得采取必要的方法阻止刊物的散布"(第二款);"所指的扣押或方法,取决于有充分依据的要求,其显示存在着刑事不法行为和无法补救或难以补救损害的可能性"(第三款)。

(七）停止报刊社长职务

《出版法》规定:"(定期或不定期)刊物社长在五年内第五次被判滥用出版自由罪时,应被禁止从事新闻工作一年到五年。"(第四十条第二款)这种处罚是对那些经过屡次教育仍然执迷不悟、一意孤行的连续多次滥用出版自由的报人,采取的在规定时间内强制剥夺其从事新闻工作的社会权利的措施之一,是与对刊物的处罚(即刊物在四年内因散布文书或图像被判滥用出版自由罪五次,即要受到一定期间停刊处罚)相对应的对刊物负责人的处罚,虽然仍然是属于民事处罚范畴之内,但却是一种较重的处罚。

(八）监禁

《出版法》规定:"如冒犯行为人不为被责难事件提出可被采纳的证明时,应作为诋毁者而被处两年以下监禁,但绝不得少于三个月和以其他刑罚代之,并应缴付相应罚金"(第三十五条第四款);"科处滥用出版自由罪的刑罚,为刑事一般法例的法定刑加重其最高度的三分之一。但如该法例对通过出版品作出的违法行为有特别加重刑罚的规定时,则应科处该等刑罚"(第三十三条);"如违法者从未因滥用出版自由罪而被判有罪,得以罚金代替监禁"(第三十四条);"如当事人根据第四十四条第二款规定,不舍弃上诉,请求损害赔偿的金额逾越中级法院的法定上诉利益限额,或被告被判处监禁时,得对有罪或无罪的终局裁判提起上诉"(第五十四条)。

五、报刊司法的诉讼程序和澄清权

澳葡当局在《出版法》中设立了"司法诉讼程序"一章,用自第四十三条至第五十四条共12条内容,对报刊活动中解决相关纠纷的审判权和管辖权(第四十三条)、诉讼程序的方法(第四十四条)、检举(第四十五条)、初步调查(第四十六条)、审判的申请(第四十七条)、事实真实性的证明(第四十八条)、听证(第四十九条)、上诉(第五十条)、法院的扣押(第五十一条)、违例(第五十二条)、诉讼的快捷性(第五十三条)和司法税(第五十四条)等问题作了完整、详细、具体的规定。尤其是对时间的规定,不但落实到"天",有的条款还精确到"小时"。

(一)关于答辩权的有关规定

与司法诉讼有直接关系的是《出版法》中与"答辩权的司法实行"有关的规定,这是该法的第二十三条,共十个条款。该条规定,"如定期刊物在第二十一条第二款所定期间不刊登答辩、否认或更正时,关系人得向法院申请,使法院命令通知其社长刊登之";"在第一款所指情况下,法官应命令听取定期刊物社长在两天内作出其最初不满足请求的解释";"法官应在两天内作出裁判";当裁判官认为定期刊物社长对关系人要求刊登答辩、否认或更正的拒绝系无依据时,可判决定期刊物社长按照关系人的请求刊登答辩、否认和更正,并科三千元至八千元的罚款";"对法官关于第一款所指事宜的裁判不得上诉,但对所科的罚款得按一般规定提起抗告";"如社长不遵守法院裁判,不刊登或以他种方式刊登时,应受第三十条所指的处罚(即依照'加重违令罪'处罚)"。

1995年1月8日,澳葡政府核准于同年11月14日公布"第五八/九五/M号法令"。在1996年1月1日起开始生效的关于"抗拒及违令罪"的规定中,"不服从由有权限之当局或公务员依法发出的通知或命令状的,处最高1年徒刑或处最高120日罚金"。"加重"的含义是按照《澳门刑法典》的规定,"加重的幅度是对该犯罪可科处刑罚最低限度提高三分之一"。

(二)关于澄清权的有关规定

除了规定任何自然人或法人在受到定期刊物或不定期刊物所刊载的文书或图像,可能影响其名声和声誉而受到损害时,得行使答辩、否认或更正权外,《出版法》还就"澄清权"一事作了明确的规定。

答辩、否认或更正的文字稿,由关系人提供;澄清的文字稿由定期刊物社或原文稿的著作人负责。"在定期刊物内,有引喻、暗示或隐晦语句,可对某人造成诽谤或侮辱时,认为被针对者得向法院申请通知社长及已知悉的著作人,使其明确地以书面声明该等引喻、暗示或隐晦语句是否针对该人士,并使其对此予以澄清"。

定期刊物的社长在接到法院的有关通知后,应将"声明和澄清在定期刊物内的同样版面、以同等显见程度刊登";刊登声明和澄清的时间要求是"属日刊者在续后两期的任一期刊登(即两天以内刊登);若是其他情况,则在通知后续后一期刊登(不得拖延)"。明确规定"由发表日起五天内,被通知者(定期刊物社长及已知悉的著作人)应将第一款所指的声明和澄清的副本(送交法院以便)附入有关卷宗内"。

法官应在"听取申请人所述后,对于被通知者是否已经以被信纳的方式给付被申请的声明和澄清,作出裁判"。如法官认为"被通知者明确澄清和声明该等引喻、暗示或语句,与申请人无关,亦无任何侮辱或诽谤的意图时",被通知者就不再被追究责任,"申请人不得提出有关民事和刑事诉讼",这一纠纷到此为止。但如果法官认为被通知者不作出有关声明或澄清,又或刊登方式被认为不可信纳或与第一、二款规定不同时,法官应命令定期刊物的社长及已知悉的著作人公布声明和澄清,且分别科处定期刊物的社长和文书或图像的著作人二千五百元至五千元的罚款。

如定期刊物的社长和著作人"不遵守上款所指命令",将受到"加重违令罪"处罚;同时,法官还可根据情况的严重程度,判处刊物不超过三个月停刊的处罚。无论是对著作人处以"加重违令罪",还是对刊物处以"停刊不超过三个月"的处罚,都与"该情节引致的其他司法程序无关",按照其他司法程序该给什么处罚还是要给什么处罚。

第三节 新闻出版情况与报刊津贴

澳门是一个享有新闻、言论和出版自由的地区。澳门回归前,澳葡政府的新闻政策追随葡萄牙政府,标榜"新闻自由"。依照《葡萄牙共和国宪法》规定,公民享有新闻和出版权,包括拥有无须事先经过主管部门批准、不受保证金或任何先决条件限制创办报纸及从事其他任何出版工作的权利,政府也不设新闻检查制度。为了对新闻出版事业进行必要的行政管理,澳葡政府在20世纪80年代陆续颁布了《视听广播法》和《出版法》等法律,并就《社会传播委员会法律提案》和《新闻工作者通则草稿》咨询新闻工作者的意见。

按照上述有关法律或提案的规定或建议,澳门居民有创办报纸及通讯社的自由，也可担任外地新闻机构的驻澳记者，但必须在新闻司登记后方可开展出版活动，而定期刊物则不受此限制。新闻工作者有批评公共行政机关的自由，不受任何形式的检查，亦有接近信息来源及保守消息来源秘密的自由。但新闻机构和新闻工作者亦须遵守一些规定：禁止进行人身攻击和诽谤，须成立相关新闻评议组织对此进行评议等。回归后，特区政府延续新闻出版自由方面的相关法规政策，全力支持传媒界充分发挥"新闻自由"。

《出版法》序言中明确指出："出版界是体现思想表达自由的最佳工具，亦为所有现代社会的一项基本权利。在澳门出版界有数世纪的传统，已成为本地区及其多元化文化的财产"；强调"将信息活动人员与成为其服务对象的市民两者利益融合，这样，一个自由、有意识和信息流通的社会之价值观方能实现"。《视听广播法》则明确"电视广播是一项公共服务"，广播业的宗旨为："a.尊重现有道德文化价值，为培养市民作出贡献；b.为市民信息作出贡献，确保市民无障碍及无歧视的信息及被信息权；c.为促进社会及文化进步以及市民对政治、公民及社会的关注作出贡献。为此，广播业应确保信息的公正性、多样性、严谨性及客观性，以便对公共权力维持其独立性。"

《出版法》第一章即为"出版自由和信息权"。第一章第四条（出版自由）规定：出版界思想表达自由的行使，不受任何形式的检查、许可、存放、担保或预先承认资格等限制；讨论和批评是自由的，尤其是对政治、社会和宗教的学说、法律以及本地区本身管理机关和公共行政当局的行为、其人员的行为等而言；对出版自由的限制，只能援引本法律和一般法的规定，以保障人们身心完整性，其审议和适用只能由法院负责。

信息权是思想表达自由的集中体现。所谓信息权，包括报道权、采访权和接收信息权。第一章第五至第八条详细规定了接近信息来源的自由、职业保密的保障、新闻工作者独立性的保障、发表和散布的自由，以及新闻企业的自由。

《出版法》和《视听广播法》还分别提出设立"出版委员会"和"广播委员会"，希望从组织架构上保障新闻出版活动。《出版法》第四章第二十五条确认"出版委员会"的职责为保障出版的独立性，特别是处于政治和经济力量以外；保障出版多元化和思想表达的自由；保障公众的信息权。《视听广播法》第一章第四条确认"广播委员会"应确保：a.广播专营公司及经营者独立于政治和经济权力之外；b.言论及思想之多元性及自由;c.信息正确和客观性;d.节目的质素;e.维护权利,尊重法律责任。虽然在法律执行层面已经提出,但自20世纪90年代至今,"出版委员会"和"广播委员会"始终未成立。

2000年,国家主席江泽民参加澳门回归祖国一周年庆典活动时,特别劝勉特区传媒要关注社会责任,指出"新闻自由"和社会责任要结合起来。前澳门特首何厚铧亦重申澳门是一个尊重"新闻自由"的地方,相信传媒在维护"新闻自由"的同时,亦可做到维护国家民族利益,即使是批评澳门特区政府工作的言论,亦有利于政府改善工作。澳门新闻事业根据"一国两制"基本法办事,"新闻自由"得到了保障。

自2002年起,为协助特区政府解决《出版法》第五十六条《新闻工作者通则》自20世纪90年代以来一直未能落实的问题,新闻界建议特区政府通过立法程序修订《出版法》,化解"有法不依"的尴尬情况。有舆论认为澳门新闻局应尽快向特首提交《出版法》第六十五条草案,以便尽早颁布《新闻工作者通则》的行政法规。但亦有新闻界人士指出,《新闻工作者通则》不应由官方制定和颁布,应当按照国际惯例,由专业的新闻工作者团体拟就并通过,以作为新闻从业员的"自律公契"。

2010年,澳门行政长官崔世安上任后,在第一份施政报告中提出修改《出版法》《视听广播法》;但崔世安表示,自上任以来一直支持和保障"新闻自由",政府对《出版法》《视听广播法》都没有既定立场,并将继续尊重"新闻自由"。

2010年10月,澳门新闻局委托澳门科技大学人文艺术学院所做的《〈出版法〉和〈视听广播法〉修订方向文献研究(期末报告)》认为:由于《出版法》和《视听广播法》的立法时间较晚,葡萄牙共和国政府已充分民主化,立法规制的是作为小众传媒的葡文报刊而非作为大众传媒的华文报刊,所以,相比英美及欧陆国家的相关立法,澳门《出版法》和《视听广播法》对言论及出版(新闻)自由的保护程度,以及两法与国家(公众)安全及其他基本人权保护之间的平衡,其立法水平实在是有过之而无不及。

基于对"新闻自由"的考虑,该报告结论指出:各国各地的普遍共识是对广播媒体应比印刷媒体施以更严格的限制。因此,"出版委员会"或类似机构(新闻评议会、报业评议会),都是能不设立就不设立,尤以美国最为显著。即使像英国和中国台湾、香港地区独立地设立了"新闻评议会",也不会给它们太多法定权力,以免出版自由受到无理打压。由于广播媒体的影响力无远弗届,无线电波频道亦须政府负责合理分配,所以其他国家和地区都会设立"广播委员会"或"广播事务管理局"等法定机构,对广播节目施行较严格的监管。对"记者通则"或"新闻工作者工作规范"之类的道德守则,其他国家和地区(包括中国内地),非由政府部门负责起草,而是授权给一个较为客观中立的并具有公信力的"委员会",或者让新闻传播同业公会(如记协、记联、传协等)独立地或联合地草拟不具法律强制性的道德守则,让新闻界人士在工作时有所依循。①

2011年12月,澳门新闻局局长陈致平在与新闻业界就修订《出版法》《视听广播法》交流时重申:两法颁布至今逾20年,有必要检讨其适时性,特别是当中未全面落实的条文内容(如法律中有明文规定设立的出版委员会、广播委员会及《新闻工作者通则》)。澳门记协就这次交流形成三点意见:(1)两法实施已久,随着社会快速发展,当中条文确实已脱离社会实际情况,认为有检讨的必要,但原则上必须维持原有的"新闻自由"尺度不变;(2)记协尊重政府对是否修订两法没有既定的立场原则,政府建立平台,给予最大空间让传媒业界自行检讨、讨论两法事宜;(3)倘将来有需要设立有关新闻评议组织,建议由民间自行组织,可参考现时澳门传媒工作者的医疗保险计划模式,由政府建立法律平台,业界自行操办。②

澳门独特的印刷媒体补贴制度,也是澳门"新闻自由"讨论中的一个受关注点。有研究史料记载的澳门的报刊津贴传统,可以追溯至20世纪20年代,20世纪80年代中期以后有过多次调整并延续至今。在报刊津贴制度实施过程中,确保澳门媒体的多元化,保存澳门本地观点不被外来信息遮蔽,提升澳门媒体的竞争力,始终是重要的考虑因素。

回归前,澳葡当局按照葡萄牙国内的传统做法,原则上不干预新闻行业的经营。但由于居澳葡人及土生葡人仅占澳门总人口的4%左右,而96%左右是华人,葡文的报纸销量较少,广告收益不多,而接收葡萄牙国内的新闻消息则须支付较高的电讯费用。因此,在澳门出版的葡文报纸普遍亏损严重。为了使这些葡文报纸能继续出版下去,澳葡当局决定通过立法手段给予报纸津贴性补助。1985年9月

---

① 澳门特别行政区政府新闻局.《出版法》和《视听广播法》修订方向文献研究(期末报告)[R].2010:56.
② 梁丽娟.澳门2011年新闻传播业概况[M]//中国社会科学院新闻与传播研究所.中国新闻年鉴2012.北京:中国新闻年鉴社,2012:228.

13日,澳督批示,对在澳门出版的葡文报纸提供电讯、电力和纸张津贴,按实际支出给予50%的津贴额,同时,对每月津贴设最高限额,电讯费用不超过2 500元,电费不超过3 000元,印刷用纸不超过5 000元。

1986年3月,在中文报业的呼吁和压力下,报刊津贴惠及中文报刊,补贴方法也有所调整。无论每月的电讯费用、电力及纸张消耗程度如何,每月均补贴1万元,但只限于向已创刊1年并在新闻司注册的报刊提供。

1990年8月6日,澳葡政府颁布法令,规定凡在澳葡政府新闻司注册的日报和周报,只需创刊满半年,每月就可领取12 500元津贴,此外,以分期付款方式购买设备时可申请利息津贴。此法令将领取津贴的创刊期缩短,刺激了一些非新闻工作者蜂拥创办中文周报。由于一些新创刊的周报素质欠佳,且新法令加重了政府财政负担,所以澳门各界对政府不管三七二十一地向报刊发放津贴的做法,存在不同意见。

1991年7月25日,澳葡当局颁布澳督的第122号批示,把报刊领取津贴的创刊时间条件提高到必须满3周年,同时又调整了津贴的计算方法和最高限额:每月的津贴额度从原来规定的每报每月固定的12 500元,改为该报刊该月电讯、电力及印刷纸张所实际支出金额的一半,但不超过12 500元;保留了在澳门出版的报刊在以分期付款方式购买设备时可以向政府申请利息津贴的政策,但把可以申请利息津贴的时间规定为3年。此外,增加了对新闻工作者在职进修、学术交流和业务培训等的津贴,提供所需费用的50%。经过几次调整,澳葡当局支付津贴的中葡文报刊压缩为20家左右,既保证了澳门地区正常的报业运作,也基本适应澳门政府的经济承受能力。

澳门回归后,特区政府新闻局延续了澳葡政府的新闻政策,于2000年底推出《鼓励本地报业提升竞争力方案》,这是一项短期补助,接受补助的单位须于年终提交年度执行报告。其中,工作人员为50人以上的日报,资助额为每月50 000;50人以下的日报,资助额为每月35 000元;周报的每月资助额为18 000元。根据澳门新闻局公告,2001年年度鼓励方案对中葡文报刊都有资助,其中《澳门日报》《华侨报》各得30万元,其他中葡文日报各得21万元,各周报得9万元。全部资助共计

291万元。① 从 2002 年 1 月起,这些资助与原先执行的"电讯、电力、纸张津贴"合并,分别以"协助提高竞争力"和"协助经营"的名义发放,数额略有增加,增幅为 2% 左右。② 近年来,澳门有关部门和澳门基金会为新闻从业人员创造了更多外出考察和学习的机会,政府补助范围扩大至澳门本地报刊、电台、电视台记者赴中国内地及境外采访。

特区政府提供津贴,主观上并没有以此干预、控制传媒的意图,但客观上,当传媒及新闻从业人员接受了政府资助后,的确存在放弃独立思考、独立报道原则,自我约束、自我审查意识抬头的现象。2007 年"五一"游行事件后,有新闻从业人员就澳门新闻局工作人员在事件报道过程中的不当干预行为,向时任特区行政长官何厚铧投诉,引起社会对政府资助传媒的做法是否恰当、是否干涉"新闻自由"的广泛讨论。③

对于澳门报刊津贴补助制度,社会舆论与研究者褒贬不一。赞同者认为,只要财政补助印刷传媒时不附带任何条件,就不会影响媒体的公正性。为了保持澳门印刷传媒的多元性,避免因过度依赖外地(特别是香港)传媒的二手信息,而导致缺乏澳门本地观点,应允许报刊津贴补助制度存在;持反对意见者认为,报刊津贴令澳门中文传媒的立场和言论太过保守与温和,特别是对于一些涉及政府或赌场利益的重大社会事件,不能善尽传媒对政府的监督作用以及对社会弊端的揭露和批判作用。④

---

① 梁丽娟.2001 年澳门特别行政区新闻与传播业的发展[M]//中国社会科学院新闻与传播研究所.中国新闻年鉴 2002.北京:中国新闻年鉴社,2002:154.
② 林昶.澳门中文报业在两岸交流中所扮演的角色[M]//夏春平.世界华文传媒年鉴 2005.北京:世界华文传媒年鉴社,2005:202-203.
③ 冷夏.冷眼看澳门——澳门回归十年回顾与反思[M].香港:香港名流出版社,2009:165.
④ 梁丽娟.2003 年澳门特别行政区新闻传播业回顾[M]//中国社会科学院新闻与传播研究所.中国新闻年鉴 2004.北京:中国新闻年鉴社,2004:235.

第六章 当代①澳门报业的发展与特征

当代澳门报业的发展,深受周边政治环境和葡萄牙政局的影响。我国内地及澳门周边地区政治环境,主要影响澳门中文报业和英语媒体的出版;澳门回归前,葡萄牙政局则直接影响澳门的葡语报业。20世纪八九十年代,不是纯粹基于政治原因和特定政治变化而出版的报刊增多。澳门回归后报业的发展,则直接呼应澳门经济的快速成长。

第一节 当代澳门报业发展历程

辛亥革命后,澳门的报业进入了商业化时期,澳门中文报业蓬勃发展,出现了一批大众化报纸。1913年6月3日,澳门赌商卢廉若创办《澳门通报》,该报新闻包括"港澳新闻""粤省新闻""京沪电讯";注重言论,设有"时评""短评""论说"等栏目;而且还刊登有狗马经和博彩、六合彩投注等赌经,是澳门狗马经报纸的鼻祖。1916年创办的《澳门时报》,以大篇幅刊登"中外新闻""粤省新闻",辟有"冷评""时论"等专栏;同时,十分重视"赌经",不惜版面,以争取读者、扩大销路。1917年8月,《澳门日报》创刊,当时正值第一次世界大战期间,考虑到读者关心时局变化,报纸注重相关新闻报道和言论,辟有"评论""专电""时评"多个评论专栏;此外,还专设"谐部"版,刊登各种副刊文章,同时广告也占有一定比例。1920年,《濠镜晚报》创刊,开澳门黄色报纸之先河。

---

① 本书未采用一般史学界以1949年为当代起点的划分方式,而是根据澳门报业的发展特征,将对当代澳门报业发展历程的描述追溯至辛亥革命之后澳门报业进入商业化的时期。

20世纪20—30年代,受澳葡政府报纸津贴政策的影响,出现两家以上报纸"套版"印刷的现象。尽管澳门报刊津贴制度的准确起始时间尚未能得到考证,但有学者指出起因是:《澳门时报》创办人陆庆南与当时的澳督关系良好,因而获得了政府每月发放的津贴,①澳门华文报刊津贴制由此开启。当时津贴制度的随意性,造成报刊经营的投机现象。如1924年创刊的《平民报》《民生报》每天采用《澳门时报》的新闻内容,只有副刊略有不同。这三家报纸同属一个老板,"当时政府每月补贴60元给在政府处登记的每一家报纸,这样以'套版印刷'方式运作相当于可以拿到额外的120元政府津贴"②。1932年11月创办的《朝阳日报》与1933年创办的《大众报》,也采取套版印刷。这一时期,只有1924年创刊的《新声报》有自己单独的印刷所。这几家报纸的发行量仅有二三百份,内容主要靠剪贴香港和广州的报纸,因此有"六报三馆一来源"的说法。③ 这种状况直到《华侨报》出现才有所改变。

《华侨报》创刊于1937年11月20日。"七七事变"以后,中日全面战争开始,大批内地和香港居民涌到澳门避难,澳门人口大增,这促进了报业的发展。香港《华侨日报》社长岑维休委派该报编辑赵斑斓、雷渭灵两人到澳门创办了《华侨报》。《华侨报》当时在澳门报界首先采用先进的收报机收录国内外资讯,为宣传抗日立下汗马功劳;报馆还专设采访部,摆脱了以往报纸新闻靠剪贴穗港报纸的局面。其版面内容主要有:要闻(以澳门新闻为主)、澳门及广东新闻、中国内地及国际新闻、香港新闻、赛马报道、广告等;同时还设有"华青"副刊,专登载小说、影视、广播、戏曲新闻等;还曾经出版过《华侨晚报》。由于报道及时、题材广泛、内容丰富,《华侨报》销量迅速达到日销万份④,创澳门新闻史纪录,成为澳门的主流华文报纸。

抗战期间,在澳门创办的报纸还有《醒群报》《复兴报》《市民日报》《体育报》等,都是支持抗日的报纸。当时,澳门最大的爱国团体"四界救灾会"的会址设在《朝阳日报》社内,《朝阳日报》负责人陈少伟出任"四界救灾会"的主席。《朝阳日报》《大众报》《新声报》是澳门同胞抗日救亡运动的重要宣传阵地。但是,由于日军在广东的军事进展及日本政府的不断施压,澳葡当局为了保持所谓的"中立",禁止澳门民

---

①② 林玉凤.经济发展时期的报业挑战——以澳门报业发展为例[J].新闻记者,2007(11):26-28.
③ 闻朔.回归以前的澳门新闻业[M]//中国社会科学院新闻与传播研究所.中国新闻年鉴2000.北京:中国新闻年鉴社,2000:594.
④ 查灿长.抗战时期的澳门《华侨报》[J].新闻界,2006(4):108-109.

众进行公开的抗日活动,并从 1938 年开始对澳门报业实行严格的新闻检查制度。澳门所有报纸在付印前均要将清样送至出版物检查委员会总办公厅接受严格检查,涉及抗战反日的内容整段或整篇被禁止刊出,导致报纸出现"开天窗"现象。1939 年 10 月,日军攻陷广州,逼近澳门,为了保住澳门,葡萄牙宣布澳门为中立地带,同时对澳门报业的"管束"更为严格。

1941 年 12 月 7 日,太平洋战争爆发。12 月 25 日,香港沦陷,更多的难民涌入澳门。由于日本军的封锁,澳门经济陷入了极端困难之中,物价飞涨,办报必需的白报纸严重缺乏,加之严格的报刊言论查禁制度,一度繁荣的澳门报业面临经营和生存的危机。继 1938 年《民生报》停办之后,1941 年《澳门时报》《平民报》《新声报》相继被迫停刊。1942 年初,在日本驻澳特务机关的策动下,汉奸文人刘传能、陈昌文等人在澳创办了《西南日报》(1942－1945 年),不久又创办了另两份汉奸报纸《民报》(1942－1945 年)和《世界夜报》(1942 年－不详)……这几份报纸一方面大肆鼓吹"大东亚共荣圈";另一方面采取非常手段打压其他报刊,迫使《大众报》《朝阳日报》等爱国中文报纸于 1942 年下半年先后停刊。① 澳门报业遭到前所未有的重创。

在战时的严峻形势下,澳门报业坚持发声,澳大利亚学者杰弗里·C. 冈恩在其所著《澳门史(1557－1999)》中这样描述:"尽管所有报纸都受制于一个时刻提防不要冒犯日本的政府审查,受制于严守中立的编辑倾向,但在这样的环境下,它还是提供了远东唯一的媒体典范。"书中转引当时英国情报部门对澳门报纸的评价:"(英文周报《澳门论坛》)与其说是中立的,不如说是亲盟国的",伦敦的《泰晤士报》和路透社都被作为报纸消息来源。该报在 1944 年 4 月 2 日报道了丘吉尔的演说"我们最伟大的行动如今正在接近的时刻"中的主要观点,以及尼米兹向帕劳群岛推进的消息;葡文午报《澳门之声》则被评价为"严格中立",该报因刊发美国太平洋关系研究所"流放日本天皇"的建议,出版四个月即被澳门审查机构关闭;战时澳门最畅销的华文报纸《华侨报》,被描述为"中立的、有影响的报纸……不发表未经证实的消息",该报与它的子报《新声报》《新声日报》《体育报》,"表面中立,实际上是亲盟国的";发行量居第二位的《大众报》则被描述为"实际上是亲重庆的"。②

---

① 查灿长.抗日战争时期的澳门报业[J].贵州社会科学,2003(3):103-106.
② 冈恩.澳门史(1557—1999)[M].北京:中央编译出版社,2009:182.

1944年8月15日,《市民日报》创刊,这是一份由华人合股经营的地方性小型日报,创办人为何曼公。澳葡政府曾暗中支持该报,以抗衡当时亲日报纸的影响。该报的内容有:澳门新闻、赛狗消息、体育新闻、博彩业消息、广告等。抗战胜利后,亲日报纸销声匿迹,澳门报业得到恢复和发展。1946年,澳葡政府出版了政府机关报《复兴日报》,此报维持了两年多。① 1948年,《精华报》创刊;同年,战时停刊的《大众报》复刊。

1945年抗战结束后到中华人民共和国成立之前,澳门老牌报纸《华侨报》《市民日报》《大众报》等持亲国民党立场。中华人民共和国成立后,1950年3月,澳门新民主协会创办《新园地》周报(见图6-1),该报以"做人民喉舌,为同胞服务"为宗旨,在广大民众中拥有大量读者,但当时在澳门亲国民党的报纸仍然占据上风。② 这一时期,左右两派报纸阵线分明,其中,《群与力》与《新园地》的内容针锋相对,直到《澳门日报》创刊(见图6-2),这种状况才得以扭转。

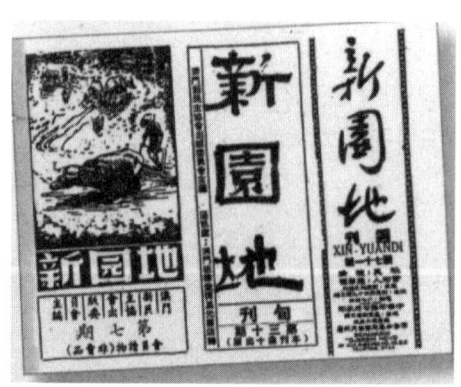 

图6-1 《澳门日报》前身《新园地》　　图6-2 《澳门日报》创刊号

1958年8月15日,《澳门日报》在《新园地》的基础上创刊,在发刊词中宣称:"我们将竭尽所能,宣传爱国主义,宣传社会主义真理……促进澳门同胞的大团结,全心全意为澳门同胞真诚服务。"《澳门日报》以报道中国内地建设与澳门社会发展

---

① 陈新华.澳门中文报业简史[J].新闻大学,1999(4):86-88.
② 闻朔.回归以前的澳门新闻业[M]//中国社会科学院新闻与传播研究所.中国新闻年鉴2000.北京:中国新闻年鉴社,2000:594.

为主,受到澳门同胞欢迎,首日即创下 10 100 份的销量①;随着《澳门日报》在反民族压迫的"十二·三"澳门民众运动中树立起权威,其发行量直线上升,使"亲台"报纸相形见绌。然而,由于受内地"文革"风潮影响,报纸随即减少软性新闻,大量转载内地报纸的"革命文章",严重脱离读者需求,导致销售量急剧下滑。"文革"后,《澳门日报》恢复受读者欢迎的版面,增加信息量,拓展报纸内容,并且增添设备、改进印刷技术,令版面美观清晰,发行量跃居全澳报纸第一位。② 1980 年,《澳门日报》开始迈步甩开同行,至 20 世纪 90 年代稳占澳门平面媒体 80% 以上的市场,目前仍是澳门最具影响力的媒体。

在《澳门日报》创办、崛起和发展的 60 多年中,澳门报业的布局也逐步形成。1963 年 10 月 3 日,以"狗经"为主要内容特色的《星报》创刊,与已有的《大众报》《华侨报》《市民日报》《澳门日报》形成五家日报竞争的格局。《华侨报》《市民日报》《大众报》的"亲台"立场逐步发生转变。直到 60 年代前期,《市民日报》的报道一直使用"中华民国"纪年,自从 60 年代中期开始,由于澳门爱国力量壮大,该报由偏向台湾转为采取中间立场。同期,《华侨报》也由"亲台"立场转向爱国立场,发展为澳门第二大报。1977 年,《华侨报》社长赵斑斓去世后,赵汝能接替父亲任职,直至 1996 年病故。在此期间,赵汝能曾任广东省政协委员,第七、八届全国人大代表。在 70 年代,澳门还有两份中文周报面世,分别是 1972 年创刊的《时事新闻》和 1978 年创刊的《澳门体育报》。

20 世纪 80 年代,澳门报业开启新篇章。《先锋日报》于 1982 年 1 月创刊,以高薪向各报"挖角",争取现职资深从业人员加盟以打开局面,但由于经营不善,于 1984 年 10 月停刊。同年,《澳门体育报》改为《澳门体育日报》,后易名为《正报》,成为综合性日报。至此,澳门拥有六家中文日报,这一局面又维持了十年。而在此期间,由于澳门人口激增,工商业发展迅速,再加上自 1986 年 6 月关于澳门前途问题的中葡谈判开始后,澳门居民普遍关心社会政治,各家报纸的销量大为增加。同时,80 年代初创刊的中文周报有《中西报》《至尊周报》。1982 年,葡文《澳门论坛

---

① 李成俊.《澳门日报》半世纪若干人与事[M]//廖子馨.我们——《澳门日报》五十年成长足迹.澳门:澳门日报出版社,2008:50.
② 李鹏翥.金禧结硕果 再攀新高峰[M]//廖子馨.我们——《澳门日报》五十年成长足迹.澳门:澳门日报出版社,2008:39.

报》(Jornal Tribuna de Macau)和《澳门晚报》(Jornal de Macau)创刊,分别是澳门公民协会和葡萄牙人政治团体"民主联盟"的机关报,均由丁乃时(José Rocha Dinis)担任社长。

1987年4月,中葡两国政府签署关于澳门回归祖国的联合声明。在过渡期内,澳门报业出现空前繁荣局面:(1)中文日报增至8家,新增2家日报。1987年3月18日创刊的中英文周报《现代澳门》,于1991年4月改为《现代澳门日报》。1989年12月20日创刊的中文周报《华澳邮报》,于1994年12月20日改为《华澳日报》。《华澳日报》在创刊宗旨中明确注明:"积极参与澳门过渡期各项工作的舆论宣传,以报道和分析澳门社会时事新闻为主,兼顾海峡两岸的重大新闻,适当地介绍与澳门市民相关的法律行政知识"[①];(2)中文周报大量涌现,这一时期创刊的周报有《讯报》《澳门脉搏》《濠海报》《东望洋报》《濠景邮报》《象人周报》《文娱报》《葡华导报》《澳门经济报》《澳门地产报》等;(3)葡文报纸方面,有3份葡文日报(《濠程日报》《澳门人报》《今日澳门》)、1份晚报(《澳门晚报》)。此外,葡文周报有《澳门论坛周报》《商报》《香港澳门中国经济周报》《号角报》《句号报》;(4)英文周报有 Macau Express 等2家报纸。

1998年,澳门回归前夕,澳门葡文报刊已着手应对回归后的新形势,或合并出版,或邀请华人撰写专栏以增加华人读者,或增加新闻内容以进一步淡化政党报纸的色彩,或出版英文报刊以开拓英语市场。1999年澳门回归以后,特别是2002年澳门股权的开放,为澳门报业带来了新的变化:"从2002年开始至2006年底,在澳门新闻局新登记的刊物(不一定在同年出版),便从20世纪90年代同期(1992—1996)的每年平均10种激增至23种,单是2002年和2004年,新登记刊物就分别有32种和36种。经济高速发展影响下的新生报业特征,主要体现在两个方面:一是以'经济'内容为定位的新增刊物增加,二是以市场消费讯息为主体的免费刊物出现。前者像英文商业杂志 Macau Business 的姊妹中文月刊《商讯》和周报《澳门商报》,均是澳门报业史上较少的以商业资讯及经济内容为主的报刊。后者如以本地饮食资讯为主的类广告报刊——《品报》(月刊),每期印刷数千份免费派送,目标

---

① 新华澳报.关于本报[EB/OL].[2013-05-06].http://www.waou.com.mo/aboutus/.

读者对象为来澳消费的游客。"①

根据澳门新闻局公开的刊物登记资料可知,截至 2017 年 1 月 16 日,澳门出版发行的各类报刊有 68 家,包括 4 个语种:中文报刊 53 家,英文报刊 8 家,葡文报刊 6 家,日文报刊 1 家。葡文日报 3 家,即《澳门今日》《澳门论坛报》《句号报》,其中《句号报》自 2007 年 2 月开始,同时发行英文月刊《澳门特写》(Macau Closer);2005 年创刊的《今日澳门》是第一份在澳门派发的免费报纸,2015 年 8 月更名为《正思今日澳门》仍为免费派送。2006 年之后新增的中文日报《濠江日报》(2008 年 3 月 28 日正式创刊)和《力报》(2012 年 9 月 23 日正式改为日报),也均为免费报纸。打通传统媒体和网络的新型复合媒体是澳门报业发展的新力量。

以下为澳门目前出版发行的各类报刊:

日报 19 家——中文 13 家,即《澳门日报》《华侨报》《大众报》《市民日报》《星报》《正报》《现代澳门日报》《新华澳报》《澳门时报》《濠江日报》《澳门晚报》《力报》《正思今日澳门》;葡文 3 家,即《澳门今日》《澳门论坛报》《句号报》;英文 3 家,即《澳门邮报》《澳门每日时报》及 BUSINESS DAILY。

周报 18 家——中文 16 家,即《澳门体育周报》《讯报》《澳门脉搏》《澳门文娱报》《澳门观察报》《乐报》《澳门商报》《车世界》《捷点资讯报》《澳门会展经济报》《濠江晚报》《澳门节庆盛事报》《澳门华文报》《亚洲新闻报》《澳门焦点报》《澳门法治报》;葡文 2 家,即《号角报》《澳门平台》。

双周刊 1 家——中文《广野》。

月刊 19 家——中文 15 家,即《时代月报》《澳门月刊》《澳门青年报》《澳门妇女报》《商讯》《澳门特写》《九鼎》《新潮》《中华英才海外版》《澳门汇》《澳门尚》《新生代》《论尽》《SD 杂志》《新澳门导航》;英文 3 家,即 Macau Business, Inside Asian Gaming, Magazine & More;日文 1 家,即『マカオ   』。

双月刊 4 家——中文 2 家《大众之翼》《品牌澳门》;英文 1 家,即《探索澳门》;葡文 1 家,即 ESSENTIAL Macauo。

季刊 5 家——中文 4 家,即《澳门管理人杂志》《澳门会展》《青年观察》《澳门教育》;英文 1 家,即《珠三角纵横》。

---

① 林玉凤.经济发展时期的报业挑战——以澳门报业发展为例[J].新闻记者,2007(11):27.

半年刊 1 家——中文《澳门中华医药杂志》。

年刊 1 家——中文《澳门博采年鉴》。

第二节　当代澳门报业发展特征

澳门曾长期被葡萄牙租占,从中西航运交汇的自由港,到成为世界赌城"东方的蒙特卡洛",独特的城市发展路径,使澳门报业形成华文报纸、葡文报纸、英文报纸三大语种体系。

葡文报纸发端最早,但对澳门的社会影响力有限,至 20 世纪 90 年代仍大多为政党报,主要报道内容除少数重大的本地事件外,都与葡萄牙本土(特别是里斯本政坛)的政治情势有关,较少关心澳门本地事务。20 世纪 80 年代中后期,澳葡政府才开始在澳门的中小学推广葡语,因而葡语报刊的读者对象仅限于居澳葡人、土生葡人和极少数懂葡语的华人。这些人大多是处在澳门政治上层建筑的高级官员、公务员和律师等专业人士,这进一步促成葡文报刊长期保持政党报纸的特色,不是葡萄牙执政党的宣传工具,就是政党或具有不同政见的团体之间斗争的工具,只出现过少数的非政党类报刊,而其中政治言论仍占相当大的比重。

自 20 世纪 80 年代始,澳门工商业快速发展,新兴的经济力量开始通过经营或控制葡文报刊影响政府政策,成为政党以外影响葡文报刊言论的新力量。但由于葡文报纸读者少、销售量低,以华人为主要对象的商业活动机构不愿在葡文报刊上刊登广告,其收入主要依赖政府和专营公司刊登广告,缺乏纯商业操作的大众化生存条件,所以形成了澳门葡文报纸几乎都由律师支持的特有现象。他们或支持政府和葡萄牙总统所属的党派,或站在葡萄牙反对党的立场监督、批评政府,或为土生葡人代言。但"当时大批葡裔的专业新闻工作者受聘来澳门主理报刊的日常营运,令报刊即使各具政治立场,形式上还是以专业为导向,消息性报道和调查报道增加,政论的内容相对减少"。①

20 世纪 90 年代中后期,随着支持葡文报纸的律师离开澳门,葡文报刊出现了较大变革:一方面,数量收缩,葡文报社兼营英文报刊;另一方面,面向市场的葡文

---

① 林玉凤.社会变迁下的澳门传媒发展[J].国际新闻界,2009(12):18.

报开始出现。澳门目前的 3 家葡文日报都经历了这一变化和转型：《句号报》(*Ponto Final*),1991 年 12 月 18 日由文化界人士杜莲玉(Herculano Estorinho,1921—1994)创办,初为周报后改为日报出版至今;自 2007 年 2 月,《句号报》同时发行英文月刊《澳门特写》(*Macau Closer*)。《今日澳门》(*Hoje Macau*)于 1990 年 7 月 2 日创刊,原称 *Macau Hoje*,在 1995 年和 2001 年曾两度转让所有权,并附设英文版和中文版,2001 年改为现名。《澳门论坛报》1998 年由原澳门公民协会机关报和葡人政治团体"民主联盟"的机关报合并组建,2006 年 6 月 1 日起改为日报。

澳门英文报刊的发展,"历来都是周边环境对澳门人口状况影响的一个重要投射"①,与澳门在国际社会扮演的角色密切相关。当代澳门英文报刊发展有两个高潮期:一是第二次世界大战期间,广州和香港相继沦陷以后,澳门英语人口骤增,出现了以英语读者为对象的《澳门先锋报》(*Macao Herald*)、《澳门论坛报》(*Macao Tribune*)等。澳大利亚学者杰弗里·C.冈恩的《澳门史(1557—1999)》中还提到当时由英国难民创办的《复兴报》,书中转引了该报 1945 年 9 月 11 日的报道,英国总领事 J.P.里夫斯介绍当时在澳门领取英国救济品的难民有 9 000 多人。这些难民构成英文报刊的读者主体;②二是 2002 年澳门股权开放以后,外来人口骤增,对英语刊物出现了明显的需求,形成澳门英文报刊的第二次高潮,重要的英语报刊有《澳门每日时报》(*Macau Daily Times*)和《澳门邮报》(*The Macau Post Daily*)两份日报,以及杂志《澳门商务》(*Macao Busines*)和《澳门特写》(*Macao Closer*)等。

不同于葡文报纸长期以党派报纸面貌政治化生存,澳门英文报刊的商业特征更为突出,即使在战时,依靠读者的日常消费性需求生存的特色仍然明显。如 1942 年 12 月 12 日英文周报《澳门论坛》上"提到了教会活动、电影院、辩论会、演讲、麻将、桌球、运动、圣诞节舞会,以及唱大戏,这些都是既要有钱又要有闲"。《澳门论坛》1944 年 4 月刊有《无形枷锁》(*Invisible Stripes*)和秀兰·邓波儿主演的《我们的小姑娘》(*Our Little Girl*)的电影海报。1944 年 11 月 5 日,《澳门论坛》头版在发布《为保卫桂林而战斗》新闻的同时,还有新中央大酒店开设了一家新舞厅和音乐厅,"给'度假者'提供一位'魅力四射、妩媚迷人的女主人'的广告"③。

---

① 林玉凤.社会变迁下的澳门传媒发展[J].国际新闻界,2009(12):18.
② 冈恩.澳门史(1557—1999)[M].北京:中央编译出版社,2009:18.
③ 同②184-185.引文中两部电影的常用译名为《无形的枷锁》和《小天使》。

澳门华文报刊出现较晚,但由于华人占据澳门人口主体,所以后来居上,自然成为澳门报业主体,并与澳门社会发展有更直接的呼应关系,不仅"反映了本地社会在不同时期对不同信息的需求",而且"更能反映澳门的社会变迁"。澳门新闻学者林玉凤曾总结澳门历史上有五个中文报刊集中出版时期,当代占据其中四个,按照时间顺序排列分别是:(1)20世纪20年代前后;(2)30年代一直到抗战结束后的数年间;(3)80年代末90年代初;(4)2002年特区政府宣布开放博彩业以后。她认为中文报刊出版的这几次高潮的成因分别为:20世纪30年代主要受战时政局的政治因素影响;20世纪20年代前后和八九十年代之交,政策因素(政府报刊津贴)是主要驱动力;2002年以后经济因素成为最明显的推动力。[①]

通过对澳门报业发展历程的梳理,我们还可以看到澳门华文报纸发展的其他突出特点:

首先,辛亥革命后至抗日战争前,是澳门报业从近代党派报纸向现代商业报刊转型的重要时期。在这一时期,商人办报屡见不鲜,出现了黄色小报(如《澳门晚报》),还有专登"花国"艳闻的《濠镜晚报》,以及为获取政府补贴的套版经营现象,这都体现了华文报刊转型过程中办报主体和办报诉求的变化。此外,不少华文报纸都同时设有"赌经"内容及多个时政评论专栏,也反映了澳门报纸从观点鲜明的政论党派报向商业大众报转型变化的特色。

其次,澳门华文日报的发展明显受到我国国内政治、经济政策影响。这在《澳门日报》的发展过程中尤其明显,其他报纸也都有不同侧面的体现,如:1976年,《华侨报》率先在澳门报纸上创办"经济版",除在澳门销售外,还销往香港、珠海、中山、广州、台湾等地。1984年,《大众报》增辟"珠海特区版"。《大众报》在中华人民共和国成立后,致力于爱国宣传,1982年增辟葡文版,是唯一中葡文合璧的报纸。它的销售量居澳门报刊的第三位。

最后,澳门华文日报格局在20世纪90年代中期已基本定型。1994年,各中文日报在澳门新闻司登记的报纸发行量规模如表6-1。[②] 各报的风格特色也有不同定位:《澳门日报》读者最广泛、多元;《华侨报》主要对象为中老年澳门居民;《大众

---

① 林玉凤.社会变迁下的澳门传媒发展[J].国际新闻界,2009(12):18-19.
② 蔡志雄.澳门中文报纸对政府施政的监督[EB/OL].[2015-06-01].http://www.macaudata.com/macau-book/book028/html/11101.htm.

报》主打海峡两岸新闻。1993年,吴福集团收购《大众报》并在台湾发行,成为澳门首份同时在海峡两岸发行的报纸,在澳门发行量约1万份,在台湾发行2万份,在珠海、中山、江门等地发行约三千份;《星报》以中小商人及知识分子为读者对象;中文周报《讯报》则以"政治立场倾向自由开放派"和"批评政府行政失当和社会矛盾的言论"著称。

表6-1 澳门20世纪90年代主要报刊发行量

报刊名称	1994年发行量	报刊名称	1994年发行量
《澳门日报》	95 900	《星报》	5 500
《华侨报》	30 000	《正报》	4 500
《大众报》	8 000	《现代澳门报》	6 000
《市民日报》	8 000	—	—

澳门原有报刊市场已基本饱和,近年来的新兴报纸主要从三方面着手寻求突破:

第一,免费报刊。免费日报《濠江日报》和《力报》均为2008年之后创刊。《濠江日报》与澳门《大众报》同属新濠江报业集团,于2008年3月28日正式创刊,每日28版,着重关心澳门基层市民的衣、食、住、行等各方面。《力报》于2011年9月2日以《力周报》之名试刊,9月23日正式以周报形式创办,逢周五免费派发。2012年4月3日,易名为《力报》并加印周二版。2015年9月1日,《力报》正式改版成大报版式,并细分为A、B、C三叠,是目前全澳门发行量最高的免费报刊,发行量高达5万份,在全澳门设有超过380个派发点供市民免费取阅。其内容包括多方面,以专题报道为主,辅以澳闻、国际、娱乐、副刊、财经、地产等版面;并定期推出《学力》《力聘》特刊,提供继续教育、进修及人力资源等方面资讯;除传统的纸质报纸外,还提供网页、手机及iPad版本。澳门的免费周刊有《澳门脉搏》《澳门商报》等。

第二,拓展读者对象,定位每年入境的超过2 000万的游客。根据澳门旅游局发布的消息,2014年,澳门入境旅客人数达3 150多万人次,较上年同期上升7.5%。其中,内地、香港和台湾仍然为三大客源地。内地旅客有2 100多万人次。自2003年中国内地实施个人港澳自由行政策试点以来,澳门针对内地入境游客读者的报刊成为报业新的增长点。如《澳门日报》出版了以介绍澳门旅游资讯为主要内容的增刊——《感受澳门》。创刊于 2006 年 10 月的《品报》(Tastes Gazette),则是以向来澳游客推广澳门美食、宣传澳门旅游文化为定位的免费月报,一至两个月出版一次,于澳门各食肆、酒店、出入境口岸、新渡轮以及澳门航空所有回航班机免费发放,甚至在广州及香港亦有派发点。在《品报》每期的最后一版都附有澳门半岛、氹仔及路环地图,方便游客游览澳门。

第三,面向澳门新增人口。澳门经济高速发展,需要大量素质较高的劳动力进入澳门以支撑经济的发展,外来劳动人口随之开始呈上升趋势。2011 年,澳门外来劳动力人口累计达到 100 万人以上。① 澳门特区政府 2015 年二季度人口统计显示,澳门总人口为 642 900 人,外地雇员有 180 523 人。面对数量庞大的外来人口,争夺外来人口当中的英语读者市场,成为澳门报业发展的新热点。目前澳门三家英文日报都在 2002 年以后创办:《澳门邮报》成立于 2004 年 8 月 27 日,除澳门、珠江三角洲、大中华地区、世界新闻等常见的版面外,也有专门报道菲律宾和葡语国家新闻的版面,尤其后者据称在英语报刊中是独一无二的;《澳门每日时报》(Macau Daily Times)2007 年 6 月 1 日创刊;《澳门商业日报》(Business Daily)2012 年 4 月 2 日创刊,每期印量达到 12 000 份。

第三节 "一报独大"的《澳门日报》

一、《澳门日报》的诞生和地位确立

据《澳门日报》董事长李成俊回忆:早在《澳门日报》诞生十年前,即 1948 年,澳门爱国人士为适应形势发展的需要,曾集资筹办《澳门商报》。但当时国民党政府通过驻葡萄牙大使向澳门政府施加压力,致使《澳门商报》胎死腹中。1949 年,中华人民共和国成立,澳门同胞冲破长期的思想禁锢和封锁,纷纷组织社团创办刊物。其中,"新民主主义协会"于 1950 年元旦出版的会刊《新园地》月刊,不仅受到会员欢迎,且备受各阶层人士赞赏,这促使月刊改为半月刊,数年后适当增添人手,

---

① 宋雅楠.外来劳动力对澳门经济增长影响研究[EB/OL].(2015-01-07)[2015-05-28].http://www.cssn.cn/kxk/skyrw/201501/t20150107_1469666.shtml.

改为周刊。不同于一般会刊,当时每份《新园地》要收取微薄的印刷费以弥补资金不足,但仍得到了读者支持,印行了8年多,并且树立了很好的报誉。《新园地》积累的出版经验和在读者中的人气,已经具备创办一份正式报刊的基础。

1958年6月,在《新园地》的基础上,《澳门日报》正式筹组。首先集中主要采编骨干,《新园地》全部人员基本上都转到《澳门日报》任职,《新园地》移到《澳门日报》作为一个主要的副刊。《澳门日报》与祖国内地有着密切的亲缘关系,在报纸筹备阶段,《澳门日报》组团前往《羊城晚报》和《南方日报》学习办报经验①,明确其"爱国爱澳"的报纸定位。当时的澳门并非一潭死水,国民党反动派的残余势力"中一六""第七行动组"等正分崩离析,报纸就在这样的背景下筹备酝酿。7月下旬,《澳门日报》经过半个月试版,于8月15日正式创刊。报纸选在日本宣布无条件投降纪念日创刊,报名标准字拓自鲁迅先生的手迹,体现了报纸的立场。一份立足澳门、背靠祖国、面向世界的爱国报纸由此诞生。

《澳门日报》的创办,得到澳门绅商和广大同胞的支持。报纸筹备期间,报社集中少量资金,买下河边新街28号两层旧楼作为办公住宿地点,但由于空间有限,实在难以容身,后"得到爱国人士何贤先生的帮助,将28号后座买下来",何贤先生(见图6-3)还将"鹅眉街2号AB两幢洋房以象征式租金租与《澳门日报》作职工宿舍"。②《澳门日报》出版前已有一批稳定的读者群,因此自办发行,聘请10名派报员为订户派送报纸,这是当时澳门报业史上最

图6-3 1956年毛泽东和澳门中华总商会理事长何贤亲切交谈

具规模的发行派报队伍。从当时每位派报员平均每天送300份报纸估算,报纸创刊之初的固定订户就已达3 000个;除了自行派发外,还由"李康记"代理零售,统一发报档销售;最初零售价每份5分、发行价每份3分,到1961年6月1日,报纸页

---

① 李鹏翥.金禧结硕果 再攀新高峰[M]//廖子馨.我们——《澳门日报》五十年成长足迹.澳门:澳门日报出版社,2008:38.
② 李成俊.改革促发展 创新铸辉煌——《澳门日报》半世纪若干人与事[M]//廖子馨.我们——《澳门日报》五十年成长足迹.澳门:澳门日报出版社,2008:47.

数增加,零售价升为1角,增幅达百分之百。① 《澳门日报》不仅在很短的时间内就立足市场,而且发展迅速。

《澳门日报》诞生于中华人民共和国成立之初。当时的澳门,爱国力量仍处于整合和发展阶段,还不十分强大,殖民管治、反动势力是当时政治生态的重要组成部分。宣传中国的社会主义建设成就,弘扬中华文化,维护澳门同胞的合理权益,为澳门同胞争取应有的地位,团结澳门同胞与殖民管治者和反动统治势力抗衡和斗争,成为《澳门日报》新闻采编的主线。1966年"十二•三"事件是此阶段的标志。事件的起因是澳门凼仔坊众学校因办学需要扩建校舍,但一直未获澳葡政府批复,最终引发11月15日的警民冲突(见图6-4)。手持橡皮棍及藤牌的警员毒打手无寸

图6-4 1966年,"十二•三"斗争中,培道学校教师勇敢面对无理打人的防暴警察

铁的居民,小童、老翁无一幸免,造成24人受伤。《澳门日报》记者全方位拍下冲突过程,并委托群众将照片送交报馆。尽管两位记者被捕,但第二天相关图片新闻在报上刊登,为团结同胞反抗殖民统治、鼓舞士气发挥了重要作用。② 12月3日,一群师生到南湾澳督府抗议当局出动军警、禁止凼仔坊众扩建学校,并以武力对付手无寸铁的师生,群众纷纷从四面八方奔向澳督府,支援被困在内的师生。

12月10日,广东省人民委员会外事处奉命向澳葡当局提出强烈抗议和四项要求。在强势压力下,澳葡政府于12月22日派出由波治、宋玉生和崔乐其组成的代表团到拱北进行谈判。但由于澳葡政府不愿让步,1月17日,澳门联合工会召开理事扩大会议,警告澳葡政府,事态进一步升级;直至1月28日下午,澳督嘉乐庇前往澳门中华总商会签署《澳门政府对华人各界代表所提出的抗议书答复》,29日向广东省人民委员会外事处递交《澳门对于广东省人民委员会外事处处长声明

---

① 李业飞.发行也要扭六壬[M]//廖子馨.我们——《澳门日报》五十年成长足迹.澳门:澳门日报出版社,2008:226.
② 刘耀光.1966年 一张冠军照片的由来——侧记"十二•三"事件[M]//廖子馨.我们——《澳门日报》五十年成长足迹.澳门:澳门日报出版社,2008:76-77.

所提四项条件的实施条款》，事件才结束，史称"十二·三"事件。在这一反民族压迫、争办学自由的群众运动中，《澳门日报》树立了权威，发行量迅猛增加。①

澳门回归前，《澳门日报》冲破澳葡当局的"新闻检查"及"必须有葡籍督印人"等种种不合理规定，宣传祖国发展建设成果，反映社情民意，维护澳门同胞合理权益，扩大爱国团结。《澳门日报》的定位为综合性日报，它没有像一些发达地区的大城市报纸那样细分读者群、走大众通俗或专业知识分子路线，从创刊伊始即面向工人、农民（澳门在20世纪80年代以前还有菜农和畜牧业）、渔民、小贩、街坊、妇女、归侨、工商、文化、教育、医疗各界读者和专业人士，反映他们的要求，为他们提供全面服务。报纸内容突出澳门本地特色，既有阳春白雪，又有下里巴人，最大限度地团结澳门各界群众。

《澳门日报》始终坚持爱国爱澳，发挥舆论阵地的作用。20世纪80年代，中葡澳门问题谈判前夕，澳门一家葡文报发表了一篇题为《当中国入侵澳门的时候》的评论，说"澳门是葡人发现，被中国人入侵"。《澳门日报》当即发表短评给予回击，引发澳葡最高当局向北京方面解释。90年代，澳门回归前夕，澳葡当局官员贪污腐化严重、管理混乱，甚至出现监狱中贩毒吸毒、妓女出入自如等乱象。《澳门日报》刊发一则"新闻故事"讽喻现实，文中说"很久很久以前，有一个县城，县城外有一个离岛，岛上有一个富丽堂皇的监舍，狱卒头目爱黄金，犯人亲友抬着大箱金银元宝进贡，狱门随即大开"。监狱将《澳门日报》告上法庭，控告其诽谤，法院审判最终不了了之，《澳门日报》也因此赢得了民心。②

《澳门日报》是澳门地区人力资源最充足的报纸，员工人数是当地其他报社的几倍甚至十倍。《澳门日报》也是澳门地区内容资源最丰富的报纸，除记者采编本地新闻外，广订国内外著名通讯社（新华社、中新社、中通社、美联社、路透社、中央社、欧新社等）图文新闻，并通过互联网新闻渠道采选新闻素材；报社在广州、珠海设有办事处，在北京、上海、南京、福州、厦门、成都等大城市设有特约记者，遇邻近地区如香港、台湾及内地发生重大新闻，还会根据澳门读者的关注，特派记者前往采访；组建的社内外评论队伍每天撰写多种风格的社论、评论，剖析天下大势、澳门

---

① 邢荣发.澳门历史十五讲[M].香港：香港华夏文化艺术出版社，2007：56-57.
② 李成俊.改革促发展 创新铸辉煌——《澳门日报》半世纪若干人与事[M]//廖子馨.我们——澳门日报五十年成长足迹.澳门：澳门日报出版社，2008：49.

热点问题、当地社会工作经验以至台湾世情。此外,报社的硬件设施领先澳门本地同业,如20世纪70年代末最早购入第一部先进的柯式彩印轮转机,提高了印刷效率和质量;90年代率先在海外华文报刊中采用北大方正图文合一的激光照排系统;世纪之交,在澳门媒体中首先实现全面电脑化。

《澳门日报》一直被澳门读者认为"有睇""好睇":最初只有四版,也细分为国际、国内、华南、澳闻、体育和副刊等各具特色的版面。随着出版页数增加,设立港闻版,增开台湾版、乡情版及珠三角新闻;在澳门新闻中增开经济版、马经版、狗经版;体育新闻扩展为四个版,全面报道国际、国内、当地和邻近地区的重大体育活动及波经贴士;副刊从初期只有《新园地》综合性副刊,逐步发展为色彩缤纷的二三十个副刊、专刊和特辑,内容涵盖衣食住行、医疗旅游、文化艺术、生活休闲,如一个文化超级市场,吸引了不同需要、不同文化背景的读者,让他们可以各取所需,各得其所。

《澳门日报》在澳门的地位和社会影响力,由其在中葡两国关于澳门问题谈判中的采访报道权可见一斑。从1986年6月30日中葡两国开始第一轮谈判,至1987年3月26日联合声明草签,共进行了四轮会谈。1987年4月13日,《中葡两国关于澳门问题的联合声明》在北京签署,标志着澳门问题的解决。对中葡联合声明正式签署仪式,当时外交部只发出10多个特别采访证,获证媒体可以在正面近距离拍摄,外交部和全国记协给了澳门的媒体两个粉红色特别采访证,一个就发给《澳门日报》记者,另一个发给澳门政府新闻署摄影师。①《澳门日报》对于澳门地区的重要性不言而喻。至20世纪90年代,《澳门日报》已稳占澳门平面媒体80%以上的市场。

二、开放市场竞争中的生存与突围

澳门属微型城市,市场小而且外埠和海外报刊均可公开发售,仅在澳门销售的香港报刊就有40多种,报刊竞争态势严峻。无论是数量还是新闻影响力,外地传媒均压倒澳门本地传媒,如杂志市场以售卖香港及台湾的杂志为主;澳门人有收听、收看香港广播和电视节目的习惯。但《澳门日报》却在开放的市场竞争中生存

---

① 陆波.1987年中葡谈判采访实录[M]//廖子馨.我们——《澳门日报》五十年成长足迹.澳门:澳门日报出版社,2008:89.

突围，并撑起澳门本地报业大旗。澳门历史学会一项报纸调查显示，澳门居民中有接近九成的被访者最常看《澳门日报》，之后依次为：香港的《东方日报》占比为34%，香港的《太阳报》占比为12.8%，香港的《苹果日报》占比为11.6%，澳门本地报纸《华侨报》占比5.8%。尽管在澳门的5份最受欢迎的报纸中香港报纸就取其三，但《澳门日报》仍保持其绝对优势。① 历史上，澳门的社会状况与激烈的市场竞争也促使《澳门日报》以市场化编辑策略应变，甚至为占据市场而采取了一些存在争议的报道行为。

20世纪60年代初，香港富商黄锡彬、黄应求父子在一年多的时间内接连遭"野狼"绑架的案件在港澳引起轰动，被称为"双黄案"。由于案情诡异、扑朔迷离，案发后港澳社会传说纷纭，媒体各显神通，千方百计寻找素材组织报道。《澳门日报》记者获悉黄锡彬的一个侄子在澳门石油公司工作，遂与他取得联系，得以不时爆出惊人内幕，从而备受瞩目。黄应求惨被撕票的爆炸性新闻就是《澳门日报》最先发表的，其后香港报纸竞相刊载。1962年1月22日至29日，"双黄案"在铜锣湾裁判署初级侦讯，同年2月19日至3月12日移解高等法院展开十七堂审讯，代表案中被告的梁永濂律师与主控官展开连场辩论。在为期7天的初级侦讯中，控方曾召71名证人到庭作证，呈堂证物多达187件，控辩双方词锋锐利，高潮迭起。其间，媒体竞争也异常激烈，香港先后有9家报社接到告票，被控不适当刊登疑犯照片及预先透露案情。为了及时报道第一手信息，《澳门日报》除原驻港记者外，加派记者到港听审，并藏身旁听席，把庭内审讯场面画成速写交报馆刊发，既规避了庭审不得拍照的禁令，同时也让这些速写成为港澳各报有关"双黄案"报道中仅有的法庭内审讯图片（见图6-5）。

图6-5　1962年"双黄案"法庭速写

1962年3月14日，香港高等法院裁定"三狼"谋杀黄应求

---

① 莫继严.从"资讯外借"到产业内驱——澳门华文传媒业的当下困境及未来发展[J].新闻爱好者，2009（6）：40.

罪名成立,宣判死刑。《澳门日报》当日下午3时即出版号外,市民纷纷抢购。①

1978年,《澳门日报》头版曾经刊发了一则十分破格的头条新闻标题(如图6-6),向读者宣示报纸顺应市场的改革讯息。事件源于1978年6月7日下午5时许,路环石排湾两部私家车及两辆电车互相追逐飞驰,其中一辆电单车突然翻车滑行40多米,驾车青年飞离车外,身体擦地,阴囊被撕破,睾丸抛出体外,左腿骨折,当场重伤昏迷。这则新闻标题当时引起读者较大反应,包括一些反对的声音。但《澳门日报》编委会始终坚定编辑方针不变,坚持要办成一张具有强烈生活气息、浓厚地方色彩,具有自己独特风格、适应多层次读者需要和雅俗共赏的报纸。②

图6-6 1978年《澳门日报》头版引发争议的新闻标题

1985年,澳门八仙饭店一家十口遭灭门的奇案中,由于司警与治安警都守口如瓶,无更深入的内情可提供,疑凶黄志恒不承认杀人,直至被判表证成立、扣押监狱候审,也没有半点口供。《澳门日报》记者为采访真相,动用特殊采访方式,联系一些囚犯和狱警将黄志恒在狱中的情况、他与狱中人讲述杀人灭尸的过程,一一作追踪报道,并辅以对香港行家及警方的采访,立体揭发黄志恒在香港杀人和纵火后自毁指纹偷渡来澳,转换身份直至再度作案的过程,将一宗悬疑奇案、一段悬疑人生展现在读者面前。

当年参与报道的记者司徒伟业曾撰文回忆:把"狱中人的听闻作为新闻材料,包括狱中人有意或无意(的)'加盐加醋',其中纰漏不完善之处明显,但当年(人们的)法治观念薄弱,社会发展如此,记者的采访和报道也走不出这个框框。传闻一经报纸报道,瞬间街谈巷议,市井谈资的内容只有更加血腥和'离谱',当年没有人质疑过其真实性。"③将传说写进新闻中,是20世纪80年代及以前港澳惯用的新闻报道手法。那时的突发新闻,很重视街坊和左邻右舍的议论,并将之视为很好的

---

① 刘森.1962年我如何采访"三狼案"[M]//廖子馨.我们——《澳门日报》五十年成长足迹.澳门:澳门日报出版社,2008:68.
② 刘森.我们是姓"澳"的!——一条破格标题宣示的转变[M]//廖子馨.我们——《澳门日报》五十年成长足迹.澳门:澳门日报出版社,2008:106-107.
③ 司徒伟业.昔日突发新闻的处理——如何报道"八仙饭店"事件[M]//廖子馨.我们——《澳门日报》五十年成长足迹[M].澳门:澳门日报出版社 2008:98.

新闻素材。根据这一真实事件改编的香港电影《八仙饭店之人肉叉烧包》,大部分情节参考了当年《澳门日报》的报道。

1985年5月14日,香港著名青春派女艺员翁美玲在寓所中煤气身亡。《澳门日报》派人赴香港现场采访,并开创性地以这条娱乐新闻为头版头条;同时,还刊发了翁美玲的丧礼图辑,共两大版,刊于第六、第七版;而关于丧礼的详细报道分刊于第一、第二版及艺海版(第十、第十一版)。该期报纸创下《澳门日报》开办以来的最高日销量纪录。①

1998年,法国世界杯前夕,澳门成为亚洲首个足球博彩合法化的地方,合法赌球令欧洲足球在港澳的影响力一面倒,"击败"众多体育运动。2002年4月5日,应市场需求,《澳门日报》独立出版了有四个彩版的《世界波经》;2003年8月1日,香港加入赌波(即赌球)合法化的战团,体育报道的"生态"彻底改变,"波"不再是主流,"赌"成为命脉。体育报道偏离轨道,步向病态——"足球博彩的合法化,令'赌波'变得合情合理。外国足球成为主流。但记者的行文不是从竞技角度落笔,而是从赌波的方向着墨。向读者推介的,不是曼联对利物浦的恩怨情仇,而是红魔鬼主场让球博得过。一年到晚,占据体育版最多篇幅的是密密麻麻的盘路推介,体育变得不再体育。"②

1999年,方丽、彭伟步在内地新闻学刊《国际新闻界》发表《〈澳门日报〉办报特点探微》,其中谈到:在1999年1月至4月的《澳门日报》中,随机抽样了15天的头条新闻,发现有6条是关于暴力、桃色或者内容较为低级的新闻,而其余9天不以暴力、桃色等内容为头条新闻的头版中,有3天在显要版位上也刊登了这类新闻,而且篇幅都不小。除了新闻报道出现庸俗化的倾向外,在影视文艺、广告版面上的庸俗化倾向更加明显。

在澳门回归前,为了获得经济上的支援和充足的办报经费,《澳门日报》接受一些品位较为低级的广告。如刊出各个影院的三级电影播放时间表,用低级、庸俗的笔调渲染三级片的内容。在刊登夜总会、浴室和桑拿广告时,以艳色泳装女郎吸引

---

① 陆波.1985年"翁美玲事件"创下销量纪录[M]//廖子馨.我们——《澳门日报》五十年成长足迹.澳门:澳门日报出版社,2008:80.
② 李守强.远在天边 近在眼前——体育新闻伴随着澳门飞跃[M]//廖子馨.我们——《澳门日报》五十年成长足迹.澳门:澳门日报出版社,2008:130.

读者,迎合其猎奇心理,同时大量刊载暴力犯罪、桃色新闻,采用耸人听闻、低俗的标题,追求轰动效应。

在"要闻"版的新闻报道中,对一些海外暴力事件的报道,不吝笔墨,使用黑色、醒目的大标题加以渲染。如1999年3月21日,对印尼种族暴力事件的报道,就配以一位暴民提着一个血淋淋的人头在街头示众的新闻照片。娱乐版面《艺海》的四个专版主要追踪内地、台湾、香港艺员的绯闻、私生活,鲜有健康、提高读者文化欣赏水平和明辨是非的客观报道。如对王菲与窦唯的婚变报道,狗仔队十八般伎俩全都用上,长篇累牍地渲染婚变的前因后果。①

对于回归前《澳门日报》报道中的庸俗化现象,方丽、彭伟步指出:澳门特殊的媒体环境及当时面临的亚洲金融危机,对于《澳门日报》生存与突围策略产生了影响。如果一味走严肃、庄重的办报路线,无疑将会失去部分读者,这对《澳门日报》的生存和发展是非常不利的。但如果只寻求年青一代的支持,增强与香港报纸、电视的竞争力,走庸俗大众化的道路,则势必会丢掉创刊之初的办报宗旨。因此,在澳门特定的以文化和博彩业为主要财政收入的背景下,选择一条既能提高澳人文化欣赏水平,又能在澳门生存和发展的道路,是《澳门日报》面临的世纪课题。

三、"澳报澳办"建构澳门社会文化

长期以来,《澳门日报》的定位深受海内外读者欢迎——凡当地发生的重要事情,无论是澳督的言论、政府的政令措施、警匪大战,还是声色犬马,都有及时的报道。正是因为立足本埠,报道澳人关心的民生话题,形成了颇具特色的办报风格,《澳门日报》才能在与众多港澳报纸的激烈竞争中独占鳌头。报社总编陆波曾撰文以"突发新闻求详、政治新闻求真、经济新闻求议、人文视角求亲"24个字概括《澳门日报》的编辑特色。②

(一)突发新闻求详

早年的澳门社会形态比较简单,绝大部分的社会新闻和突发事件没有很复杂的政治背景和很广泛的关联。由于人口少、社会节奏慢,特大突发新闻不常发生,

---

① 方丽,彭伟步.《澳门日报》办报特点探微[J].国际新闻界,1999(4):23-27.
② 陆波,曾艺.新闻采编五十年[M]//廖子馨.我们——《澳门日报》五十年成长足迹.澳门:澳门日报出版社,2008:62-67.

遇有突发新闻,记者和报馆都集中精力报道事件始末,巨细无遗是当时的报道风格。

比如1989年的"龙的行动",是长期居住在澳门的非法移民希望取得合法移民身份的一次自发性群体事件。由于非法移民数量庞大,当时几近失控,酿成惨剧,史称"三·二九"事件。事发前一天,《澳门日报》深夜召开紧急会议,采访部编辑、记者全体出席,确定分组轮班值守现场,同时到各主要海岸线巡逻,看是否有"诺曼底式"偷渡。① 1990年3月30日,《澳门日报》除头版图文报道外,另以大幅版面刊发长篇特写,生动真实地描述了当时群情汹涌、山雨欲来风满楼的情景,见证了一段特殊历史,为日后的社会管理反思提供了丰富的信息资料。

在很长一段时间里,突发新闻都是澳门本地报刊重要的新闻素材和必然的头条,这一情况在1999年澳门回归前夕达到高峰——"澳葡政府的夕阳心态令治安失控,黑帮争地盘,暴力事件无日无之,令澳门备受国际注目,最终记者采访时被炸伤,成为一个混乱时代的象征。这一时期的突发新闻报道,开始更注重图片的运用,以大图片大标题带给受众视觉冲击,迎战电子媒体的信息动感。回归后,澳门治安大为改善,社会显著净化,黑帮仇杀的新闻显著减少,澳门的突发新闻转入一个相对平静的生态环境。"②

(二)政治新闻求真

由于澳门有着长期处于葡萄牙管治的历史,这增加了澳门小城政治新闻的复杂性。《澳门日报》作为一家爱国报纸,始终坚守民族大义和国家观念,但在不同的时间、不同的社会形态下,面临不同的挑战。早期坚持爱国最难,除了国际政治气候,内地本身的问题使外界产生了不同的看法。在当时的港澳社会,坚持爱国不但意味着要与当地政府抗衡,往往还处于力排众议的被动境地。如何在客观报道新

---

① 1989年1月9日,澳葡政府宣布在10、11日两天为澳门18岁以下的无证青少年进行身份识别登记,13日由治安警察厅派员到各校向曾于1986年和1988年接受调查的无证学生登记,这次活动名为"龙的行动"。1990年3月27日,政府宣布向已登记的无证青少年的无证父母登记发证,引起大批无证者不满,他们自发上街游行,要求一视同仁,发予身份证。游行者由初期的数百人激增至逾万人,澳门"黑民"全部"曝光"。人潮先后在澳门关闸警察足球场、特警总部、逸园狗场发生推撞践踏意外,风波持续72小时,被称作"三·二九"事件。李宝华.1990年,这一天,澳门的"黑民"全部曝光——忆记十八年前的"三·二九"事件[M]//廖子馨.我们——《澳门日报》五十年成长足迹.澳门:澳门日报出版社,2008:90.
② 陆波,曾艺.新闻采编五十年[M]//廖子馨.我们——《澳门日报》五十年成长足迹.澳门:澳门日报出版社,2008:64.

闻的前提下，不忘国家和民族利益，并将这份讯息恰当地传递出去，是很长一段时间内《澳门日报》政治新闻报道面临的挑战。

回归前，内地的改革开放已取得成功，政治、经济、社会有了很大的发展，爱国不再有压力，但又出现了新的挑战——长达十年的过渡期拉开序幕，从《基本法》制定，到中文官语化、法律本地化、公务员本地化以及赌税收入的去留等，大大小小的政治事务和经济利益安排，关系到澳门人的长远福祉，处处体现着中葡两国的外交角力，加上此过程中出现的本地政治经济和社会问题，都吸引着社会大众的视线，全面展现各种利害关系，不失偏颇，亦不被政治表象蒙蔽，是记者报道的主要目标。

回归后，澳门政治社会进入新形态——澳人治澳，政治新闻折射的是社会不同利益阶层的矛盾和冲突，经济发展令一部分澳门人更富有，亦令一部分人相对贫穷，不同的生活状况引发人们对生存空间的思考和争取。此外，澳门通过对外交往、接触，不断引入一些新价值观，公众对权利、义务的认知提升了，具体表现为主动地争取利益和表达意见，亦上升到了民众对政府的监督以及参政议政。整个社会充斥着各种各样的"诉求"，这考验着传媒对历史和现况的认知，对错综复杂的社会问题的洞悉，对超脱现状的理想和价值观的坚持，以及在现实中保持清醒和力求平衡的能力。如对2006年的欧文龙事件、2007年的"五一游行开枪事件"的报道，《澳门日报》坚持立足澳门社会的整体利益，对事件、对公众、对历史负责。①

2006年12月7日，澳门特首何厚铧在廉政公署官员的陪同下，对外宣布：经廉政公署严密调查，正式拘留欧文龙司长作进一步调查。"欧文龙案"是澳门特区政府成立后第一大腐败案，《澳门日报》对"欧文龙案"的报道讯息、评论深度、行文笔锋，在港澳文字传媒中领先。由于当时尚是司法保密阶段，很多涉及"欧文龙案"的讯息难以核实公开，《澳门日报》派出多位记者从不同层面、渠道深入调查，揭开"欧文龙案"背后的行业、官场"潜规则"，部分报道在终审法院聆讯时得到了侧面的印证。

2007年5月1日，澳门多个新兴劳动组织游行并最终引发警民冲突。《澳门日

---

① 陆波，曾艺.新闻采编五十年[M]//廖子馨.我们——《澳门日报》五十年成长足迹.澳门：澳门日报出版社，2008：64-65.

报》在对这一事件的报道中,再次彰显其"求真"的职业理念和"对历史负责"的社会担当。以往澳门本地传媒对游行示威这类新闻基本上是"冷处理"——不会对游行示威视而不见、绝对"消音",但多数是保持低调,以报道社会行动的事实和背后根源为主,对参与社会行动者的诉求、心声的描绘比较模糊。编辑部认为这次游行的背景较特殊,民间对政府施政的怨气、不满乃至愤怒,也不能概以"搞事"标签,不少基层民众确实需要宣泄。

为避免激化双方情绪,《澳门日报》在游行前的报道中,组织采访新马路的商户、住客对游行的反应,尽量使报道立体、人性,尽量减少互扣帽子的行为,并对未来游行可能发生的冲突提前做好预案。游行当日,因游行人士与警员在路线问题上互不相让导致肢体冲突,警员突然向天鸣枪示警,路人被流弹所伤,警员与参与游行者的情绪矛盾冲突进一步激化。在游行第二天的报道中,几乎所有澳门本地和境外媒体都以开枪为焦点,唯《澳门日报》放弃追逐报道轰动效应、尽量还原当时的冲突场景,并指出:警员鸣枪确实是冲突的"催化剂",但整个游行从一开始就导向以"爆大镬"收场,游行没有"赢家",当中孰是孰非,读者应通过报道理性判断。[①]

(三)经济新闻求议

回归前,尤其是赌权开放前,澳门经济规模很小,除了每年有大量的游客来访,对外交往并不多;加上官方的经济活动统计数据非常滞后,新闻性不强,澳门本地的经济新闻主要是市场动态和企业访谈,议论经济政策和产业、企业发展空间成为报道主要的内容,由此奠定了澳门本地经济新闻走向"议程设置"的方向。《澳门日报》有意识地将其经济版打造为各方人士议论澳门经济现象和政府产业政策的平台。

随着澳门回归、赌权开放,以及内地自由行放开,澳门的经济新闻有了飞跃性的发展,报道的素材和来源更多,本地的经济新闻一步跨向了国际。首先是澳门本地经济表现受到国际关注,官方统计数据的时效性有所增强、内容有所完善,澳门本地媒体和境外媒体几乎同步发放。其次,外界对澳门的关注及跨国大企业、上市公司的增加,为本地媒体提供了外界的讯息和观点。2004年5月18日,率先在澳

---

① 崔志涛.新闻要对历史负责——欧案与"五·一"事件的启示[M]//廖子馨.我们——《澳门日报》五十年成长足迹.澳门:澳门日报出版社,2008:98.

落脚的外资博彩企业拉斯维加斯金沙集团的首个澳门项目——金沙娱乐场开幕,一夜之间澳门登上国际舞台,成为跨国媒体中的常客。①

2005—2007年的澳门汇业银行事件,是澳门有史以来卷入国际政治和多国外交的最大的、历时最长的事件。横跨两年的事件,将一家小型本地银行推向国际政治舞台,由最初的被怀疑违规经营,到与六方会谈捆绑在一起,再到演变成国际安全事务的关键点,澳门被动地卷入旋涡中。值得一提的是,尽管在最初得知消息阶段曾发生挤提风波,但特区政府宣告接管汇业银行后,澳门社会很快恢复平静,此后一年多内事件犹如已结束。尽管围绕汇业银行的相关信息在国际上"满天飞",而澳门绝大多数的媒体反应冷淡,唯有《澳门日报》始终密切关注国际政治和经济形势,持续转载外电报道,通过互联网跟进各国的事态进展,向读者揭示来龙去脉,引导读者调整看待事件的角度,不但从澳门本身,而且从国家、从全球、从经济以及政治的综合角度看待问题。②

(四)人文视角求亲

《澳门日报》坚持从人文角度切入社会新闻报道,最成功的实践是与弱势社群有关的新闻事件报道。如1988年的"百万捐助洪俊珠"相关报道(见图6-7)③,把人们的视线引领到社会的边缘与暗角,唤起人们对人生无奈、社会保障制度缺失的广泛关注,并且通过募集善款切实帮助弱势社群。

随着澳门社会大众越来越关心自身生存环境和条件,民生问题成为社会的关注焦点。伴随民主政治生态的深化,对于政治、经济和社会新闻,尤其是关乎政府政策的议题,《澳门日报》的新闻报道越来越多地尝试从人文关怀角度切入,"对应个案的采访、个人心声的表达、街道访问的对照等,为严肃的新闻题材提供了有血有肉的印证和解说,更容易引起人们的广泛关注。甚至游行这类群众活动,也不再

---

① 杨蔚然.一切从金沙开始——一夜之间,我们成了世界中心[M]//廖子馨.我们——《澳门日报》五十年成长足迹.澳门:澳门日报出版社,2008:122-125.
② 黄楚慧.新旧媒体混合时代的来临——见证汇业事件纷扰两年[M]//廖子馨.我们——《澳门日报》五十年成长足迹.澳门:澳门日报出版社,2008:118-121.
③ 1988年10月8日,《澳门日报》刊发患有"共济失调"症少女洪俊珠的报道,洪俊珠10多岁时患共济失调症,当记者见到28岁的洪俊珠时,她已全身肌肉萎缩,形容枯槁,不似人形。经《澳门日报》报道后,募集善款97万元。

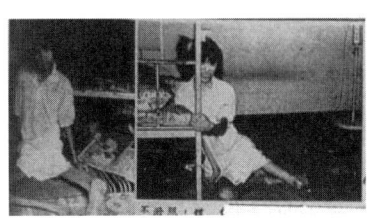

图 6-7　1988 年对"共济失调"症少女洪俊珠的报道

面目模糊,而是尽可能地以不同的个体来展现整体,甚至整个社会形态。"[①]

重视体育报道是澳门大众传媒的一大特色。早在 1971 年"文革"期间,北京举办亚非拉乒乓球赛,《澳门日报》就获邀派员前往采访,这也是《澳门日报》首次派人外出采访国际赛事。20 世纪八九十年代,澳门体坛水平不高,胜在热闹。90 年代末以来,《澳门日报》体育版从一到二、二到四,见证国际、澳门体坛变迁,报道内容包括:世界足球劲旅葡萄牙国家队、巴塞罗那、曼联、NBA 魔术、骑士、球星、名将、奥运冠军先后访澳,2005 年东亚运动会、2006 年葡语运动会和 2007 年亚洲室内运动会。

2006 年 8 月 15 日,《澳门日报》体育版与独立出版的《世界波经》合并,更名为《澳门体育》,致力于扭转体育报道病态状况,大幅删减"赌波"信息,增添 NBA、网球以及受关注的奥运和体育消息。最重要的是为本地体坛重新注入动力,本地体育新闻报道固定为至少一版,让付出努力的本地运动员感受到在澳门还有人关心他们、注视他们。体育组与体育发展局合作,倾注热诚,发掘本地故事,推出一系列专题式报道,从励志故事专题,到体育教师的苦与乐、情人节运动员浪漫史等软性题材,让读者重新认识澳门体坛,了解澳门运动员。2007 年 9 月,《澳门体育》还与

[①] 陆波,曾艺.新闻采编五十年[M]//廖子馨.我们——《澳门日报》五十年成长足迹.澳门:澳门日报出版社,2008:66.

教青局合作推出每周一期的《学界体育》,让学生了解运动的重要性。①

四、精办副刊,提升报纸品位和品牌

在澳门报业中,《澳门日报》一直秉承文化宗旨,自创刊起便比其他报刊重视对副刊版面的经营。近年来受经济先行潮流影响,许多报纸都在缩减副刊版面,《澳门日报》却逆潮而行,不减反加,不断提高副刊的文化品位。《澳门日报》副总编辑廖子馨在世界华文传媒大会上介绍《澳门日报》的报纸理念时说:"我们相信副刊在信息爆炸、随处可以接收到五花八门的新闻的年代,更容易以独特的内涵脱颖而出。副刊显现出各类报纸的差异性,尽管信息量是不少报纸争夺读者的主要筹码之一,但别具特色的副刊更是吸引读者的磁石。同时,庞大的作者队伍凝聚着来自社会各阶层、界别的力量,包括政界、文化、教育、历史、摄影、音乐、体育、舞蹈、戏剧、美容、厨艺、设计、曲艺、金融、法律、医疗等方面的作者。这也是报纸的一项民意基础。"②

《澳门日报》创办以来,由早期只有一个综合文化副刊《新园地》,扩充为包括衣食住行各方面的多个生活副刊及不同领域、专业化的文化副刊,至今有二三十种副刊、专刊版面;作者队伍不断壮大,层面越来越广泛,他们见证了澳门多元文化生活的发展。在世界华文报刊中,《澳门日报》对优秀的中华传统文化的着力推崇尤显突出,由报纸栏目名称可见一斑:"澳门掌故""汉字粤读""印坛轶闻""诗词评赏""咬文嚼字""次文化斋""文化堆填区"等,这些副刊将中华传统文化的精华传承了下来。

《澳门日报》副刊不仅树立了传承中国文化的形象,而且树立起独有的文化品牌。20世纪70年代末,内地的改革开放对澳门的社会、政治、经济、文化产生了极大的冲击,加上东南亚临近地区的政治风云,海内外不少作家涌进澳门。澳门社会生活安定、中西文化交融的特点,吸引不少人才留在澳门。1983年,《澳门日报》创办纯文学副刊《镜海》,成为澳门文学发展的一个重要标志。作为澳门报刊中唯一

---

① 李守强.远在天边 近在眼前——体育新闻伴随着澳门飞跃[M]//廖子馨.我们——《澳门日报》五十年成长足迹.澳门:澳门日报出版社,2008:126-130.
② 廖子馨.华文媒体和中华文化的传承[M]//夏春平.世界华文传媒年鉴2013.北京:中国新闻社、世界华文传媒年鉴社,2014:89.

的纯文学副刊,《镜海》很快成为凝聚年轻文学爱好者的园地,并得到海内外著名作家、学者的支持,外来的作家和成熟起来的本地作家成为丰厚的文化资源。20世纪90年代初,《澳门日报》还在《小说》版增辟"小小说"专栏,鼓励文学爱好者进行小说创作。

澳门回归祖国后,经济呈现出前所未有的繁荣局面。办报纸必须考虑盈亏问题,而副刊没有广告,从经营的角度看似乎是蚀本的生意,每天多一版副刊等于多赔一版纸钱,或者是少赚一版广告费。这也是各地报纸越来越不愿开设副刊的主要原因,但《澳门日报》却反其道而行,设立多元文化副刊以吸引读者。他们认为:"在这个人心浮躁的年头,许多读者缺乏的正是他们内心想要寻找的,可以静下心来阅读、思考的空间,副刊正是提供这种空间的所在。办副刊,没有文化使命办不好,至少是办不出品位来。……一份有远见的报纸不能完全跟着读者并不高的喜好走,相反,我们有责任去引导、去提高读者的文化品位,这样才能创办出有格调的报纸来。"[①]

《澳门日报》通过增设文化版,提高报纸的文化定位和读者的文化品位。同时,注意对副刊进行全面革新,增加软性文化包装,增设《视觉》《演艺》《阅读天地》《教·思》《视野》等具深度、内涵的版面。"当人们只看到经济增长时,我们意识到文化需求的重要,因为我们身处的城市真正与国际都市接轨时,没有文化是寸步难行的。我们不但要坚持文化传承,更要以前瞻性目光预测文化发展的道路。我们开设《演艺》版,因为澳门的演艺界正在步上专业化的发展空间;我们开设《视觉》版,因为视觉艺术将开拓澳门文化产业的市场;我们开设《教·思》版,因为澳门的教育问题影响深远;我们开设《视野》版,因为澳门人需要各种文化思考的空间。"[②] 文化副刊提高了《澳门日报》的格调,得到了读者的肯定,尤其是受到青年读者和高素质专业人士的支持,成为《澳门日报》无形的大广告。

[①][②] 廖子馨.华文媒体和中华文化的传承[M]//夏春平.世界华文传媒年鉴2013.北京:中国新闻社、世界华文传媒年鉴社,2014:89.

第七章 当代澳门广播电视的发展与特征

澳门广播、电视起步晚，发展状况与节目制作水平与邻近的香港及内地广播电视有一定距离；但澳门广播电视具有鲜明的地域文化特征，其发展历程、经验以及面临的问题，特别是自 2004 年澳门广播电视股份有限公司（简称"澳广视"）明确"公共广播"定位以来，澳门广播电视传媒在提供公共文化产品与服务方面的探索，以及积极孕育和建构本地文化的努力，对于其他地域广播电视公共传媒的发展具有启示意义。

澳门现有两家广播电台：一家是澳广视下属的澳门电台，为公共电台，其下有两个频道，分别是 FM100.7 中文广播和 FM98.0 葡文广播；另一家是私营的商业电台绿邨 738 电台，播出频率为 AM738。

澳门电视业由三部分组成：一是澳广视下属的澳门电视台，为公共电视台；二是澳门有线电视；三是澳门卫星电视。电视服务包括免费和收费服务两部分：澳门特区政府于 2014 年 4 月成立的全资公司"澳门基本电视频道股份有限公司"向居民提供免费的"基本频道"讯号；收费电视服务则由澳门有线电视独家经营。

本章前两节侧重公共广播，分别介绍澳门广播电视业发展的历史，以及澳门广播电视节目的特色，第三节探讨澳门广播电视发展中的几个热点问题，即澳门电视台的归属与经营问题、澳门有线电视与公共天线公司的矛盾，以及澳门卫星电视的发展。

第一节　澳门广播电视发展轨迹

一、澳门电台始于 20 世纪 30 年代

1933 年 8 月 26 日,一群葡萄牙业余无线电爱好者在澳门亚美打利庇卢大马路邮政总部大楼顶楼开办了澳门第一家电台,先后以"CQN-MACAU"和"CRY-9-MACAU"为呼号,在每天 21 点至 23 点之间广播 2 个小时。这就是澳门电台的前身。最初它只是用葡语播放新闻节目和音乐,1937 年停播,1938 年恢复广播,但之后多次更换呼号。1938 年,隶属澳门治安警察厅的警察电台以 XX9-RÁDIO POLÍCIA 的呼号开播,播至 1941 年。

1941 年,澳门广播会成立,继承了 CRY-9-MACAU 的设施及广播器材,开始以葡语、英语和粤语广播。1948 年,澳葡政府将其收购,作为澳门唯一的公营电台,隶属于澳门政府新闻旅游处,当时只播放音乐、粤曲、儿童故事等节目,后因经费不足停办。

1962 年,澳葡政府邮电署接管澳门广播电台,由指导委员会具体管理,每天播出 2 个小时,用葡语广播音乐和天气预报。1973 年,转由澳门信息暨旅游中心管理。

1980 年 1 月 27 日,正式使用"澳门广播电台"之名,每天广播 4 个小时粤语节目。2 月 15 日,澳葡政府根据 1979 年 12 月 31 日发布的第 43/79/号法例与葡萄牙国家广播公司签约,把"澳门广播电台"交由葡萄牙国家广播公司管理。

1981 年,澳门广播电台分立粤语和葡语两个频率,每天广播 17 个小时。

1982 年 10 月,澳门政府成立澳门广播电视公司,12 月 31 日,澳门广播电视公司正式接管澳门广播电台,下设中文台、葡文台。中文台广播使用粤语,葡文台广播使用葡语。每日从上午 6 点至晚上 12 点,每隔一小时播送一次新闻;消息来源于葡萄牙新闻社、新华通讯社、中国新闻社,并设外勤采访组采编当地新闻。

自 1985 年开始,澳门广播电台全天 24 小时广播,除中波外,还增加了短波广播,并接受一定的广告。

目前,澳门电台"FM100.7"提供 24 小时公共广播服务,包括时事资讯、财经、

文化教育、生活信息、娱乐、特备六大类节目。

二、私营的绿邨 738 电台始于 20 世纪 50 年代

1950 年,土生葡人、时任澳门经济局局长的罗保博士创办绿邨电台,以中波 1037 千赫播送音乐和娱乐节目。最初只播放音乐,到 1964 年开始用粤语广播商业新闻。

1964 年,罗保博士逝世后,绿邨电台全面采用粤语广播。1967 年,香港"六七暴动"[①]期间,由"绿邨电台广播组"接管。由于该机构隶属"澳门同胞支持香港同胞反英抗暴斗争委员会",所以绿邨电台承担了向澳门和香港播送"反英抗暴"及"中国内地'文化大革命'"的政治宣传任务,由南光公司(中共澳门分工委)负责制作新闻及其他节目。1966 年 6 月 25 日,"绿邨电台广播组"解散,崔乐其和罗碧(罗保博士之子)负责电台管理,绿邨电台改为纯商业电台,以中波 738 千赫广播节目,每天播音 18 个小时。绿邨电台继续扩大,增强设备发射能力,其广播可及澳门附近的中山、顺德和香港等地。

在绿邨电台全盛时期,分 2 个频道播放,其中"甲台"以中波 1005 千赫播出中/葡/英文节目,"乙台"则以中波 1200 千赫播放葡/英文节目,呼号分别是 CR9XL 和 CR9XM。20 世纪 60—80 年代,每周六、日晚上现场转播澳门逸园的赛狗活动,风行一时,吸引了不少香港听众。

1981 年,绿邨电台与香港星岛报业公司董事长胡仙、广告商郑航合作,组成澳门商业广播(香港有限公司),经营节目及广告。每日上午 7 点至深夜 12 点播送节目,每逢星期六、日加播赛狗活动结果,播出时间延至次日凌晨 1 点。"不谈政治"、没有新闻节目,是这一时期绿邨电台的特色,节目主要有音乐、粤曲、广播剧、谐剧、儿童故事、点唱和赛狗消息等。

1994 年秋季,东方基金会收购绿邨电台。同年 12 月 31 日,绿邨电台停播。

2000 年 3 月 22 日,绿邨电台以"绿邨 738"台号复播,24 小时播放,并再次播放葡语节目。绿邨 738 是一家商业电台,以 AM 频道广播,接收范围除澳门外,广达

---

① "六七暴动",亦称"六七左派工会暴动""香港五月风暴",当时的参与者及支持者称它为反英抗暴,于 1967 年 5 月 6 日发动,至同年 10 月基本结束。"六七暴动"间接促使当时澳葡政府改善施政。

珠江三角洲,包括香港、深圳等地。主要节目有:《财经百科》《安德鲁赛马晨操》《澳门赛马大势分析》《今日通胜》《足球赛果速递》《轻歌妙韵》《逸园赛狗》《太空日日游》《玄学天地》《无拘无束》等。

在澳门赛马及赛狗日期间,绿邨738电台现场转播澳门逸园赛狗会及赛马会实况,由资深评论家实时分析比赛结果。其中,《赛马直击》,逢每周五下午6点、星期六或星期日下午1点播出;《逸园赛狗》现场转播,逢星期一、四、六、日19:20播出;《足球赛果速递》每逢赛事,每隔15分钟报道一次最新比赛结果。绿邨738除播出多元化的信息和娱乐节目外,还可为各大机构和社团量身制作节目。

三、澳门电视台始于20世纪80年代

澳门居民从20世纪60年代开始通过公共天线接收来自香港的电视讯号,直到20世纪80年代,才出现本地电视台。1983年,澳门电视台转播"世界马车锦标赛"和澳门华人领袖何贤先生的丧礼,拉开澳门电视播出的序幕。

1984年5月13日,澳门电视广播有限公司正式启播电视节目,澳门人第一次从电视上看到本地新闻媒体对自己身边事的报道。最初只在每天18点到23点左右播送节目,每周播出约40个小时,交叉播出粤语、葡语节目。其中,粤语新闻和葡语新闻分别播两次,一次为简要新闻,一次为详细新闻,粤语新闻配葡文字幕,葡语新闻配中文字幕;体育节目则以粤、葡两种语言穿插解说;播放英文电视片时,同时配以中、葡文字幕。

1984年11月18日,澳门电视台和香港的无线电视明珠台合作,首次转播澳门电单车格兰披治大赛。

1989年7月1日,澳广视改变所有权归属,成为公私合营的广播机构。[①] 之后,电视台延长播放时间,播出时间从早上7点半直至深夜24点,7点半至21点播放粤语节目,21点至24点播放葡语节目。

1990年,澳广视分设中文和葡文频道,最初中文电视台每周播出60个小时,葡文电视台每周播出37个小时,后逐渐增加播出时间。为支撑长时段播出,外购节目占了很大比例。

---

① 澳门电视台所有权归属的相关内容参见本章第三节。

澳广视的节目制作由新闻节目起步,在新闻、信息节目之外,逐渐开始有了一定比例的其他类型的自制节目,主要是与粤文化有关的文艺类节目,也有些其参与摄制的电视剧。但由于收视不佳及成本高昂,中文台逐渐停止制作娱乐节目及停拍剧集。至20世纪90年代中期,本地制作几乎只剩下新闻和信息类节目,其余时间多数播出外购剧、纪录片和体育赛事。自制的新闻及信息,始终是澳广视最受欢迎的节目,中文台每天19点的新闻报道是收视率很高的节目。

自1988年启动《澳门特别行政区基本法》相关制定活动以来,澳广视中文台在颇受欢迎的《澳视晨彩》栏目中增加了普通话新闻,并且还开办了《学讲普通话》节目。1997年,澳广视开始在新闻节目中大量采用中央电视台的新闻和广东电视台的专题报道,对中国内地的政治活动及香港回归等重大事件进行了充分报道。

1999年澳门回归后,不断加强与内地电视台的交流,仅2002年举办的电视节活动就包括:2月,与广州电视台合办"第三届广州电视节";5月,与天津电视台联合举办"天津电视节";9月,与佛山电视台合作,在佛山举办首届"澳门电视节"。这些交流活动不仅令当地观众对回归后的澳门有了进一步的认识,同时,也让澳门市民加深了对内地的了解和认识。

2003年,澳广视的中、葡文两个频道均发展为全天24小时播出。面对香港电视持续有力的冲击,澳广视进一步对节目内容进行了改进:提高新闻的时效性;增加世界和区域性大型体育比赛的直播(如自1999年起全程直播世界杯足球赛);增加本土制作的新闻信息类节目;拓展生活资讯类节目;在不断提升本地节目制作水平的同时,积极购进内地优秀节目,丰富电视荧屏。

2007年3月29日,澳广视董事会会议通过:澳门电视中文频道正式定名为"澳门电视台",葡文频道定名为"Canal Macau",于4月1日生效;同日起,两台的宣传片和新闻片头统一更新。

2008年7月14日,澳广视的第三个电视频道——高清电视频道"澳视高清台"启播。8月,北京奥运会期间,澳广视全程直播奥运节目,除原有的中文和葡文频道外,高清台于每天下午4—7点、晚上9—12点直击奥运会实况。

随着澳门城市发展日趋国际化,澳广视还增设英语新闻广播,服务英语社群及具有国际视野的本地居民,同时随着广播技术更新,加快节目数字化进程。2009年10月,澳广视相继推出4个数码新频道,包括首个卫星电视频道"澳门卫视"和3

个地面数码发射频道。"澳门卫视"以普通话、粤语、葡语及英语播出，面向全球推广澳门，为遍布世界各地的华人服务；同时，以独立频道的形式24小时转播中央电视台新闻，让市民更多地认识和了解中国内地的社会时事及新闻信息；此外，新增"澳视体育"和"澳视生活"数字频道。

2010年，澳广视中文、葡文新闻及资讯节目部，将电视新闻的采访、编辑、播映等各环节的运作全面数字化，实现了新闻的摄影、录影、画面剪辑、现场直播、节目录影以及图像存储等各工序的全面数字化。

2012年以来，澳广视进一步明确其对葡语节目的定位——促进葡语系国家与内地和澳门的了解、增加合作商机。2012年3月20日，澳广视与中国国际广播电台签署合作意向书，澳门电台葡文频道的四个节目将在中国国际广播电台的葡文广播和葡文网站播出，有关节目将在澳门播出的当日或翌日通过澳方服务器，转至北京的广播中心，再转播至相关地区。5月25日，澳广视与几内亚比绍国家电视台签署电视节目交流合作协议，计划将几内亚比绍的电视节目译成中文，再传送至内地播放；同时，将中央电视台提供的纪录片等节目译成葡文，传送至几内亚比绍播放。8月3日，澳广视与莫桑比克国家电视台签订协议，通过互换节目向葡语系地区推广中国文化。2014年，澳广视与佛得角电视台签署合作协议，双方交换新闻和其他节目，并由澳广视为对方提供技术培训。

澳门电视台现有六个频道：①

澳视澳门(TDM Ou Mun)：粤语综合频道，是澳广视的第一个频道，曾用名为"澳广视中文台""澳门电视台"。该频道为模拟及数码广播；标清电视；1990年9月17日开播。

澳视葡文(Canal Macau)：葡语综合频道。该频道为模拟及数码广播；标清电视；1990年9月17日开播。

澳视体育(TDM Sport)：体育节目频道，一般每日播出时间为下午6点至翌日凌晨1点，遇到大型赛事直播时增加播放时间。该频道为数码广播；标清电视；2009年10月9日开播。

---

① 此外，2009年10月26日开播的澳视生活(TDM Life)频道，为剧集及综艺节目频道，是标清电视、数码广播频道，每日播出时间为下午4点至翌日凌晨2点，已于2012年停播。

澳门资讯(TDM Info)：播出新闻及财经资讯等节目，在股市交易日转播第一财经的财经节目，部分时间会直播澳门立法会全体会议。该频道为数码广播；标清电视；2012年9月3日开播。

澳视高清(TDM HD)：高清频道，大部分节目和澳视澳门、澳视体育同步播放。该频道为数码广播；高清电视；2008年7月15日开播。

澳门卫星频道(TDM Satellite Channel—MACAO)：播出内容以新闻及资讯节目，本地制作节目，艺术、文化、教育及综艺节目为主。该频道为数码及卫星广播；标清电视；2009年10月1日开播。

转播频道有：

中国中央电视台新闻频道：该频道为数码广播；标清电视；2009年10月1日开播。

中国中央电视台英语新闻频道：该频道为数码广播；标清电视；2010年7月15日开播。

在澳门回归祖国17周年纪念日(2016年12月20日)，中央电视台综合频道在澳门落地播出。

中国中央电视台纪录频道(英文版)：该频道为数码广播；标清电视；2011年11月1日开播。

海峡卫视：该频道为数码广播；标清电视；2011年4月1日开播。

湖南卫视国际频道：该频道为数码广播；标清电视；2010年7月15日开播。

第二节 澳门广播电视节目特色

一、新闻节目面向多元族群、推进民主议事

澳广视的新闻包括多个语种，面向多元族群。其中，收视最高的电视节目是中文台用粤语播出的《澳门新闻》，全澳有超过一半的人口收看。《澳门新闻》每天19:00—19:45直播，以报道澳门当天新闻为主。此外，新闻节目还有整点播出的《新闻提要》、13:30的《午间新闻》与23:00的《晚间新闻》，均为粤语播出。中文台在7:45及22:00播出普通话新闻；葡文台在20:30播出半小时葡语新闻，在22:45

播出英语新闻。

交互式时事节目表达民意、建构共识。澳门最著名的交互式时事节目是《澳门讲场》和《澳门论坛》(见图7-1、图7-2)。《澳门讲场》创办于1999年,由澳门电台中文新闻及资讯节目科制作,星期一至星期五于8:20—10:30在澳门电台中文频道播出。这是一档直播的"phone in"节目,设有两台热线电话,以接受市民致电质询澳门社会问题为主,政府官员或社会人士作为嘉宾参与节目;听众可以通过热线电话与节目主持人、客座主持或嘉宾共同探讨澳门各类时事及社会问题。《澳门讲场》为澳门市民提供了向社会及政府申诉的渠道,不少听众与政府部门均十分留意节目质询的内容,并作出积极回应,节目也因此长盛不衰。《澳门论坛》创办于2011年,星期日11点在澳门黑沙环公园举行,每期设有一个社会议题,现场邀请议员、学者及时事评论员与约20名市民进行讨论。这是一档跨媒体交互节目,由澳广视所属电台、电视台、网站同步现场直播,参与的市民须提早20分钟入场。2012年底,因节目人力资源等问题,《澳门论坛》曾短暂停播,引起社会多方不满和抗议,特区政府也认为该节目能有效接收市民意见,因而大力支持节目复办,足见其社会影响力。

图7-1　澳门电台交互时事节目《澳门讲场》　　图7-2　跨媒体交互时事节目《澳门论坛》

时事清谈节目用多元观点建言民生。澳广视中文台的《风火台》创办于2007年3月22日,在星期四22:30播出,是讨论政治与民生时事的电视节目——"一群有着不同背景及专业的'台主',会锁定每周的时事热点,分析事件的来龙去脉,点评关键人物,以轻松手法拆解当下时局。"①节目形式为:1 位主持与 2 位嘉宾以圆桌品茶的形式讨论民生问题;不设现场观众,每集共有 3 组不同的嘉宾参与讨论,录像剪辑后播出,每集 45 分钟。新闻及公共事务部还制作了其他时事节目,如清谈节目《澳视晨彩》,2002 年 7 月 1 日之后改名为《澳门早晨》,每天 7:15－9:00 直播,注重节目内容与观点的多元性;时政节目《澳视新闻档案》,星期五 22:30 播出,时长 30 分钟,总结澳门一周最新热门话题,回顾相关新闻报道。

直播立法会会议,方便市民了解重大事件决策。为了方便特区市民更好地参政、议政,对涉及澳门重大发展事项的立法会会议(如"年度各领域施政方针辩论""行政长官发表年度施政报告"这类引介有关领域的施政方针、各司长及主管官员列席的立法会会议),以及相关记者会、立法会答问大会,通常澳广视下辖澳视澳门、澳门信息电视频道、澳门－Macau 卫星频道及澳门电台会进行现场直播,澳广视网站 www.tdm.com.mo、手机版网站及"澳广视－信息"手机应用程序也会提供网上直播及重播。

二、文化教育节目注重本土文化开掘,提高公民素质和修养

澳门广播电视属于公共广播电视,文化教育专题是其特色节目,不仅精心策划选题,而且在节目时间安排上会考虑方便学生和一般大众收听、收看。从节目内容看,包括两大类:一类是挖掘梳理澳门地域文化特色的节目,帮助广播听众和电视观众了解澳门这个小城悠久而独特的历史及文化;另一类为提高市民素质和生活品质的文化教育普及节目。

澳门电台制作的具有地域特色的文化教育节目丰富多彩,如《澳门世遗特辑——修旧如旧》。澳门有许多具有艺术价值的建筑物,2005 年 7 月 15 日,"澳门历史城区"被列入《世界遗产名录》。在 2015 年,澳门成功"申遗"十周年,澳门电台邀请文物修复师详细地为听众讲述澳门文物建筑修复的故事。造船业是澳门的传统工业,也是历史悠久的经济产业之一,它的经营和变迁与澳门社会经济的发展关系密切,见证了澳门 19 世纪至 21 世纪的产业演变。电台邀请澳门著名造船工匠

---

① 澳广视《风火台》节目推广宣传[EB/OL].(2015-03-22)[2016-02-11].http://www.tdm.com.mo/c_tv/?ch=Satellite&pgm_cat=1&page=3.

谈锦全和从事本地造船业研究的专家谈骏业,讲述《匠木浮城——澳门造船业的百年故事》。神香业是澳门古老的传统手工业之一,有百年以上的历史,在《香火因缘——澳门神香业的故事》中,澳门口述历史研究学者蔡佩玲为听众介绍澳门神香业的发展过程、著名品牌与制作工序。

澳门电台还精心制作了旨在提高市民文化修养的节目,如介绍辩论技巧的专题节目《踏上辩论台》、介绍中国节气文化与风俗的《解读二十四节气》、介绍西餐礼仪的《好想食西餐》等。这些节目安排在周一到周五,为方便学生与上班族收听,每天播出4次,播出时间分别是:12:00、15:00、17:00及22:30。这类节目每期短而精,向听众传递现代文化的理念。其中,《踏上辩论台》就是非常好的公民教育普及节目,为听众讲解辩论的理念与方法,在节目引介中说:"提到辩论,很容易就会让人联想到争吵,其实辩论是以有条理、有系统的言辞来辨明是非,在理性的前提之下解决冲突,有理有据有逻辑性地去说服对方,例如法庭辩论、竞选辩论、时政辩论等都是辩论的一种。与此同时,辩论亦是最受学生欢迎的课外活动之一,作为一种学术类课外活动,辩论可以有效地培养和锻炼学生的批判性思维能力、研究能力、逻辑推理与思辨能力,以及公开演讲与沟通能力。"①

澳门电视台在文化推介方面非常用心,其推出的《粤音正读》《趣谈唐诗》等节目都是公共教育类节目的精品。如《粤音正读》栏目在推介中明确指出其节目定位和内容:"粤语,在广东、广西、海南及世界各地的华人社区中使用,民间称为广东话或白话。我们日常使用的粤语,保留了大量的古文字,当中很多是非常传神的。随着时代的进步,现代人对粤语或文字的使用,常常出现习非成是的现象,有很多字,读起来是有边读边、有字读字,又或者以其他字代替。很多字在粤语里面,究竟怎样读才是正确的?常用的字,你可能会写错,本字是哪一个?"②《粤音正读》引经据典,探讨字的出处、源流,纠正每个字的正确读音。该节目为日播节目,每集片长仅1分钟,通过这样细水长流的方式,帮助观众了解粤语的变化。

中国是一个诗的国度,唐诗更是中国五言、七言古今体诗的高峰,堪称中国文

---

① 澳门电台.踏上辩论台[EB/OL].[2015-08-07]. http://www.tdm.com.mo/c_radio/index.php?pgm_cat=3&page=3.
② 澳门电台.粤音正读[EB/OL].[2015-08-07]. http://www.tdm.com.mo/c_radio/index.php?pgm_cat=3&page=3.

学史上一颗光辉璀璨的明珠,千年以来一直传诵不衰。常常诵读唐诗不但可以陶冶性情、拓阔视野,更能提升个人文化修养、素质。尽管无论是求学时期,还是日常生活里,普通人都会接触到唐诗,但一般观众对唐诗这一文化瑰宝实际上是缺乏了解的。《趣谈唐诗》节目分门别类地进行系统介绍,以有趣和深入浅出的手法,结合现代人的生活趣闻,带观众了解每一首唐诗背后的历史渊源和故事。每集节目片长约为3分钟,星期二、四播映,分别在9:30、13:05、16:55播出,星期六、星期日安排回放。

澳门电视台的本地文化节目众多,有特色的节目如:《澳门——魅力小城》,其中介绍,澳门地方虽小,却有着中西合璧的特点,这些特点体现在建筑物、文化、人文历史等方面。澳门从一个小渔村演变为今日繁荣的现代化都市,每天都有来自全世界的游客涌入澳门。这档节目以独特的视角,带观众了解澳门;《情·味双传》专注于对澳门老商铺的记录。澳门经济发展迅速,一些在澳门扎根的老商铺却仍然保留着昔日的风貌。节目通过主持人与各个老商铺经营者的深入交流,分享他们创业、传承、守业的经历,讲述独有的澳门人情味;《澳门出品》面向澳门本地新一代文创人士,每集片长5分钟,涵盖漫画创作、舞台设计、平面设计、服装设计、书刊出版、绘画、建筑设计、摄影、电影制作、纪录片制作、手工作品展示平台等内容,介绍创作者的心路历程、特色作品及他们对市场和政策的期望。

此外,还有讲述澳门人生活故事的《澳门人·澳门事》,其中有:介绍澳门本地饮食的《老陈食通街》《齐齐食通街》,回顾多元文化形成、讲述澳门人乡土情缘的《他们的澳门》《他们的新年》等。澳门开埠至今,经历了四五百年的岁月洗练,随着社会的发展,曾经习以为常的事物正在消失或改变。这些电视节目通过与嘉宾对话,借助旧相片或影像,缅怀昔日陪伴大家成长的集体记忆,令新一辈人认识昔日澳门。

澳门是一个多元文化交汇的地方,吸引了世界各地的人前来工作和生活,澳门电视台策划制作了《澳门情·家乡餸》①《澳门情·家乡餸之贺回归》《澳门情·家乡餸之寻找家乡的故事》系列节目,从身边饮食入手讲述文化传承,通过制作及品尝不同的家乡菜式,将"澳门情"与来自五湖四海的移民的"家乡情"融为一体。节

---

① 餸(song),广东方言,指下饭的菜。

目还邀请了在澳门土生土长的年轻人与主持人一起自驾游,远赴内地寻根,启发青年听众多角度认识中华传统风俗。

三、文艺综艺节目积极培养、发掘本地人才

为推动澳门影视行业的发展,澳广视推出《澳门制造——微电影》《微电影频道》等节目,挖掘、培育影视新人,让澳门新一代导演、演员及原创视听作品有更多的机会崭露头角。通常,每期节目除播放微电影,还会邀请相关的导演、演员及制作班底到场,与观众分享拍摄过程和制作构思,就作品主题展开多角度讨论,让节目内容更加丰富。

2014年推出的音乐节目《热闹乐坛》,每集邀请来自澳门或其他地区的歌手、乐队与音乐人,与观众分享他们的故事和音乐梦,同时围绕不同的音乐主题讨论及交流。嘉宾在节目中或现场演绎自己的歌曲作品,或提供MV给观众欣赏。通过这种方式让本澳歌手及乐队获得更多的宣传机会,推广本地原创音乐;同时,也注重音乐节目的多元性,邀请海外歌手和音乐人以不同角度参与音乐交流。

此外,还有专门挖掘本地表演人才的《闯关》《唱好舞台》《金曲王》《SING 擂台》。如《SING 擂台》为澳门居民提供一个展现个人才华、比试歌艺的平台;《金曲王》由怀旧歌曲爱好者演绎经典金曲。为了配合节目的怀旧情怀,节目中还会回顾澳门的社会变迁;通过参与者献唱自己喜欢的歌曲将其送给同区老街坊,让观众在欣赏经典金曲的同时,加深对澳门的认识和情感;《唱好舞台》以跨年代的音乐类型、不同的曲风作为每集主题,让本地歌手和乐队充分展示才情,推动本地音乐文化发展,发掘具有潜质的本地歌手,为澳门流行音乐发展带来正面的影响。

第三节 澳门广播电视发展的热点问题

一、澳门电视台的归属与经营问题

澳门电视台的所有权归属和经营亏损问题,曾长期困扰澳门电视的发展。20世纪80年代,澳门广播电视公司在成立之初归澳葡政府所有,由社会事务政务司监督,以公共机构模式运作。由于澳门电视台自制节目能力薄弱,节目品质难以与

本地居民通过公共天线接收到的香港电视节目抗衡,节目收视率偏低。在经营方面,由于本地受众市场规模小,节目竞争力弱,广告收入少,澳门电视台长期处于亏损状态——成立当年亏损 3 500 万澳门元;1985 年,澳广视的年度支出为 4 000 万澳门元,广告收益只有约 500 万澳门元;1986 年,澳广视全年支出 5 310 万澳门元,广告收益只有 200 万澳门元。①

1987 年,澳葡政府建议将电视台私有化,同时将其传播讯号功率加强 170 倍,以覆盖香港观众,增加观众基数,提高商业潜力。但由于广告管制问题,这一计划遭到了香港政府的反对,其理由是:香港电视禁止播放烟草广告,烟草商可借此避开香港广告禁令,经澳门电视节目向香港观众宣传。不过,由于传讯技术困难未能解决,实际只有 3% 左右的香港观众可清楚地收到澳门电视台的节目,最终澳门电视台私有化的计划未能落实。②

1988 年 1 月 22 日,澳广视转为由政府注资的不具名有限公司,注册资金为 5 000 万澳门元。同年 4 月,澳广视被曝出贪污丑闻,澳葡政府两名行政会成员及澳广视部分员工受到检控。同年 5 月 1 日,澳门广播电视有限公司更名为澳门广播电视股份有限公司,向公私合营的股份有限公司方向改组。澳门电视台开始接收私人股份,并希望以此提升管理运营质量。最后,澳门政府拥有澳门电视台 51% 的股权,49% 的股权售予财团。澳门政府保留最终的控制权,财团拥有行政管理权。同年 8 月 26 日,澳门总督文礼治代表政府与四个私人财团签署协议,澳门旅游娱乐有限公司持有 16% 的股份,香港亚洲电视集团有限公司和金巨国际集团都持有 11% 的股份,日本航空公司及千代田贸易公司持有 2.5% 的股份。③

从 1989 年 1 月起,澳门广播电视股份有限公司正式接受私人入股,成为一家政府与私人机构合办的广播电视有限公司,由澳门政府控股。但由于澳门人长期以来已形成收看香港电视节目的习惯,公私合营未能扭转澳门电视台的亏损局面,当年亏损仍为 2 000 万澳门元,累计亏损约 1 亿澳门元。④

1990 年 7 月,澳葡政府与澳门广播电视有限公司签署为期 15 年的专营合同,

---

① 常江,张梓轩,彭侃.中国语境下的澳门影视产业[M].北京:北京大学出版社,2012:200.
② 老冠祥,等.变迁中的香港、澳门大众传播事业[M].台北:台湾新闻主管部门,1999:156.
③ 李献文,何苏六.港澳台电视概观[M].北京:北京广播学院出版社,2004:33.
④ 同②157.

专营期跨越回归过渡期。9月17日,澳广视电视台分成葡文频道和中文频道两个频道,分别播放葡文和中文粤语节目。由于自制节目能力薄弱,除新闻节目外,澳广视电视台主要播出外购节目:中文台主要播放中国香港、中国台湾、中国内地及日本制作的节目;葡文台除少数巴西电视台制作的葡语节目外,大部分时间转播葡萄牙国家广播电台国际台向海外播放的葡语节目。

1993年,澳葡政府因电视台经营亏损问题,企图将电视台进一步私有化,但中国政府希望澳门回归之际能够保留官方电视台。

1995年,澳广视资本额增加到2亿澳门元,其中,澳葡政府占50.5%,澳门旅游娱乐公司占19.5%(后转售给吴立胜持有的新韵影视事业有限公司),内地背景的南光集团占15%,何厚铧占15%,成为公私合营的股份有限公司。此次改组后,澳广视的广告收入不断增加,但仍未能扭转亏损运营的状态,因此中止了部分节目的制作和播出。①

1999年澳门回归后,特区政府依法接收了原为澳葡政府所持有的澳广视50.5%的股份;何厚铧因当选特区行政长官,将其所持股份转售给信诚达有限公司。在这一时期,澳广视的财政状况有所改善,但亏损局面并未根本转变。

2002年,澳广视的经营状况恶化。8月13日,澳广视行政总裁江濠生在公司融资问题会议后表示:两年来,三家私人股东均没有按股权比例支付股本金额,如南光集团有限公司持有的澳广视股份账面值为3 000万澳门元,但其历年所拖欠的款项已逾1亿澳门元。澳广视陷入财政危机,面临停播倒闭。8月20日,澳广视举行特别股东大会,要求三家股东先分别支付300万澳门元以维持运营。至9月20日特别股东大会,最终澳广视也没有要到这笔款项,只能由政府垫支该月款项200万澳门元。两家私人公司股东——新韵影视和信诚达表示以无偿的方式将股份退还给澳广视,之后,拥有15%股份的南光集团也决定以无偿方式把股份退回。2002年10月18日,澳广视股东大会后,何鸿燊表示澳广视的财政已非常困难。澳门特首何厚铧随即在10月11日表示:政府作为主要股东,在今后一段时间内定会支持澳广视运营,避免出现大震荡。

在此期间,虽曾有数家机构与澳广视接触,希望入股,但看过账目和运营情况

---

① 李献文,何苏六.港澳台电视概观[M].北京:北京广播学院出版社 2004:35.

后都选择放弃。如2001年5月7日,经吴立胜安排,香港华懋集团主席龚如心与吴立胜签署协议,以1.428亿港币收购澳广视51%股权,吴立胜当场兑现3 000万元人民币期票订金。双方随后签订两项补充协议,将交易限期推迟至2002年6月30日前。但华懋集团按协议审查公司期间,发现其中有不能解决的问题,因此先后于2001年8月向吴立胜索取与协议有关的必要资料,2002年4月至7月要求退订,但均未果。2002年8月,华懋集团入禀香港法院追讨订金。

澳广视的经营归属问题长期悬而未决,甚至跨越澳门回归,是其发展过程中挥之不去的阴影。谭志强在《政权交接〔一九九九〕以来澳门新闻传媒的变化》中曾指出,澳门的产业背景、媒体环境、人口状况,都导致澳广视的经济来源受限。2004年10月,在澳广视主办的公营广播机构国际年会上,澳门特区行政长官何厚铧明确提出"澳广视提供公营广播电视服务"——确认了澳广视"公共电视"的身份。此时,澳广视的股份包括:澳门特区政府持有99.8%的股份,其他财政自治的公共机构持股0.2%。尽管澳门特区政府已公开宣布澳广视是"公共电视",但对其经营亏损、广告费有限等问题的讨论并未平息,仍引起人们的持续关注,直至2010年以后才不再成为人们关注的焦点。

2010年4月,澳门特区行政长官崔世安批示设立"澳门广播电视股份有限公司策略发展工作小组",全面检讨澳广视的问题。工作小组历时半年调研,10月7日向行政长官呈交报告。报告指出:自1983年成立以来,澳广视的股权几经变动,至2002年,澳广视的运营完全依靠政府拨款支持,实际上已成为一间"全公帑运营"的广播机构。但澳广视的节目数量和质量都与公众要求有较大距离,不能满足市民对公共广播服务的需求。其存在的问题主要包括:定位不清晰、目标不明确、制度不完善、管理不规范以及监督不到位等。加强内部管理,建立一套公正、透明的管理制度;管理层做到专业、敬业、秉公办事,是澳广视运营管理所面临的当务之急。①

---

① 澳门广播电视股份有限公司策略发展工作小组.澳门广播电视股份有限公司策略发展工作小组报告[R/OL].(2010-10-07)[2015-01-21]. http://portal.gov.mo/portal-frontend/loadfile? id=/20101007_184831_294.

二、澳门有线电视与公共天线公司的矛盾

澳门自 20 世纪 80 年代中期才开始发展电视媒体,而自 20 世纪六七十年代"香港无线电视"及"香港丽的电视台"等免费电视出现后,澳门就已出现了提供相关服务的"公天服务商"①。它们早期通过微波传送、放大器等简单技术,向澳门的消费者提供香港无线电视的信号。随着科技及广播资讯的发展,澳门的公共天线服务公司呈现复杂多样的发展趋势,并且开始提供收费电视服务。各类"公天服务商"大量涌现,其中不少公共天线公司还与"大厦物业管理业务"建立起服务联网制度。根据澳门廉政公署调查,截至 2010 年,澳门的主要"公天服务商"有 16 家。

1999 年澳门有线电视股份有限公司成立。4 月 22 日,其与当时的澳门地区政府签订"收费电视地面服务批给(专营)合约",承批人以专营方式按合同的权责条款向缴费用户传送地面电讯影音讯号,合同期为 15 年,成为澳门唯一的有线电视服务机构。2000 年 7 月 8 日,由中国内地、澳门与葡萄牙三方投资 4.5 亿人民币的澳门有线电视正式启播,与 5 家公共天线公司合作,通过微波传送提供 40 个中、英、葡语频道给住宅及商业用户。澳门有线电视开办初期,以转播为主,并不供应自制节目。

2001 年 1 月底,有线电视网络覆盖超过 2 万用户;到 10 月,拥有 3 000—4 000 名有线电视用户,他们多集中在收入水平较高的新口岸和南湾区。首年客户数目虽与全澳 18 万户家庭的潜在市场有距离,但有线电视台努力加大网络覆盖范围、不断推出促销活动,如调低推广月费,获得在澳门独家直播英格兰超级联赛 165 场赛事宣传活动的权利等。同时,澳门有线电视台与澳门电讯有限公司签署 WAP 无线上网服务使用协议,成为澳门电讯 WAP 无线上网服务的内容供应商之一,澳门电讯客户可利用 WAP 浏览及查阅有线电视台的最新节目表和其他资讯。在技术革新方面,澳门有线电视台率先引进微波数码影像传送技术,为澳门市民播放最清晰的电视影像。②

---

① 公天服务商,即公共天线服务公司,澳门民间将通过公共天线提供电视信号的组织称为"公天公司"。2010 年,澳门廉政公署在面向社会公开的调研报告中称其为"公共天线服务商",并列出了当时澳门主要的 16 家公共天线公司。
② 梁丽娟.2001 年澳门特别行政区新闻与传播业的发展[M]//中国社会科学院新闻与传播研究所.中国新闻年鉴 2002.北京:中国新闻年鉴社,2001:154.

随着澳门有线电视的迅速发展,有线电视台与原有的"公天服务商"的矛盾凸显。公共天线公司为一些大厦提供有线电视专营范围内的电视服务,涉及不公平竞争,亦明显违反知识产权法例。自 2001 年起,星空卫视、ESPN STAR Sports、澳门有线电视股份有限公司、香港 TVB 等先后向澳门"电信暨资讯科技发展办公室"投诉"公天服务商"盗播侵权。2002 年,由于不少物业管理公司拒绝"澳门有线电视股份有限公司"进入大厦安装有线电视公共网络,有市民致函澳门特别行政区长官、消费者保护服务机构、澳门司法警察局及多家报刊媒体投诉。

刚刚成立的澳门特区政府,要同时面对和处理法例过时及非法活动增加的问题。澳门有线电视股份有限公司是澳门唯一合法的有线信号经营者,其在经营上面对的最大问题是一些公共天线公司未支付版权费和放送费,非法转播卫星频道,导致不公平的市场竞争。因此,有线电视公司希望澳门特区政府保护专营者的利益,协助解决问题;而电视内容提供者——一些电视频道通过改变输出讯号、以加密方式传送等方式维护其权益,但仍然存在黑客解码的现象,受影响的电视台希望澳门法院能制止非法转播的情况。

与此同时,澳门的公共天线公司也希望政府当局尽快对该行业进行规管。过去澳葡政府时期,要求公共天线公司在安装接收卫星讯号的设备仪器前必须向政府申请发牌。但是,公共天线公司本身并不是政府承认的、合法的讯号转播公司,只能以工程公司名义运营,所以无法与版权商洽购任何版权。为此,澳门有 8 家公共天线公司的负责人集会,他们指出:澳葡政府的过时旧例,不符合现时环境的实际需要,要求特区政府明确公共天线公司行业未来发展的政策走向,使行业可以合法经营,并对其中违规的害群之马加以规范、惩处。

澳门公共天线公司在澳门存在了 30 多年,因历史原因仍继续运作,其卫星接收系统可转播数十个频道。由于接到相关电视节目版权持有人的投诉,澳门电信暨信息科技发展办公室定期查处未经授权转播卫星电视节目的行为。稽查行动原定于 2005 年 8 月 12 日进行,后因公共天线公司施加的压力改至 11 月 7 日。因为如果政府开展查处行动,公共天线网络和卫视接收系统可转播的 21 个节目频道均须停播,其中包括中央电视台、泰星三号转播的属 UBC 版权的卫星电视频道、凤凰卫视及国家地理频道等。澳门公共天线公司为了显示其存在价值及争取合法地位,于 9 月 1 日傍晚起停播包括澳广视在内的 21 个未获授权频道,要求政府确认公共天线公司的经营权,并发给牌照。由于事件关系全澳市民的利益,引起了很大的社会反响,时任行政长官何厚铧表示,政府持适当开放态度协商解决问题,期望公共天线公司不要有过激行动。这一事件最终历经20个小时才告平息,公共天线公司恢复正常转播。①

澳门是亚太地区内盗版电视情况最严重的地区之一,非法转播电视讯号的问题突出,作为拥有专营权的有线电视运营者,澳门有线电视公司自2000年投入服务以来,通过不断提升电视节目内容及讯号传送方面的质量,渐渐广受客户欢迎,业务获得持续增长。

2002年,澳门有线电视节目频道增至55个,其中包括中央电视台在内的5个华语频道和台湾东森电视台提供的第一个台湾频道。澳门有线电视台也获得世界杯、欧洲联赛冠军杯、西班牙甲级联赛及英格兰超级足球联赛2002和2003年度独家播映权,使其频道吸引力得以增加。澳门有线电视台运营接近3年,但仍处于亏损状态,2001年,亏损金额达2 700万澳门元。2002年,澳门有线电视台已有14%的市场占有率,约有10 000名客户。② 2003年6月,澳门有线电视台建立顾问委员会,广邀澳门社会不同界别的代表人士担任顾问委员,呼吁特区政府保护专营者的利益,协助解决非法转播卫星频道的问题。③

2004年,澳门有线电视节目频道增至60个,包括一些受欢迎的电影及球赛频道。同年,引入葡萄牙新闻社的网页新闻,澳门有线电视的市场占有率达到15%,约有20 000名客户。④ 2004年10月,粤港澳三地电视媒体签署《泛珠三角电视媒体合作框架协议》,协议规定:从2005年5月开始,澳门居民可收看广东电视台珠江频道播出的节目。2005年,澳门有线电视台庆祝成立5周年,增加MTV中文频道及彭博财经台,频道数目增至70个。在足球节目方面,继续在新赛季开始后独家转播英超联赛、世界杯外围赛、欧冠杯等赛事,加强体育方面的节目。⑤

但是,因为长年与免费的公共天线公司竞争,有线电视客户增长和购买频道的

---

① 梁丽娟.2001年澳门特别行政区新闻与传播业的发展[M]//中国社会科学院新闻与传播研究所.中国新闻年鉴2002.北京:中国新闻年鉴社,2001:154.
② 同①177.
③ 同①236.
④ 同①240.
⑤ 同①265.

人数受限。澳门有线电视公司自2000年正式运营后,确定基本服务组合的费用为每月168澳门元,并获得政府相关部门批准。由于历史原因,澳门有线电视股份有限公司处于不良的市场环境。面对公共天线公司的竞争,2002年,澳门有线电视服务调低收费至每月138澳门元,割价措施令澳门有线电视公司长期处于亏损状态。2004年,澳门有线电视公司营业额亏损约1 300万澳门元;2005年,亏损1 580万澳门元,运营亏损720万澳门元,累计损失已达1.2亿澳门元。澳门有线电视公司经慎重考虑,决定2007年9月1日起将基本服务组合费恢复至2000年的水平。①

从2007年元旦开始,澳门有线电视公司增加节目频道,包括转播中东阿拉伯半岛国际电视台。年中,引入新股东——具有经营公共天线30年经验的广星传讯公司。广星入股澳门有线后,积极与现有的公共天线公司合作,解决困扰已久的公共天线公司与有线电视之间的经营问题。因有新资金注入,澳门有线电视方面负责统筹主办已停办了10年的"澳门小姐"竞选,以吸引观众注意。有线电视还大力推广数码高清科技,希望借助科技水平的提升吸引观众。为了吸引球迷,澳门有线电视继续争取到澳门彩票有限公司赞助,免费直播2008—2009年度英格兰超级联赛、欧洲联赛冠军杯、日本职业联赛以及欧洲职业联赛赛事。

澳门有线电视和公共天线公司之间的经营矛盾存在已久,没有简单可行的处理方法,政府对解决问题持开放态度,希望寻找业界及市民都可接受、同时也有利于澳门整个广播电视事业长远发展的解决方案。2007年11月初,澳门有线电视股份有限公司入禀法院,申请禁止公共天线公司转播英格兰超级足球赛,英超联赛版权持有人公司、亚洲区有线及卫星公司协会也有代表出庭。最后法庭判澳门有线电视股份有限公司对三家公共天线公司的诉讼获胜。②

2008年元旦,香港推出高清广播,澳门有线电视公司与澳门公共天线公司之间的利益矛盾更趋白热化。由于澳门不少居民习惯于收看香港电视,而八成多的澳门家庭通过公共天线接收电视讯号,公共天线业界在年初表示会向市民免费提供高清广播讯号。但澳门电信管理局提出:因为公共天线公司的网络未经政府批

---

① 梁丽娟.澳门2007年传媒发展概况[M]//中国社会科学院新闻与传播研究所.中国新闻年鉴2008.北京:中国新闻年鉴社,2008:194.
② 同①227.

准,转播高清广播信号属非法转播,政府会对其加以取缔;公共天线与有线电视的问题是历史遗留问题,政府希望在短期内提出方案,理清公天与有线电视各自的业务范围。公共天线公司则回应:澳门没有现行法例禁止转播高清广播讯号,因此会继续同时转播模拟及高清讯号,为澳门市民服务。

2008年1月底,由于电信局人员强行拆除部分转播高清节目的公共天线,澳门爆发八大公共天线公司集体停播风波。1月29日晚,澳门大部分地区收不到电视信号,共涉及14万个公共天线用户,受影响市民多达30万。直至电信局答应暂停"剪线",电视信号才于次日渐次恢复正常。这次停播事件引起了舆论的极大反响,认为政府应正视问题,尽快与业界商讨,解决问题。对澳门有线电视公司与澳门公共天线公司之间的矛盾,有评论认为传媒完全站在电信局官员立场上报道,未尽监察政府的责任;也有议员认为,公共天线问题多年纠缠不清,关键是政府、公共天线公司及有线电视公司三方,均没有足够的诚意解决问题,政府有必要要求公共天线公司及有线电视公司尽快按照可行的法律原则解决问题。甚至有议员建议通过谈判赎回有线电视的专营合约,促进公共电信服务开放竞争。[1]

2010年,困扰澳门逾10年的公共天线公司问题,因"英超"转播权再起波澜。Edia Media Inc.在报纸刊登声明,把澳门区"英超"有线电视专有使用权授予澳门有线电视公司,通过有线电视传输系统转播授权节目,第三方不得用该方式转播。六家公共天线公司称因为收到澳门有线电视公司的律师信,遂停止代客接收本地电视台的"英超"讯号,致使澳门八成居民无缘收看赛事,球迷反应激烈。之后,澳广视提出证据,力证自己拥有该赛事的播放权;同时,澳门电信局也指示,公共天线公司有义务确保市民收到节目讯号,六家公司才恢复节目播送。[2]

2010年11月初,澳门行政长官崔世安在施政报告答辩时表示:短期内将通过修订法律法规,解决公共天线公司的合法性问题,跟进专营合同。澳门有线电视公司表示将积极配合特区政府。在电信局提出的三个建议方案中,其中一个是由政府回购有线专营权,但澳门有线电视公司未同意实际金额,指出需要由公司的核数师、财务及律师判断。

---

[1] 梁丽娟.澳门2008年传媒发展概况[M]//中国社会科学院新闻与传播研究所.中国新闻年鉴2009.北京:中国新闻年鉴社,2009:209-210.

[2] 同①233.

2010年底，澳门廉政公署就澳门有线电视公司与公共天线公司争执问题发表厚达124页的调查报告，批评电信监管部门"有法不依、执法不严、知而不理、理而不决，失职失责，致公共天线公司问题如雪球般越滚越大，影响澳门特区政府的管治威信"。①

2011年，澳门公共天线公司传送澳广视广播讯号，有线电视再度提起"英超"节目版权诉讼。有线电视专营问题缠绕澳门十年，可见并非单纯的法律问题。其间，澳门电信局亦提出多个方案及建议，同时尝试同公共天线公司及有线电视公司等方面进行商讨，可惜双方欠缺沟通诚意，最终无法达成共识。澳门电信局认为：公天问题只是电讯发展过程中一个暂时的产物，"三网合一"后公天问题自然会消失。澳门有线电视的"收费电视地面服务专营合约"于2014年到期，"合约续期将不再采用专营方式，而将面向市场"，有关诉讼有助于厘清一些法律定义。

跟进澳门公天问题的法律小组，按特首批示在成立6个月后递交的中期工作报告中指出：公天问题涉及法律、合同及其他方面，情况比较复杂，需要更多时间研究如何在法律层面妥善解决；建议现阶段从规范电视版权方面开展工作。经公共天线公司传播的电视节目，并未完全得到版权人的授权，存在通过非法手段解除已加密电视节目的密码后再转播的行为。作为国际城市，澳门要承担保护版权的国际义务，须通过相关法律制度完善以尽快解决。②

2012年2月，澳门立法会审议通过《修改著作权及相关权利的法律制度》法案，对非法解密频道及播放行为作出规范，明确规定公共天线公司在未授权情况下解密电视讯号属刑事罪行。2012年年中，该法案生效，澳门六家公共天线公司停止接收中央电视台第3、5、6、8套节目，以及台湾的民视、中视、华视等十多个卫星电视加密频道。③

2013年8月6日，澳门有线电视股份有限公司与14家公天服务商签署合作协

---

① 澳门廉署.关于"澳门有线电视股份有限公司"与"公共天线服务商"的调查报告及第05/RECOM-OP/2010号劝喻[EB/OL].(2010-10-12)[2018-01-21].http://www.kongseng.com.mo/cableissue/chn/NomoneyNew.asp.
② 梁丽娟.澳门2011年新闻传播业概况[M]//中国社会科学院新闻与传播研究所.中国新闻年鉴2012.北京：中国新闻年鉴社,2012:227.
③ 梁丽娟.澳门2012年新闻传播业概况[M]//中国社会科学院新闻与传播研究所.中国新闻年鉴2013.北京：中国新闻年鉴社,2013:226.

议。根据协议,澳门有线电视将提供40个电视频道,利用公天的服务网络转播。特区政府将一次性付给澳门有线电视股份有限公司380万澳门元费用,其后每月付款98万澳门元,直至2014年4月合约期满。澳门中级法院就有线电视股份有限公司的上诉做出裁定:限电信管理局在90天内,切实履行与有线电视签订特许合同的义务,确保有线电视的专营权不受侵犯,终止非法转播电视信号活动。特区政府在尊重有线特许合同,以及确保公众收看开放电视频道的权利不受损害的前提下,协调各方共同商议,最后达成一致,由澳门有线电视股份有限公司提供电视信号,并通过公共天线公司的网络传送至住户。

2014年,澳门特区政府成立全资公司,向居民提供免费的"基本频道"讯号,收费电视服务依然是澳门有线电视股份有限公司独家经营。4月8日,关于澳门基本电视频道股份有限公司的第8/2014号行政法规生效,该行政法规规定:澳门基本电视频道股份有限公司的起始资本额为一千万元,由股东按比例悉数认购并以现金支付。其中,澳门特别行政区政府占70%,澳广视占25%,邮政局占5%。澳门基本电视频道股份有限公司按照批给合同的规定,对居民接收基本电视频道提供支持服务。① 4月15日,澳门有线电视股份有限公司与澳门特别行政区政府签署为期五年的"收费电视地面服务批给合同"。澳门有线电视服务是以非专营形式续约的,使用的并非三网融合的牌照,而是电视牌照。三网融合仍需要两三年时间才能具备技术及法律条件。②

三、澳门卫星电视发展问题

澳门回归以来,特区政府全面开放卫星电视业务,主要基于4个方面考虑:(1)创造就业机会;(2)增加政府税收;(3)令澳门居民有更多机会接收外界资讯;(4)提升澳门国际形象。③

澳门最早的卫星电视服务机构——宇宙卫视通信服务公司于1993年成立,由中国内地、澳门和葡萄牙3方股东合资组成,主要是以澳门为基地向邻近地区提供

---

① 政府今起提供基频讯号[N].澳门日报,2014-04-22.
② 电视频道公司法规今生效[N].澳门日报,2014-04-09.
③ 梁丽娟.回归以来澳门新闻与传播事业[M]//中国社会科学院新闻与传播研究所.中国新闻年鉴2001.北京:中国新闻年鉴社,2001:140.

电视广播和通信网络服务。①澳门首个卫星电视台是由宇宙卫视经营的"澳门卫视",1999年7月启播。开播两年间,它由一个每天只播出2小时节目的频道,发展成为有6个频道、全天24小时播放的卫星台,包括旅游台、生活台、五星台、澳亚台、财经台和卡通台,共约50套节目。其中,五星台、澳亚台分别获得了在内地落地的许可证。"澳门卫视"虽然以澳门为立足点,但覆盖范围包括中国内地及港台、菲律宾、澳洲、日本、韩国及北美地区,已经具有国际媒体的格局。

澳门回归后,首家在澳门获得卫星牌照的中华卫星电视,打破宇宙卫视独家持牌局面,计划投入5亿美元发展6个中文频道,主要以国内市场为主,仿照凤凰卫视的营运模式,希望争取在国内6—12个省落地;除亚洲区外,该集团亦通过北美的熊猫电视台传送讯号;2001年10月,中华卫星电视与美国一科技公司协议开发网上电视,对象仍是北美洲及欧洲的华人,主要按照多媒体的战略路线发展。

此外,香港丽新集团下属的5家上市公司之一的丰德丽,也在澳门投资卫星电视台——澳门东亚卫视。该台于2001年7月24日模拟启播,2002年初正式商业启播。其节目主要由香港亚洲电视提供,主要覆盖范围除了整个中国,还包括日本、韩国、印度和澳大利亚的一部分,北面远至俄罗斯。澳门东亚卫视的对象主要为华人观众,节目主要以"生活"为主题,帮助观众认识优质生活。最初计划设两个频道:一个是以年轻消费者为对象的频道,着重介绍现代人的衣食住行等生活信息;另一个以资讯为主。该台在澳门及香港都设有制作基地。2001年,澳门东亚卫视亦获得内地的有限度落地权。

另一个跨地域的、由内地及港澳台电视人和企业联合发展的卫星电视台——亚洲联合卫星电视(UTV),于2001年11月10日正式开播,总部设在澳门,业务中心设在北京,联络中心设在台北,也取得了内地的有限落地权。亚洲联合卫星电视通过亚太二号卫星向亚洲地区数亿观众提供娱乐、新闻、文化、资讯和服务等多元化、适合华人观看的高质量节目,其卖点是地区化和国际化。

在卫星广播电视热潮下,经营地面无线广播的澳广视也开始研究通过卫星转播节目,将其节目推广至东南亚。20世纪90年代,澳广视面向国内的华语卫视推

---

① 梁丽娟.2004年澳门特别行政区新闻事业回顾[M]//中国社会科学院新闻与传播研究所.中国新闻年鉴2005.北京:中国新闻年鉴社,2005:240.

送节目,主要以香港为基地,澳门回归后,其积极推进卫星电视发展,在澳门的经营成本较香港更便宜,而澳门特区政府也开出较优惠的条件吸引投资,使澳门成为海峡两岸另一华语卫视基地。"入世"的历史机遇也为澳门广播电视业提供了升级的机会,澳门作为区域性卫星中心仍有不少发展空间。

2001年6月1日开播的澳亚卫视中文台,2004年3月经澳门特区批准,获发准予开设6个卫星电视频道的独立运营牌照。澳亚卫视中文台24小时连播,每周播送总时数为168小时。该台立足澳门,是面向内地及东盟地区播出的普通话新闻综合频道,内容包括时政、经济、文化、娱乐各方面。节目通过亚太二号卫星发射,覆盖全世界60多个国家和地区。[①] 2005年,澳亚卫视集团正式成立。同年10月,收购澳门宇宙卫星电视股份有限公司和澳门宇宙通信服务有限公司的牌照及所有资源。[②] 2006年6月,经国家广电总局批准,澳亚卫视中文台在珠三角地区的广州、深圳、东莞、肇庆、佛山、惠州、珠海、江门、中山等9个城市的有线电视网播出,成为全世界32家可落地中国内地的三星级以上宾馆的频道之一。澳亚卫视在香港、北京、台北设立常驻记者站,在深圳设立制作基地,并在台北、广州、珠海设立分支机构。[③]

2004年6月底,由金燕国际传媒有限公司全资投资的中国商务网卫视(CBN)在澳门正式开播。中国商务网卫视以播放经贸信息节目为主,同时将澳门作为中国通向海外的窗口,连接内地及东南亚商贸市场,使其发展为一个兼具传媒和商务双重功能的平台。其总部位于澳门,在北京、上海、成都、广州和香港设有办事处,进行新闻采访、节目制作、广告策划和商务代理,并设立同名网站。其电视信号覆盖53个国家和地区及全世界三分之二的人口,频道开播时,节目同时在新加坡、菲律宾、印度尼西亚、泰国和马来西亚等东南亚国家落地。从2004年下半年起,逐步实现在亚洲及北美部分地区落地的计划。[④]

2008年11月20日,澳门卫视国际商务台(即莲花卫视)正式获澳门特别行政

[①] 梁丽娟.澳门特别行政区2006年传播业概况[M]//中国社会科学院新闻与传播研究所.中国新闻年鉴2007.北京:中国新闻年鉴社,2007:184.
[②③] 梁丽娟.澳门2009年新闻传播业状况[M]//中国社会科学院新闻与传播研究所.中国新闻年鉴2010.北京:中国新闻年鉴社,2010:227.
[④] 梁丽娟.2004年澳门特别行政区新闻事业回顾[M]//中国社会科学院新闻与传播研究所.中国新闻年鉴2005.北京:中国新闻年鉴社,2005:240.

区政府批出六个卫星电视广播频道准照。莲花卫视以商界人士为主要对象,介绍中国的投资环境,关注商人、商事、商机、商情,是一个以提供精英文化和澳门本地信息为主要内容,立足澳门、面向世界的卫星电视台。莲花卫视总部位于澳门新口岸皇朝区,通过澳门主要公共天线公司、澳门有线电视网络覆盖澳门本地95%以上的家庭及澳门各大酒店;通过亚洲7号卫星,覆盖中国内地、中国香港、中国台湾及日本、韩国、新西兰、澳大利亚、中东等50多个国家和地区。尤其是在中国内地和香港、东南亚、北美的收视人群比较集中,许多大型高档小区及四、五星级酒店都转播莲花卫视。[①]

2009年2月16日,由河南电视台和澳亚卫视合作开办的中华功夫卫星频道正式开播,该频道借助澳亚卫视的卫星电视频道运营牌照及节目播出系统,建成独立的播出平台。[②] 功夫卫视以中国内地与澳门的文化交集区域为频道定位,选择两地及大中华区甚至海外非华语区受众都普遍接受的"功夫"为主要传播内容。

表7-1 澳门主要卫星电视服务[③]

卫视名称	启播日期	直接经营者	备注
澳门卫视	1999年6月	澳门宇宙卫星电视有限公司	
澳亚卫视	2001年6月	澳亚卫视有限公司	
东亚卫视	2001年7月	丰德丽控股有限公司	已于2008年4月停播
莲花卫视	2002年10月	澳门莲花卫视传媒有限公司	
CBN	2004年6月	澳门金燕国际传媒有限公司	
中华卫视	2008年3月	中华卫星电视(集团)股份有限公司	
中华功夫卫视	2009年2月	河南电视台、澳亚卫视有限公司	

2014年7月,总部设于澳门的国际卫星电视频道濠江卫视正式开播。濠江卫视属于澳门报告传媒集团,集团旗下还有《澳门晚报》、《澳门报告》(月刊),濠江卫视为其全媒体战略的一部分,是全天24小时播出的综合性频道。

澳门回归以来,卫星电视有了长足发展,但由于其发展优势主要来自特区政

---

① 莲花卫视[EB/OL].(2011-03-06)[2015-03-06].http://www.lotustv.cc/#page8.
② 梁丽娟.澳门2009年新闻传播业状况[M]//中国社会科学院新闻与传播研究所.中国新闻年鉴2010.北京:中国新闻年鉴社,2010:228.
③ 常江,张梓轩,彭侃.中国语境下的澳门影视产业[M].北京:北京大学出版社,2012:209.

策,而在经济结构、地理区位和人口特征等方面存在明显弱势——澳门地区的经济过度依赖旅游和博彩业,文化传播力较弱,人才聚集力不强,缺少多元化的人才结构和成规模的人才储备。因此,尽管政策放开,积极鼓励卫星电视发展,但澳门卫星电视的影响力仍弱于香港地区。

第八章　澳门电影业的发展与特征

第一节　澳门电影业发展历程

1896年，电影在西方诞生不久后就传到了澳门，但由于当时澳门地小人稀，工商业活动并不发达，直到1924年才出现首家电影拍摄企业——"澳门电影公司"。澳门历史档案馆资料记载，"澳门电影公司"由葡萄牙人马利亚·伯尔热斯创立，他向澳葡政府提出在澳门开发电影的专利权申请，内容包括：每半年摄制一部有关澳门各项活动的纪录片《澳门报告》，供澳门放映并出口至葡萄牙以及欧洲其他国家；为澳门政府摄制各类所需影片，负责向澳门提供有关葡萄牙波尔图和其他地区的宣传影片。澳门总督于1924年5月7日批示给予其为期10年的专利权，并从当年4月1日起生效。但由于澳门电影公司成立后未能向政府交付法定款项、按时办理各项法定手续，该公司9月16日即被取消专营权和营业牌照。

1955年，由中、葡商人合资的"欧亚制片公司"，以澳门本地故事为题材，摄制了澳门首部故事片《长途》。该片全部在澳门实地拍摄，由5位中、葡明星——王豪、钟情、罗娜、爱莲和祖彼德参演，并得到了澳门政府和罗保博士的支持。但是，由于影片卖座率太低，在澳门域多利戏院上映一周后就下档。欧亚制片公司将原片寄往香港制作拷贝，准备运往葡萄牙和其他国家上映，不料影片原片在香港遗失。耗资近30万元摄制的第一部澳门长篇故事片，就此告终；欧亚制片公司也因影片亏损严重而宣告结束。

直到20世纪80年代,由内地移民至澳门的电影工作者蔡安安、蔡元元①成立"蔡氏兄弟(澳门)影视公司",与内地的天山电影制片厂联合摄制故事片《夜盗珍妃墓》。这部影片被认为是澳门电影摄制公司成功制作和上映的第一部长篇故事片。该片以一家澳门珠宝店发现珍贵文物为引子,讲述了鲜为人知的珍妃墓被盗的真实历史事件,从清朝末年的珍妃之死,延伸到80年代澳门的寻宝传说;揭示了在物质利益诱惑下,形形色色人物的各种丑态与扭曲的人性,歌颂了善良、正直的人们的心灵之美。电影情节一波三折,扣人心弦,发人深思,富有人情味。

1996年,蔡氏兄弟(澳门)影视公司与内地的珠江电影制片公司合作摄制彩色故事片《大辫子的诱惑》(见图8-1)。这部电影根据澳门土生葡人飞历奇的同名小说改编,影片描写20世纪30年代澳门一个葡萄牙青年与一个中国挑

图8-1 《大辫子的诱惑》

水姑娘的爱情故事,由蔡元元执导,内地演员宁静担纲主演;影片展现了澳门中西碰撞交融的文化与历史,具有浓郁的乡土气息和文化特色。该片曾在中国内地、澳门和葡萄牙上映,获得1996年中国第19届《大众电影》"百花奖"最佳合拍影片,并荣获葡萄牙第25届费格拉达福兹国际电影节特别奖。《大辫子的诱惑》为澳门电影摄制揭开了新的一页。②

澳门电影业发展缓慢,21世纪以来制作澳门本地电影的诉求,得到特区政府的鼓励和扶持。2006年,澳门旅游局支持画家、导演陈逸峰执导电影《豪情岁月》,希望观众通过电影感受澳门的美丽风情和丰富的历史文化,推广、宣传澳门旅游。影片讲述了第二次世界大战期间澳门成为避难所的故事,由方力申、邓丽欣、爱新觉罗·启星主演,于2009年获第一届澳门国际电影节澳门电影贡献奖。

自2008年起,澳门电影工作者发起以"堂口故事"为名的电影保育运动,为急速发展的澳门保留城市变迁的影像。五位青年导演——朱佑人、何家政、Sergio

---

① 蔡氏兄弟早年曾在内地广受欢迎的儿童电影《鸡毛信》中扮演"狗娃"和"海娃"小哥俩。
② 澳门博物馆.澳门影话[M].澳门:澳门文化局,2000:50-52.

Perez、许国明、陈嘉强参与了第一部系列影片的拍摄,他们以澳门不同的城区为题,分别完成了《良辰美景》《不散》《有时》《澳门街》《纸飞机》《指望》五部风貌各异的短片。"堂口故事"将影像创作与城市主题相结合,呈现了本地导演对澳门城市空间和文化的观察。尽管这部短片合集没有拍出惊人水准,却是澳门影像创作的重要里程碑,被称为"澳门城市电影的开端"。

2009年,根据澳门本地作家廖子馨的小说《奥戈的幻觉世界》改编、由内地新生代导演张驰执导的电影《奥戈》上映。这部庆祝澳门回归10周年的献礼电影,由澳门基金会及中国内地、葡萄牙投资方联合出资约1 000万澳门元拍摄,是首部展示澳门特有"土生族群"现实生活的故事片,由广州新杰文化传播有限公司和濠龙(澳门)影视有限公司联合出品;澳门演员古天祥、香港演员吴嘉龙、内地演员王晓担任影片主演;影片80%的外景在澳门拍摄,其余内容在葡萄牙里斯本和广东中山完成。片中主人公的命运折射出独特历史带给澳门的伤痕。

同年上映的另一部澳门电影,是根据澳门土生土长的作家李宇梁的原创话剧改编的《还有一星期》。该片原名为《澳门情缘》,由澳门电影协会和澳门文化产业投资管理公司出品,由蔡氏兄弟影业公司摄制。这是一部反映澳门普通居民当前现实生活的影片,描述了澳门当下蓝领阶层的生活,表现了澳门普通市民的喜忧和对未来生活的希望。该片的编剧、导演是资深电影人、澳门电影协会会长蔡安安,执行制片人是在澳门生活了近三十年的张国政。片中演员,除三个主要角色来自内地外,大多由澳门本地的业余演员担任。

2011年,"堂口故事"系列第二部《爱情在城》,由黄婷婷、Fernando Eloy、黎若岚、欧阳永锋、杜健康、郑君炽六位澳门本地新导演执导。影片以城市与爱情为主题,记录澳门的人和事,讲述澳门独有的爱情故事。全片由六部剧情短片组成,每部15分钟,共计90分钟。廖庆松、清水宏一、关本良、叶绍麒等国际影人参与了该片制作。

2015年1月,"堂口故事"系列第三部《心乱·疑城》上映,由《熊妈妈的咆哮》《INA(伊娜)》《见光》三个短片组成,共107分钟。影片由三位澳门本地导演——陈建德、Antonio Faria和周钜宏分别执导,澳门演员黄铠而、刘漪琳、梁健婷、杨彬、许国权、陈世平参演,澳门本地专业技术人才参与片中所有视觉特效制作。与前两部"堂口故事"相比,这部讲述澳门社区故事的短片集,更多地融入了悬疑、动作等类型元素。

总体上看,澳门影业的发展历程,与跟其一海之隔的香港影业形成了巨大反差。地域狭小,产业单一,人才有限,受到香港影业的强势挤压,这些都是影响澳门电影发展的原因。2011年12月,《华商报》曾刊文评析澳门本土电影产业的状况——"最红的澳门明星事业重心在香港""在电影中看澳门远比看澳门拍摄的电影要容易得多"。其中,讲到"香港有四大天王,澳门却少有明星大腕。何超仪顶着'澳门赌王之女'的头衔,虽说是一位'澳门明星',却红在香港。澳门一直试图复制香港模式,'生产'自己的明星,但结果令人失望。在香港,有不少明星来自选美比赛。澳门也试图从选美中培养明星大腕。1985年澳门开始举办澳门小姐竞选活动。最著名的是一户土生葡人家庭的4个姐妹,她们先后竞选为'澳门小姐'冠军。但之后因没有娱乐市场吸纳她们,最终只好开了一家'澳姐餐厅',在澳门曾经家喻户晓,已于2008年关闭。香港的娱乐业就是靠明星和影视,而澳门娱乐业主要是博彩业,靠赌场赚钱,没有大的娱乐公司,也没有好的演艺学校,缺乏生产明星的土壤,这决定了澳门难产明星"[①]。

第二节 电影中的澳门

一、海外电影中的澳门

澳门是几百年连续不断的中西文化交融之地,不少电影制片商将澳门作为外景地。由于葡萄牙与澳门的历史渊源,葡萄牙电影人拍摄了许多以澳门为背景的电影,从20世纪20年代开始,共计有20多部,多数是纪录片,旨在向葡萄牙国民介绍澳门的文化、社会和经济状况。如米格尔·思比基是摄制澳门题材电影最多的葡萄牙导演,从20世纪50年代到70年代,他总计创作9部澳门题材的纪录电影,包括《澳门:东方瑰宝》(1957)、《妈阁的渔夫》(1958)、《东方的报告》(1958)、《澳门》(1960)、《毒品行动》(1967)、《今日澳门》(1971)、《工业化的澳门》(1974)、《澳门,一颗明珠》(1974)和《澳门》(1977)。

---

① 唐爱明.为何澳门难造星?[N].华商报,2011-12-11(B9).

在葡萄牙电影人拍摄的少数几部以澳门为背景的故事片中,最有知名度的是根据澳门土生葡人飞利奇的小说改编、由葡萄牙电影导演罗莎执导的《爱情与小脚趾》。影片1988年开拍,1990年发行,是一部关于澳门葡人社群与华人社会生活的影片,讲述了浪子回头的爱情故事。清朝末年澳门土生葡人青年弗朗西斯科·弗隆达利亚玩世不恭、惹是生非,沦落到华人区的最底层,被女主人公维克托利娜·维达尔救出。为还原历史场景,摄制组在凼仔的住宅博物馆一带搭建了19世纪末期的"澳门葡人区",在莲峰庙广场布置了华人区街道。影片耗资千万元,但公映后票房不高,观众反应冷淡。①

除葡萄牙电影人之外,早在1898年爱迪生公司的摄影师就曾到澳门拍摄活动影片,目前流传下来的有一段《澳门风光》(1898,约半分钟),是澳门最早的活动影像记录。法国导演让·德拉努瓦(Jean Delannoy)1939年执导的《澳门,游戏的地狱》(Macao,I'enfer Du Jeu),1942年曾在法国上映,正式公映是在第二次世界大战结束后,于1947年7月23日在葡萄牙首映,也曾在澳门一家影院上映。由于片中对澳门的呈现过于阴暗,将其描摹为罪恶的天堂、各类奸商与冒险家的乐园,影片公映不久就被禁映,直到1982年6月葡萄牙重新审查解禁。② 1952年,根据鲍伯·威廉斯(Bob Williams)的同名小说改编,由德裔导演约瑟夫·冯·斯坦伯格(Josef von Sternberg)执导的电影《澳门》(Macao),讲述了旅行家尼克、夜总会女星朱莉和走私品推销员劳伦斯三个素不相识的异国青年到澳门谋生的故事。影片由雷电华影业制作,在香港和澳门两地拍摄,由于创作分歧,摄制期间监制霍华德·休斯(Howard Hughes)辞退了导演斯坦伯格,并聘请尼古拉斯·雷(Nicholas Ray)继续执导。尽管如此,《澳门》中仍然渗透着斯坦伯格一贯的黑色电影的风格。

美国著名导演、演员奥逊·威尔斯(Orson Welles)两度与澳门结缘。他于1959年主演的《赴港渡轮》(Ferry to Hong Kong),取材于港澳并在澳门拍摄,讲述了一位往来于港澳航线的渡轮船长的经历。1966年,奥逊·威尔斯执导并主演了根据凯伦·布里森(Karen Blixen)小说改编的《不朽的故事》(Histoire immortelle)。影片故事发生在19世纪处于葡萄牙统治下的澳门,主人公克莱先生是一

---

① 吴志良,杨允中.澳门百科全书:修订版[M].澳门:澳门基金会,2005:405.
② 澳门博物馆.澳门影话[M].澳门:澳门文化局,2000:52.

名富有的商人,他也是小城流言蜚语的焦点。据说他在中国生活了很多年,晚年时每天晚上最喜爱的休闲活动就是听仆人念账本。一天,克莱先生讲了一个他很多年前听到的故事:一个富人给一名贫穷的水手5个金币,让他帮助自己年轻貌美的妻子怀孕。仆人认为这是个传说,并不是真的。克莱既没孩子也没妻子,但他决定让这个故事真实发生。他让仆人以300个金币找来一位姑娘扮演他的妻子,又找到一名年轻的丹麦水手。这部时长为58分钟的电视电影原为法国电视台制作,曾在法国影院公映并取得成功。

1986年,达里尔·杜克(Daryl Duke)导演根据詹姆斯·克拉韦尔(James Clavell)1966年的同名小说改编拍摄了电影《大班》(*Tai Pan*)。这部影片曾在澳门的凼仔和路环取景,故事讲述了1870年英国商人舒迪克带领舰队来中国通商,以鸦片换取茶叶、丝绸及玉器。因遭清廷禁止,他带领舰队南下香港,开辟商港,成为一名中外通商的经纪人(大班),并与其他商人展开钩心斗角的竞赛。陈冲饰演的女主角为了讨得大班的欢心不得不使出浑身解数。这部电影是第一部全部在中国拍摄的西方大片。①

二、香港电影中的澳门

澳门在港片文化地图中是不可或缺的一部分。据曾肇弘统计,截至2009年,香港电影资料馆馆藏中跟澳门相关的电影多达二百部。② 罗卡在《电影中的澳门形象——景观与文化》中介绍,从20世纪三四十年代开始,澳门逐渐出现在香港电影中,但都是零碎的风光街景,直至五六十年代,越来越多的港片来澳取景,如《我是一个女人》(1955)、《天长地久》(1955)、《金枝玉叶》(1959)、《杀机重重》(1960)、《香闺春情》(1960)、《标准丈夫》(1965)、《小姐的丈夫》(1965)、《原来我负卿》(1965)、《春怨》(1965)、《毒天使》(1965)、《雾美人》(1968)等。这些电影多为家庭情节剧,澳门往往被设定为从香港来的主角们逃离现实的一个出口,父母逼婚抑或情感的纠葛迫使他们逃离喧嚣的香港,并常常在澳门邂逅真正的爱情。1959年,吴回导演翻拍了奥黛丽·赫本和格里高利·派克主演的名作《罗马假日》,故事情

---

① 常江,张梓轩,彭侃.中国语境下的澳门影视产业[M].北京:北京大学出版社,2012:81-82.
② 曾肇弘.香港电影澳门情[N].星岛日报,2009-08-06.

节与原作相仿,但场景从罗马转移到澳门,片中出现了大三巴、内港码头、新马路等澳门地标的镜头。在国内"文化大革命"期间,香港"左"派电影公司还曾在澳门海滨水草地开拍港版《沙家浜》。

20世纪七八十年代,在何鸿燊缔造的赌业王国的推动下,澳门博彩业蓬勃发展,这也体现在电影世界里。在李小龙生前拍摄的最后一部影片《死亡游戏》中,反派大本营即位于澳门富有岭南风格的卢廉若花园。第一组镜头就是一系列惊险的打斗场面,从伶仃洋和澳门码头,一路打到卢九花园的春草堂和湖中的观荷亭,最后李小龙寡不敌众,越过围墙逃跑,消失在大三巴牌坊西侧的小巷中。李翰祥导演的《港澳传奇》(1975)里,澳门被描摹成充斥着黄赌毒的黑暗之地。80年代末,香港掀起渲染江湖情义的黑帮片热潮,一些电影也曾在澳门拍摄,代表作品如张同祖执导、王家卫编剧、周润发和邓光荣等主演的《江湖龙虎斗》(1987)。这一时期的影片还有《O女》(1978)、《上海之夜》(1984)、《等待黎明》(1984)、《海上花》(1986)。

在香港一些文艺色彩较浓的影片中,澳门则被描摹为充满悲情或怀旧情绪的地方,例如麦嘉导演的《一水隔天涯》(1976)、孙阳导演的《飘零女》(1983)、杜琪峰导演的《阿郎的故事》(1989)、许鞍华导演的《客途秋恨》(1990)等。《一水隔天涯》中的主人公红梅(苗金凤饰)为家庭生计所迫从澳门到香港卖唱,尝尽辛酸,最后为成全妹妹的爱情牺牲了自己。《客途秋恨》中不断穿插女主人公晓恩(张曼玉饰)回忆儿时与祖父母在澳门生活的情景。

20世纪90年代以后,有不少香港电影以写实视角描摹澳门乱象。如王晶根据何鸿燊、霍英东、叶汉合伙争夺澳门赌权的历史,接连拍成两部电影《赌城大亨之新哥传奇》和《赌城大亨之至尊无敌》,由刘德华、万梓良、王祖贤主演,先后于1992年春节和暑期档上映。澳门的黑帮大哥尹国驹投资1400万港元,拍摄了一部为自己树碑立传的电影《濠江风云》,影片通过一个女记者的见闻,讲述了尹国驹在血雨腥风中成为黑社会老大的经历。该片由邓衍成导演,任达华、方中信等主演。1998年,影片上映前,尹国驹因一宗谋杀案而被拘捕,因此该片上映不久即被澳门和香港当局禁映。

此外,还有很多被香港影迷奉为经典的黑帮片都曾在澳门拍摄,包括游达志导演、邵美琪、刘青云、梁朝伟主演的《暗花》(1998);杜琪峰导演,黄秋生、吕颂贤、吴镇宇主演的《枪火》(1999);杜琪峰导演,黄卓玲、刘青云、黄浩然等主演的《再见阿郎》(1999)。

2000年至2013年，在澳门拍摄或以澳门为题材的香港电影有《花样年华》(2000)、《蓝烟火》(2000)、《欲望之城》(2001)、《险角》(2001)、《情迷大话王》(2001)、《全职杀手》(2001)、《异度空间》(2002)、《2046》(2004)、《爱神》(2004)、《蝴蝶》(2004)、《爆裂都市》(2004)、《桃色》(2004)、《b420》(2005)、《伊莎贝拉》(2006)、《放·逐》(2006)、《大丈夫2》(2006)、《伤城》(2006)、《游龙戏凤》(2009)、《复仇》(2009)、《扑克王》(2009)、《分手说爱你》(2010)、《飞虎出征》(2013)、《扫毒》(2013)、《激战》(2013)。

2014年，马希雯梳理了20世纪50年代至2013年香港电影中的澳门形象：港片对澳门场景的截取往往聚集于葡式建筑物，形成一种具有欧陆风情的异国情怀；港片中的澳门就像香港的影子，把港人的情怀有意无意地投射在电影中；此外，澳门还是港人的欲望对象，在电影想象中，澳门是充斥着黄、赌、毒的色欲都市，是爱情与性爱的欲望满足之地，也是罪恶与腐败的天堂与地狱。马希雯将港片中澳门形象分解为六部分，即作为背景符号的澳门、作为欲望对象的澳门、作为末世景观的澳门、作为东方赌城的澳门、作为异域奇观的澳门，以及香港电影中的澳门人。

(1)香港电影常把澳门作为一个没有实质意义的背景符号呈现。有些电影的故事情节与澳门关系不大，却因赞助商要求将故事编排在澳门发生，主要目的是植入广告，如《分手说爱你》中的澳门威尼斯酒店、《游龙戏凤》中的美高梅酒店，澳门空间本身的文化意义并不突出，片中情节发生在任何城市和场景，都不会影响其发展。也有些影片虽然在澳门取景，却是将澳门风光作为香港场景的替代品，如杨凡导演在《桃色》中特别选取澳门一些有特点的街景，将其加入电影中"冒充"香港，消弭了澳门文化的独立性；在王家卫的电影《花样年华》和《2046》中几乎从未将"澳门"作为叙事元素，而仅仅作为一种无名的背景板。

(2)由香港电影塑造的澳门形象常常被作为欲望的对象。在这些影片中，欲望的呈现是多样的，有的电影把澳门作为实现梦想的地方，如《再见阿郎》《游龙戏凤》中的澳门是浪漫爱情的邂逅之地；《大丈夫2》《欲望之城》《飞虎出征》则把澳门描绘为满足欲望的性都；在《蝴蝶》中，澳门是隐藏港人无法面对的内心隐秘的禁地；而在《激战》中，澳门则被作为港人走投无路的栖身之地。

(3)许多香港电影把罪恶、黑帮、枪战、仇杀、淫欲等元素作为澳门故事的题材，将澳门描绘为暴徒横行、混乱动荡的罪恶之城。从1952年的《澳门大血案》起，澳门成为黑帮、仇杀、血案影片的取景地。在这些影片中，澳门被构建为黑暗的罪恶之城，如《八仙饭店之人肉叉烧包》《濠江风云》《险角》《暗花》《枪火》《复仇》等。澳门回归前，社会不安定的现实状况也为这类影片提供了素材，如《濠江风云》就根据风光一时的黑社会老大兼该电影出品人尹国驹的真实经历改编。电影中将黑帮塑造成英雄，将澳门塑造为黑帮社会，呈现出没有法治、失序、胜者为王的末世景观。

（4）澳门作为东方赌城，始自李翰祥导演1975年拍摄的《港澳传奇》，此片开创了将澳门塑造为东方赌城形象的港产电影先河。自此，绝大多数赌博题材的港片，均以澳门为叙事背景。其他类型的港产电影也常常将片中澳门人的职业设定为与赌场相关的"庄荷"、放高利贷的"叠马"等，使观众形成对澳门的刻板印象。20世纪90年代，系列赌王片《赌城大亨之新哥传奇》《赌城大亨之至尊无敌》，讲述了澳门赌业专营时代赌王贺新建立自己赌场王国的故事，影片呈现了充满东方风格的澳门赌场——中式赌博器具、赌场风水格局以及赌场内部监控和潜规则；2003年澳门赌权开放后，港产赌片中的澳门出现新变化，如《扑克王》从视觉、对白和人物形象方面，塑造澳门作为"东方拉斯维加斯"的国际化赌城形象。

（5）港产片偏爱拍摄澳门具有异国风情的景象，葡式建筑物、具有葡萄牙血统的角色往往被凸显。观众很少能从影片中看到西方风情之外的澳门民生。如《放·逐》《复仇》《蓝烟火》都特别强化了澳门风景中的"异域奇观"，如《伊沙贝拉》中的黑人警察、《放·逐》中葡国高官，都将象征社会权力机构的代言者——警察角色设置为葡萄牙人，将港英时期的西方权力形象，投射在澳门形象之中。值得一提的是，《激战》中说一口流利广东话的葡萄牙店主，也从侧面揭示出澳门社会特有的种族交融的状况。

（6）关于香港电影中的澳门人形象，具有戏份的大多为女性角色，而且很少参照澳门本地女性形象，取而代之的是内地化的澳门女性（操普通话或内地方言口音），她们以澳门人身份处于社会下层，强化了港人潜意识中的地域优越感。如舒淇在《游龙戏凤》中饰演的薛米兰，梅婷在《激战》中饰演的王明君；很多香港电影中，澳门女性被视为带有性欲色彩的对象，如《海上花》中的张美玲、《一水隔天涯》中的红玫瑰、《友情岁月之山鸡故事》中的骆咏芝。澳门人在港片中以他者形象呈现，对白中也时常表现出直白的矮化澳门人的意图，显现了港片背后的"大香港主义"。而这些角色大多由香港、内地演员饰演,真正的澳门人缺席,缺少澳门"本我"的声音。①

三、澳门影像与身份认同

与澳门有关或在澳门拍摄的中外电影很多,但真正被澳门观众认可、体现澳门文化,表现澳门人身份认同的影片并不多。《奥戈》与系列影片《堂口故事》是少有的代表性作品(见图 8-2、图 8-3)。澳门学者李展鹏认为《奥戈》意义重大:"填补了过去数十年来澳门文艺创作的一个空白:困扰了澳门廿年的问题,缠绕了澳门廿年的心事,都被《奥戈》说破了。"②电影《堂口故事》被视为澳门城市电影的开端。

图 8-2 《奥戈》海报　　图 8-3 《堂口故事》电影海报

《奥戈》故事发生在 1999 年澳门回归中国前后的几个月的时间里,通过澳门社会特有的"土生群体"的视角,讲述了澳门"土生族群"在澳门回归祖国之际面临的亲情、爱情、友情及种族、民族、血缘抉择。电影以主人公一边打麻将一边闲聊政治大事开篇,确定了以日常生活记录大时代变迁中澳门人生活的视角。片中主人公的职业和工作场景成为隐喻:奥戈在海关工作,关闸里熙熙攘攘等待排队过关的人流隐喻一个时代的人心躁动;而片中更多呈现的是晚班后主人公独对空无一人的入境大堂,意在表现奥戈内心的彷徨——"奥戈这个土生葡人的焦虑,也是很多澳

---

① 马希雯.想象与镜像——试析香港电影对澳门形象的建构[J].新闻春秋,2014(4):75-85.
② 李展鹏.迟来了二十年的《阿飞正传》——谈《奥戈》[M]//李展鹏.在世界边缘遇见澳门.澳门:澳门日报出版社,2013:109-113.

门人的焦虑:我们的身体要归属何地(要移民还是不移民)？我们的心灵要认同什么(是澳门人、中国人还是中国澳门特区人)？"①

在对《奥戈》的文化意义进行阐释时,李展鹏将其与香港电影《阿飞正传》做了比较:(1)《阿飞正传》中,主人公旭仔一心要寻找生母;《奥戈》中,奥戈则从未见过生父,寻找生父构成一条主线。(2)两部影片都强调时间的概念,《阿飞正传》中多次出现时钟,不同人物多次询问时间,表现出对时间的焦虑;《奥戈》中多次出现"现在几点钟"的对白。(3)《阿飞正传》中的人物大都处于漂流状态;而《奥戈》中每个人物也都身处流动状态,有人从澳门远走葡萄牙,有人从内地移民澳门。片中奥戈与从内地到澳门的露露之间的对话,将影片意旨从"本土性"提升至"全球性"——露露说:如果留在家乡,可以预见二十年、四十年都过着同样的日子,因此她要离乡闯一闯。奥戈回应:也许一种没有变化的生活才是最幸福的呢——反映了个人在时代变迁中的复杂矛盾心态。

《奥戈》中,麻将桌上关于葡国鸡的讨论同样富有意味:葡国鸡是一种澳门土生菜,因中西文化在澳门交汇而产生,在葡萄牙反而吃不到葡国鸡。因此,当奥戈将朋友的骨灰送回葡萄牙,那个他以为是真正的家的地方,实际上却是陌生之地。影片通过剧中对白说出:主人公与朋友们日常休闲的重要活动——打麻将,在葡萄牙只能在名为"澳门之家"的土生俱乐部见到。电影借此反思:哪里是家？什么是文化根源？

片中,奥戈的母亲曾是一名舞蹈演员,奥戈生父是从葡萄牙来澳门演出的歌唱演员。奥戈因父母短暂的婚外情降生,直到他长大,这段不为人知的恋情才被曝光。因此,奥戈拒绝母亲再称呼他的中文名字"阿力",而一直追问生父是谁。然而,片尾奥戈在葡萄牙"澳门之家"的帮助下找到生父的住址后,却只是将父母的合影留在门口,决定不见生父。这样的情节设定,蕴含了影片主人公对自我身份的重新定位:土生本来就是混杂体,勉强去定义什么是它的根,徒劳无功、并无意义。在影片结尾,奥戈最终回到澳门——这个中西交汇之地才是澳门人真正的家园。

澳门社会的急速发展,使许多集体回忆日渐流失,澳门电影人自2008年开始

---

① 李展鹏.迟来了二十年的《阿飞正传》——谈《奥戈》[M]//李展鹏.在世界边缘遇见澳门.澳门:澳门日报出版社,2013:109-113.

创作的《堂口故事》系列影片旨在记录和找回澳门人的记忆。《堂口故事1》包括以追忆与表现城市发展不平衡为主题的五部短片。何家政的《良辰美景》讲述一个内地人来澳门寻母的故事。他独自游走在青洲区，最后虽然找到母亲曾经居住的小屋，但已是人去楼空。片中的青洲破败潦倒，是一片被城市发展遗忘的空间，与电影开端和结尾金光灿烂的澳门夜景形成了强烈对比，表现出澳门南北城区悬殊的差异。土生葡人导演Sergio Perez的《澳门街》则把一对准恋人的矛盾置放于城市空间的不协调中，从外国回流澳门的女主角满口英文，喜欢新区的繁华生机，男主角却是旧区经营葡国餐室的土生葡人，他们情投意合，却似乎走不出各自的城市空间。女主角代表新城区的中产阶层，有着"老外"外貌的男主角反而代表旧区街坊，突显了导演作为土生葡人的视野。许国明的《纸飞机》描述深夜醉酒的中年赌厅经理流连在都市街头，遇到年少时的自己，想起当年的梦想与朝气的故事。故事以望德堂区为背景，但全片却以中景与特写为主，甚少展示人物所处的城市空间，镜头近距离直视戏中人，凸显得到了财富后满怀郁结、忘却曾经的纯真与理想的内省主题。陈嘉强导演的《指望》以白鸽巢区为背景，讲述在狭小城市空间中生活的女性是怎样面对生活中的境遇及期望未来的。不仅片名与台湾新浪潮导演杨德昌的首部短片相同，而且同样提出当年杨德昌的发问：一个少年的成长之路要怎么走？一个城市的发展要何去何从？[①]

《堂口故事2——爱情在城》讲述澳门独有的爱情故事，影片以"这个城市变化很快，不过再快都快不过突然而来的爱情"为题引，由六部短片组成。其中，短片 *June* 中，在澳门出生、在外国长大的年轻主角回到澳门，寻找旧店、旧居、故人，主角对旧澳门的依恋，化成对儿时见过的女孩的念念不忘，与其说是男女情爱，不如说是一个年轻人对旧澳门的爱恋。女主角代表传统澳门，主理一家老式裁缝店，一针一线裁剪衣服。与爱上夜店、爱穿新潮时装的新派澳门人不同，她的身上投射了澳门人希望传统澳门文化不要消失的愿望。*SAFA* 中，导演欧阳永峰通过一个喜爱老物件的台湾女子的目光去看澳门的旧物，重新发现那些正在消失的传统文化。在影片中旧物不仅被珍视，甚至具有生命力，隐喻对快速发展中旧澳门的消失的惋

---

① 李展鹏.城市电影的诞生——谈《堂口故事》[M]//李展鹏.在世界边缘遇见澳门.澳门:澳门日报出版社，2013:118-121.

惜。黄婷婷的《冰冻的世界》讲述了孩子与成人世界的疏离感——生活在单亲家庭的男孩,与妈妈并不亲近,整部影片中母子间没有一次对话,母亲更不曾在镜头前露脸;同样生活在单亲家庭的女孩,她的爸爸一再提醒他们将要远行,可女孩却不知要去何方,她感兴趣的只是南湾湖中的人工岛——巧妙地回应了澳门人在经济巨变中的疏离感。黎若岚的《触电》安排住在天台(边缘空间)的哑巴(社会弱势)遇上外星人,电视报道的众多澳门大新闻都与他完全无关,也呈现了类似的疏离主题。杜健康的《蛋糕》讲述两个外来者——来自内地与越南劳工的故事,片中对人物和空间的选取独到,夜深无人的文化中心成为城市的一片边缘空间,内地保安员在黑暗的空间中工作,他不标准的广东话,揭示了他作为城市边缘人的身份。但导演并没有让故事陷入悲观,而是让来自内地的主人公与一个越南劳工发生一段似有还无的爱情,电影对外来劳工的呈现,没有歧视和高高在上的同情,自然地讲述劳工构成了澳门城市的一部分,体现了澳门人身份的兼容并蓄,以及多族群融合的文化景观。①

《堂口故事 3——心乱·疑城》选择以悬疑类型片包裹社区故事主题。三部短片中,《熊妈妈的咆哮》讲述了一位母亲在女儿的婚宴上突然失去女儿的故事。伴随母亲缉凶的过程,她以往犯过的错被揭示出来。导演陈建德说影片想表达"很多时候我们都不清楚自己,不了解自己是一个怎样的人,你自己以为你是这样,但在别人眼中并不是如此"。《见光》导演周锯宏则以一张彩票检验人性:"我在想澳门有什么是比较邪恶的,我觉得是金钱,因为这会直接令人变得阴险一点。"影片反思利益与金钱对生活和梦想的侵蚀。土生葡人导演 Antonio Faria 的 *INA*(《伊娜》)描述一个 18 岁女生对澳门的看法,以及她长大以后所看到的澳门——"其实是想通过这部电影反映澳门当前的社会实况,包括吸毒及一些社会问题,希望带出一个讯息,现今澳门的青少年能积极生活,避免误入歧途。我们有一个场景在妈祖庙取景,制作时找到不少改装车参与拍摄,我认为是一个很吸引人的情节,因为澳门观众较少看到这种大的场面,也不知道原来澳门也有这些活动。"②

---

① 李展鹏.爱情,为城市把脉——《爱情在城》的澳门症状[M]//李展鹏.在世界边缘遇见澳门.澳门:澳门日报出版社,2013:123-126.
② 语出《堂口故事 3——心乱·疑城》影片花絮。

第三节　澳门戏院业兴衰

澳门在相当长的历史时间里只有"电影放映业"。在电影制片、发行、映演三大环节中,澳门本地的电影制作发展缓慢,而且长期没有本地电影发行公司,影片由香港的电影发行公司提供,外国的电影片商在出售影片版权时通常将"澳门地区发行权"附属于"香港地区"之中处理;比较而言,澳门"电影映演业"历史悠久、特色突出。

19 世纪末,澳门的娱乐业以戏剧为主,还有木偶、皮影戏等。电影发明后不久,已有商人从外地携带影片来澳放映,仅在 1893 年 8 月和 9 月,澳门《镜海丛报》上就有数份关于"影画戏"的告白,介绍在内港海旁街船政厅附近房屋内放映"影画戏",其中有日本地震、美国火灾、意大利水灾和各国交战图等纪录性画面。这些影画戏是澳门最早放映的电影,以后澳门陆续出现了专门或兼放电影的戏院,逐渐形成了戏院业。

20 世纪 30 年代之前,是澳门电影放映业的萌芽期。1910 年,澳门出现了第一家电影院——"域多利戏院",它位于今天的东方斜巷,最初是木屋建筑,设备非常简陋。早期放映默片时,银幕置于中央,幕前幕后皆设座位,幕前座位票价昂贵,幕后座位因所见画面是反的而票价低廉。由于当时大部分影片为英文字幕,影院设有专门的"解画佬",负责对电影内容进行解说,帮助不懂英文的中国观众理解剧情。

1921 年,新的域多利剧院在新马路中段落成,是当时澳门的著名建筑之一。戏院中放映欧美电影,开创了本地电影放映业的先河。澳门其他戏院也开始在演戏之余放映电影,如 1875 年建成的清平戏院,于 1915 年申请在戏院内放映电影;同年,澳门最古老的岗顶戏院(1858 年建成)租给澳门电影商人经营直至 1929 年,并且更名为"马蛟戏院"。此外,捷成戏院也于 1912 年专门向政府申请在附近的空地上搭建棚屋,以进行电影放映;但到 1916 年,捷成戏院由于靠近码头,被政府买下作为旅客和行李检查之地,后来改为警署。

1926 年,澳门第一届工业展览会开幕,历时一个月,是当时城中的盛事。展览会上还专门设立了一个"影画场",放映默片,吸引观众。1928 年,总统酒店(今天新马路的中央酒店)落成,楼高七层,是澳门当时最高的建筑物,六楼一度作为"总统酒店映画场"放映默片,有 440 个座位。此外,一些名不见经传和昙花一现的影院如澳门新戏院(1919 年底开业,1920 年底因资金不足而关闭)等也不定期放映电影。

20 世纪 20 年代末期,有声片大量面世,令观众如痴如醉。但因澳门初期没有有声影院,不少人专程到香港看有声电影。随着默片的没落,澳门总统酒店映画场等均告关闭,只剩下域多利戏院苦苦支撑,清平戏院则以粤剧演出维持营业。与此同时,由华人与葡萄牙人合资的新型有声戏院——国华戏院,在板樟堂开始兴建。国华戏院未开业前,各报已经做足宣传,舒适的环境和当时最好的音响设备令澳门市民翘首期盼。

20 世纪 30—40 年代,是澳门电影放映业的蓬勃发展时期。面对国华戏院崛起,为了追上电影新潮流、迎合观众需求,域多利戏院决定尽快装配有声电影音响设备。1931 年 3 月底,域多利抢先一步正式放映有声电影《福克斯歌舞团》(*Fox Movietone Follies of 1929*),成为澳门第一家放映有声电影的戏院。4 月 13 日,国华戏院正式开业,根据葡文《澳门报》1931 年 4 月 21 日的报道,澳督出席并致辞,首演作品为外国影片《璇宫艳史》(*The Love Parade*,1929)。此后,域多利和国华成为两大竞争对手,上映了许多脍炙人口的中外影片。这一时期,有声设备、有声电影是戏院宣传重点和影片票房卖点。

第二次世界大战爆发后,澳门成为中立区,大量的难民涌来,这令澳门娱乐业十分兴旺。域多利、国华等戏院纷纷上映各类中外影片,电影业成为当时跨行业经营的一个重要选择。南京、海镜、娱乐戏院相继落成,三间戏院分别位于当时的沙栏仔街市、下环街市和新桥街市内。这些街市集饮食、娱乐与购物于一处,算是今天现代化购物中心的雏形。1935 年 2 月 2 日,平安戏院开业,首映美国影片《风流寡妇》(*The Merry Widow*,1934)。根据 1936 年 9 月 12 日第 37 期《政府公报》可知,国华及平安戏院归属雷登兄弟合组的"联合兄弟有限公司",其主要从事旅馆业,旗下包括利为旅酒店、戏院、牛奶公司和澳门乳品店等。

抗战期间,澳门戏院纷纷放映爱国影片。域多利戏院于 1935 年 5 月修葺后,开设赌场、夜总会和餐厅,并于 1938 年再度放映电影。域多利在它的开幕纪念特刊上写道:"我们的企图是谋在电影方面贡献给大家一点新的力量,因为电影的推动力太尖锐了,尤其是在民族斗争的强热中,我们应该是不能够忽略的……"①同年,域多利放映抗战电影《热血忠魂》,这是中国第一部表现陆海空军抗战有声片;此外,《台儿庄歼灭战》《抗战特辑》等有关抗战的故事片、新闻片甚至抗战歌集也陆续在域多利上映。海镜等多家戏院也纷纷上映多部抗战故事片和新闻纪录片。平安戏院也先后放映多部抗战新闻片,如《全国抗战总动员》等。在1936年11月17日的平安戏院宣传单张上,大字标题介绍了两部抗战影片——《淞沪前线》和《空军战绩》,同时呼吁人们"买救国公债,可以救民族!救国家!救自己!"②

20世纪30年代和40年代上半段,是澳门电影院业的第一个黄金时期,全澳共有清平、域多利、国华、平安、南京、海镜和娱乐等7家戏院。其中,域多利在澳门戏院业中居领先地位,拥有米高梅、派拉蒙、雷电华、新华、华新、华成、艺华等中外七大电影公司的影片放映权;国华和平安戏院以放映外国影片为主;其他戏院则上映一些默片、粤语影片和国语影片。1940年,又一家新影院——乐斯戏院开业,有1005个座位,以放映首轮粤语影片和国语影片为主。

进入50年代以后,澳门的经济和民主从战后复兴,加上人口激增(仅在1960年至1965年间,澳门人口便从169299增至约270000),市民最喜欢的娱乐活动是看电影,电影业呈现繁荣景象。清平、域多利和国华继续经营;尽管南京、海镜、娱乐三家戏院因设备落后而关闭,但新戏院不断落成,如永乐于1952年2月15日落成开幕,百老汇于1953年落成,之后金城、东方、丽声等相继开业。1959年1月24日的政府公报把当时的戏院分为两级:平安、东方、域多利、国华、百老汇、清平属第一级;金城、乐斯、永乐和丽声戏院属第二级戏院。

1964年11月20日,位于罗保博士街的南湾戏院开幕,成为澳门最大、座位最多的戏院;虽然仅有一个放映厅,但却拥有约18米的弧形大银幕和1603个座位,设备齐全,安装有冷气系统。当时,即使在香港,一般拥有千余座位的戏院,银幕也只约12米。南湾戏院声光效果俱佳,首映的影片为美国影片《大展宏图》(*Copacabana Palace*,1962);70年代后期,南湾戏院重新更新音响设备,以适应《大地震》(*Earthquake*,1974)、《大白鲨》(*Jaws*,1975)等强化音效电影的放映。南湾戏院一直放映香港嘉乐院线的电影,直至1995年停业,南湾始终是澳门最大的影院。

---

①② 澳门博物馆.澳门影话[M].澳门:澳门文化局,2000:14.

1965年12月8日,氹仔海滨戏院开业。在海滨戏院落成之前,氹仔曾有一家名为"全义"的戏院,其特别之处是放映机和银幕中间相隔一条街,只有晚上才可放映。全义戏院由于海滨戏院的开业而宣告结束。加上海滨戏院,澳门已拥有12家电影院,共12 196个座位。《澳门工商年鉴》的统计资料显示,1965年澳门全年放映影片共10 169场,入场观众为4 597 726人,票房收入合计3 520 911澳门元。此时,平安、域多利、清平、百老汇、东方、永乐、南湾、丽声和乐斯戏院已装有冷气设备。

1968年6月22日,丽都戏院开业后,全澳有永乐、平安、百老汇、金城、东方、域多利、清平、国泰、南湾、丽声、丽都、乐斯和氹仔的海滨等13家戏院,以及一家工人康乐馆剧场。此时,澳门的戏院业处于全盛时期。60年代域多利、平安、南湾、丽都主要放映首轮粤语、国语和欧美影片;国华除放映首轮外国影片和粤语影片外,主要放映邵氏出品的国语影片;百老汇放映欧美影片、国语影片和日本影片。美国音乐片《歌唱的修女》(*The Singing Nun*,1966)在百老汇上映时,连续放映32天,成为一时的佳话。金城、东方、丽声、乐斯分别放映首轮或二轮国语影片和粤语影片。除放映粤语影片外,清平戏院在20世纪50—60年代中期还有粤剧演出,60年代下半段由于澳门粤剧沉寂,偶有话剧演出和其他文化活动在此举办。

永乐戏院自1952年开业后,放映了许多优秀的国产电影和苏联电影。其中经典的国产影片有:纪录片《1951年国庆节》《解放西藏大军行》;音乐史诗《黄河大合唱》和《东方红》;故事片《一江春水向东流》《乌鸦与麻雀》《中华儿女》《和平保卫者》等。因当时澳葡政府对苏联社会主义国家非常敏感,所以苏联片被称为"中亚细亚电影"。这一时期上映的著名的苏联影片有《钢铁是怎样炼成的》《列宁在十月》等。

20世纪五六十年代,港英政府禁止香港影院放映内地影片,致使大批港客专程到澳门永乐戏院观看。永乐戏院还是澳门首家装设杜比立体音响系统的戏院,自1957年加建装修,永乐戏院设置了全澳门最大的舞台,许多大型的曲艺表演和综合性节目都在永乐演出,取代了设备残旧的清平戏院。

进入20世纪70年代后,随着电视普及,电影放映业的颓势初显;加之房地产业兴旺,拆迁影院、兴建大厦、发展房地产蔚然成风。乐斯和金城戏院率先改建成商业大厦,域多利戏院于1971年11月结束营业。为应对观众减少的局面,平安、南湾、百老汇、丽都等几家原本以放映外国影片为主的戏院,也开始上演一些卖座的国语影片。其他一些戏院如国华、东方、丽声、清平等,也将大部分时间用来放映国语片。永乐戏院更延续了放映国产影片的特色,不少"文化大革命"时期的样板戏均曾于此上映,包括《红色娘子军》《红灯记》等。

为招揽顾客,一些影院在设备上下足功夫,但电影业被电视业超越的趋势已难以阻挡,继乐斯(1970)、金城(1971)、域多利(1971)等戏院停业后,丽声(1972)、东方(1973)、海滨(1975)和百老汇(1982)等戏院也相继关门。澳门的电影放映业进入低潮期。

20 世纪 80 年代,港产片热潮兴起,澳门的电影放映业又有所恢复。1982 年,澳门大会堂改为商业性影院,首映电影《时光倒流七十年》(*Somewhere in Time*,1980),片中女主角简·西摩尔(Jane Seymour)应邀来澳做首映宣传。据统计,1987 年,澳门共有戏院 7 家,其中 1 000 个座位以上的戏院有南湾、永乐、丽都、清平和平安 5 家,少于 1 000 个座位的戏院有国华和大会堂 2 家。全年放映场次 8 463 场,售出戏票 274 万余张,票房收入 4 100 余万澳门元。这一时期,一批成功的港产片在澳门上映时引起了轰动,包括《警察故事》(1985)、《英雄本色》(1986)、《秋天的童话》(1987)、《赌神》(1989)等,其中在永乐上映的《少林寺》,入场观众达 88 800 多人次。

20 世纪 90 年代,随着卡拉 OK、电子游戏机等娱乐方式的兴起,以及录像带的普及,尤其是盗版猖獗,大型戏院的上座率大大减少,难以支撑运营。1990 年,澳门共有 10 家戏院,票房收入 3 900 多万澳门元。1991 年柏惠戏院开业,戏院增至 11 家,但入场人数却下跌了 15%,仅有 156 万人次。南湾(1994)、平安(1993)、丽都(1995)和清平(1992)等旧戏院相继停业,被运营成本较低的迷你戏院取代,如柏惠(1990)、丽晶(1990)、翡翠(1990)、百乐门(1994)、丽华(1995)戏院等。

澳门这一时期的迷你戏院座位数在六百以下,且大多开设于商场内,满足人们集中进行休闲娱乐的需求。1991 年,于 1987 年停业的国华戏院,经改建后以迷你戏院的面貌重新开张;澳门大会堂也于影院二楼新设两家迷你戏院。在全澳新建戏院中,唯有 1990 年开业的明珠戏院座位数超过 1 000 个。但即便是改变了经营模式的迷你戏院,也难扭转颓势。1997 年,整个澳门只剩 8 家戏院,11 块银幕,6 000 多个座位。存活下来的电影院大多分布在远离闹市的地方,平均上座率不足三成。

1997年历史悠久的国华戏院寿终正寝,但因其建筑形态具代表性,为20世纪20年代粤港澳流行的电影院形态,被政府列为文物保护单位。澳门回归前夕,由于澳门经济发展放缓,居民娱乐消费减少,加之港片质量下降,澳门戏院经营陷入新一轮低潮,开业不过几年的迷你戏院于1998年、1999年纷纷倒闭。回归前,只有大会堂、永乐和回力UA三家戏院勉力维持。①

2011年,澳门只有3家电影院:澳门旅游塔剧院、澳门大会堂剧院、永乐戏院。澳门旅游塔剧院设施最好,只有一个厅,放3D电影,有500个座位,只有周末时才会出现满场的情况;平时,影厅里坐五六个人的情况经常出现;基本上一个月换一次影片。澳门大会堂剧院有三个厅,两个厅可以放3D电影;场内严禁饮食;售票口上方有清晰的"分级警示",影片分为四档:A档为老少咸宜,B档为"未满13岁不宜观看",C档为"未满18岁不宜观看,13岁以下禁止观看",D档为"未满18岁禁止观看"。

目前,澳门主要有5家影院,分别是:UA银河影院、澳门旅游塔剧院、澳门大会堂剧院、永乐戏院、恋爱电影馆。各家影院根据不同的文化及受众定位,制定了不同的经营策略。其中,UA银河影院和"恋爱电影馆"非常具有澳门特色。

UA银河影院位于"澳门银河综合度假城",占地约1.6万平方米,下设10个独立影院,包括5个豪华贵宾影院、4个普通影院和设有4个包厢的银河大影院,提供近千个座位。其中,银河大影院有400个座位。UA银河影院的豪华贵宾影院,面向高端消费人群,可供应五星级餐饮、由专人提供服务的酒廊,以及可调角度的舒适沙发座椅,3D电影票价高达280澳门元。② UA银河影院的经营理念与澳门"国际休闲度假中心"的城市定位相匹配,旨在满足不同层次游客的观影需求。

"恋爱电影馆"位于澳门恋爱巷13号,毗邻澳门的著名景点大三巴牌坊,是一个集合了电影欣赏、本土影像保存及电影书籍阅读等功能的空间,肩负着推动澳门电影艺术文化发展的责任。作为澳门观众及电影创作人互动交流的平台,每个月这里都会举办不同的专题电影或焦点导演作品展,并推出2—3部来自世界各地在澳门作首轮公映的电影。"恋爱电影馆"于每周一休馆,法定节假日也开放;门票为

---

① 澳门博物馆.澳门影话[M].澳门:澳门文化局,2000:10-50.
② 澳门市内其他影院的普通电影票价一般为70—90澳门元不等,如澳门大会堂剧院的2D电影票价为70澳门元,3D电影票价为110澳门元。

60 澳门元,设有学生、长者及会员优惠(学生及 65 岁或以上的长者半价,一次购买 10 张或以上可享 8 折优惠),并且不定时提供免费放映活动。如自 2018 年 4 月起,"恋爱电影馆"推出《看见澳门:影像力量再现》展映,每个月安排 2 个周六、日免费放映 2 部澳门本地制作的精彩长(短)片,让观众更多地认识澳门本地制作的电影。

第四节 政府对影业的监管

澳门地区政府对公开演出的安全监管,早在 1875 年已有相关记录。1875 年,政府公报第 35 期中,公布了在棚屋区举行公众演出的安全条例。条例内容如下:(1)演出所用的棚屋观众席数须根据政府批核而建;看台通道须有足够空间,以便警员及戏棚人员检查;(2)门口必须有中葡文告示,说明不可加位以免拥挤和危险;(3)戏棚人员和警员有权制止观众乱坐座位,人群不可堵塞在出入口处,禁止携带棍棒和各式武器入场;(4)小贩以及流动小贩不许在棚屋周围摆卖。如有违反者,非教徒处以 1—5 元澳门币罚款,如属基督教徒信者,则送往市政厅;(5)市政厅除有权批出执照外,还可派员到现场督查。戏棚人员有权如警员般维持秩序,东主须将戏棚人员报送市政厅;(6)活动从开始到结束,须有警员在现场附近。警员要保持良好的礼貌,与东主和戏棚员工商讨有关防盗防火的有效措施。

1918 年,澳门当时的警察局拟组织一个跨部门委员会,研究制定有关公开演出的安全规定,并建议此委员会由警察局、消防稽查员和工务局人员组成。这一提议得到了消防局和总督办公室的同意。政府还对戏剧和电影的内容和公映作出了一系列的规定。

1962 年,澳门政府颁布扩大"新闻及旅游处"的行政条例,规定该处兼管电影戏剧检查,管理娱乐场、酒店、电影院等。根据此条例,"戏剧检查委员会"负责检查所有在澳门演出的戏剧和电影,该委员会的主席由新闻及旅游处处长担任,附设在旅游处内。后来旅游处成立另一机构"戏剧检查处",由戏剧检查督察(旅游处处长兼)、戏剧检查委员会、戏剧工程检查委员会和稽查团组成,不仅负责检查所有戏剧、电影、公共游乐等演出,还负责戏院场所工程的检查工作。

戏剧检查处下属的"戏剧检查委员会"由新闻旅游处处长、市行政局局长和教育处的 3 名副处长共同组成;"戏剧工程检查委员会"则由旅游处处长、卫生分局局长和消防总监组成。戏剧检查委员会成立后，所有将要上映的影片须报告该委员会，如认为有必要，委员会成员就会到戏院看试片。在看试片时如有任何镜头不合规定，就口头通知院方将其剪下。但事实上，这些官员到后来已极少到戏院看试片了。除了影片内容需预先审查外，政府还对戏院放映时的运作进行监督，规定每场电影放映必须有2名消防员、1名市行政警察在场。戏院雇请这些驻守的工作人员，须按月支付费用。

1978年5月20日，政府宪报刊登了第15/78/M号法令，公布设立"公开映演甄审委员会"之法令及法例条文。委员会的性质只限于"甄审"而非"检查"，按照法例的规定，委员会只能劝谏戏院方面勿放映色情电影，而不能禁止。当戏院方面不接受劝谏，坚持放映色情暴力影片，而委员会认为该影片超出标准时，可向司法当局提出控告。根据本地区法律，可按刑事规定作有伤风化起诉入罪。

该项法例共有26项条文。其中，第三条规定，每部影片包括其预告介绍和广告，须由2名或以上委员甄审，如意见一致便可通过；如意见不一时，则须召开大会，由大多数票表决决定。第八条，根据电影的内容分为四组：A组为老少咸宜；B组为未满13岁不宜观看；C组为未满18岁不宜观看，13岁以下禁止观看；D组为未满18岁禁止观看。第十九条规定，进场者当被要求时，须出示身份证明文件，证明已符合本法律所定条件。第二十条是有关违例的罚款规定，根据违例的情节轻重，处以罚款50元至1万元不等。法例自6月1日起实施，"公开映、演甄审委员会"第一任主席为黎祖智先生。对该委员会的隶属关系，在1979年9月28日第27-F/79/M号法令中规定，将"公开映、演甄审委员会"附属于教育司。在1993年8月23日，又公布第40/93/M号法令，将"公开映、演甄审委员会"附属于文化司。

除了上述关于建立"公开映、演甄审委员会"以及电影分级的法令外，政府在1978年7月8日还就色情及猥亵物品的公开贩卖、陈列及展出颁布了第10/78/M号法令。其中，第三条关于色情电影的放映，规定：(1)5月20日第15/78/M号法令所设立的"公开映、演甄审委员会"负责评定影片是否为色情影片；(2)被评定为色情片的影片，其放映每场须缴纳一项特别税项，该税款应于放映48小时前由戏院缴纳；(3)上款所指税款，将以戏院之座位数目乘以3元5角计算；(4)被评定为色情片的影片，入场票价将与其他非色情影片的票价相同；(5)色情影片的放映只许于晚上 11 时 30 分之后进行。该法令第四条罚款则规定：(1) 对本法律的违反，将导致犯者受 6 个月监禁及同刑期罚款的处罚；(2) 再犯时，监禁的处罚不得以罚款代替；(3) 社会传播机构的负责人，倘其媒体附有渲染色情或猥亵言词或形象时，将以共犯身份答辩；(4) 倘将色情或猥亵物品或工具售给未满 18 岁的未成年人，或通过未成年人贩卖者，将构成加重处罚情况，所受处罚相当于有关监禁及罚款额的一倍。

对于电影的经营牌照和电影制作的管理，在 1993 年 6 月 28 日颁布的第 31/93/M 号法令中有具体的规定。该法令的第一条中规定，电影院及戏院等须受行政执照的约束；第三条规定，电影院及剧院的经营执照的发出属市政厅的权限；在第十七条中规定，凡申请或录影制作准许执照的申请书，应包括：(1) 制作者的身份资料；(2) 拟拍摄地点名单；(3) 预定摄制日期；(4) 影片属虚构者，须载明剧本撮要，属纪录性质者，须载明主题；(5) 影片属广告性质者，须载明所宣传之事项或产品；(6) 需否采用爆炸物品、火器或特技效果之报告；(7) 保证在摄制人员名单内注明在澳门拍摄之声明。如在公共道路拍摄则须书面知会土地工务运输司、澳门治安警察厅总部和市政厅；如需使用爆炸品或特技及火器，则须有澳门保安司的批核。

在上述这些行政管理条例和法令中，受到最多人关注及最受争议的，数"公开映、演甄审委员会"之法令。其法例条文在 1978 年生效，尽管民间认为电检条例已过时，曾多次呼应修订，但一直是"只闻楼梯响，不见人下来"。例如，在 1990 年，录影带和影碟兴起，由于市场上的同级影带、影碟并不受管制，因此戏院方面认为电检条例过时且欠公平，盼当局修订以适应社会发展。1991 年 5 月，政府"公开映、演甄审委员会"将《金瓶风月》列为色情片，禁止在日间和晚上 11 时前上映，此举曾引起争议。部分新开业的戏院商人认为法例过时又无上诉条款，并觉得原有戏院同业公会基于利益理由，有排挤新院业商人、视其为竞争对手的心态，因而不予合作，共同向政府反映意见，他们曾拟另组新的戏院业公会与当局对话。但委员会当时这一决定，符合社会的道德规范，也得到了戏院业大众的认同。

1992 年 5 月，"公开映、演甄审委员会"曾因翡翠戏院上映港产片《素女真经之挑情宝鉴》而成功检控翡翠戏院。根据该影院送检的资料，甄审委员会将此片定为 C 级，即未满 18 岁不宜观看，13 岁以下禁止观看。但此片放映时，委员会一成员特意到翡翠戏院查看，发现戏院将已删剪的色情片段重新补上，严重违反了电影甄审的法规。故此,翡翠戏院被有关部门处以罚款1万澳门元的惩罚。1992年9月,当局曾宣布短期内修改电检法令,拟适当调整电影评级制度。1995年,政府又鉴于电检条例不完善,准备修改法例。当时的澳门文化司曾设立工作小组进行修改电检法令的研究,甄审委员会委员以及澳门戏院商会曾提过不同的参考意见,但至今仍在沿用这项法令。

1970年的资料显示,政府以往直接在票房收入中抽取的娱乐税和慈善税,约为票价的18%—20%。20世纪60年代末,电视机渐趋普及,影响了戏院的票房收入,从而令社会福利处所收的慈善印花税数目大减。为弥补损失,政府于1969年11月1日颁布第1801号法令,对进口的电视机除征收原定的5%进口税外,还须依照货值增收另外5%的税项以提交给社会福利处。根据政府1989年颁布的印花税章程规定,每张戏票须缴纳10%的印花税。但对于列为色情组别的电影,每放映一场,戏院须缴纳一特别税项,其数目以该戏院的座位数目乘以3元5角计算。

1997年7月,鉴于澳门戏院业经营困难,有立法议员提出豁免戏票印花税。在法案的审议过程中,带出公平竞争机制、税法条文不清晰及欠缺中文译本等问题。这是澳葡政府时代的普遍陋弊,不仅限于印花税章程。法案提出后,由于政府官员承诺会对澳门大会堂剧院放映的商业电影同样征收印花税,同时立法会经济与财政小组认为尽管戏院面对市场竞争,但不应开豁免税收的先例,否则日后其他行业遇到类似情况时,会提出一样的请求,故该项法案提议被撤回,并未通过。①

目前,澳门公开映、演甄审委员会隶属澳门特区政府文化局,负责处理所有在澳门的公共场所举行的公开表演或放映活动的"分龄审别"申请。其遵循的相关法例主要是:第15/78/M号法令,设立公开映、演甄审委员会并订定其任务及职责;第10/78/M号法律,订定本地区贩卖、陈列及展出色情和淫亵物品之措施。凡在澳门公共场所举行公映、公演,须提交申请文件[包括申请表及申请资料(影像及文字内容)],以及活动的相关宣传品(如海报、广告、介绍画及剧照等),经公开映、演甄审委员会进行审查后,方可举行或展示。

按照上述法律和法令规定,活动举办人应于公映、公演活动举行前不少于72小时亲临公开映、演甄审委员会,提交"分龄审别"申请;无需手续费,只需购买申请

---

① 澳门博物馆.澳门影话[M].澳门:澳门文化局,2000:60-68.

表(每份售价为 3 澳门元),同时递交公映、公演活动的相关资料(包括相片、海报、故事大纲/演出大纲及相关影像内容)。申请人需亲临公开映、演甄审委员会,领取审查的结果;已提交申请但未获公开映、演甄审委员会确认的,必须更改或补充相关资料;已经分龄审别的公映、公演内容,如需更改,须重新递交申请。①

---

① 公开映、演甄审委员会网站[EB/OL].[2018-03-29].https://www.icm.gov.mo/gb/CCE.

附　录　澳门互联网的发展[①]

1994年初,澳门大学设立了首条连接国际互联网的专线,在校区内提供互联网服务,这是互联网在澳门发展的第一步。1995年5月,澳门的电讯专营公司——澳门电讯有限公司(简称CTM)正式向社会公众提供互联网服务。初期由于互联网服务费较高,而市民普遍对互联网不了解,只有少数专业人士使用。通过各界努力,1996年6月互联网收费大幅下降,极大地推进了互联网在澳门的发展。

澳门互联网发展还有以下关键性时间点:2000年7月,澳门推出宽频上网服务;2001年10月,推出WAP无线上网服务;2003年,推出无线区域网(Wireless LAN);2004年8月,推出无线上网服务;2007年6月,推出3G移动电话服务;2009年4月,推出家居无线宽频服务;2009—2010年,澳门政府在全澳34个地点铺设无线宽频网络接入点;2010年6月,推出无线宽频系统"Wi-Fi任我行"。

互联网在澳门很快得到普及。图1为1995—2010年居民上网率变化曲线:澳门居民的上网率,1995年为2.6%,2001年达到32.9%,2009年上升至69.7%,2010年回调至69.5%。年平均增长率为24.2%,近年的增长有所放缓,显示互联网的接入进入了一个成熟的阶段。截至2010年底,澳门家庭计算机联网率达87%,约有155 000台;澳门约有36万网民,占澳门人口比例达七成,澳门的互联网普及情况居世界先进地区之列。

2014年,澳门6—84岁的网民接近44万,居民上网率达到76%。几乎所有15—34岁的居民都有上网习惯。6—14岁及35—44岁居民中亦分别有约八成半

[①] 附录中澳门互联网应用图示引自澳门互联网研究计划,易研网络研究实验室.澳门互联网使用现状统计报告2010[EB/OL].[2016-03-17].http://www.macaointernetproject.net/.

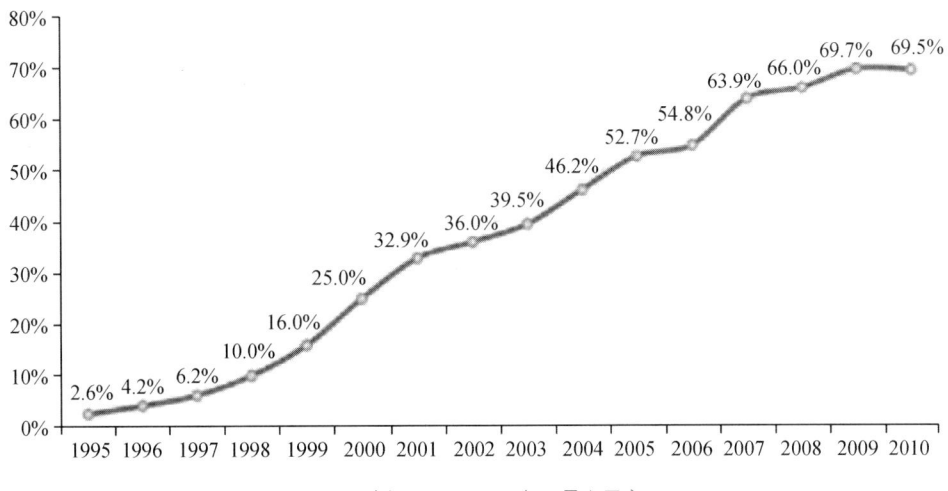

图1 澳门1995—2010年居民上网率

为网民。45岁以上的居民上网率相对较低,但有较大增幅;2014年,45—54岁居民的上网率较2013年提高了16%,达到70%;55岁或以上居民上网率升至33%,是2012年的两倍。

澳门网民主要通过无线上网方式联网,上网工具以手机为主。2014年,91%网民通过手机上网;更多网民表示上网地点为街上或随时随地(27%);40%网民表示上网时间不固定;94%居民有手机,手机用户当中约八成半使用智能手机,较2012年约六成半有大幅增长,这进一步带动了手机上网,6—84岁的居民中有近40万人用手机上网。

"以当地域名登记的数量"和"网民可使用的海外频宽量",是反映一个地区的网络基础资源的两项指标。截至2009年底,以澳门域名"mo"登记的域名共有2 818个,其中".com.mo"最多,占69%,每万网民拥有量为70个,远远落后于中国内地(以"cn"登记)的350个,说明澳门域名使用率严重偏低。但在频宽方面,2009年的海外频宽共有8 381Mbps,每名澳门网民享有的国际频宽为0.023Mbps,10倍于每名中国内地网民的0.0023Mbps。

澳门的新闻网站主要是报刊和电子媒体的网络版。1997年8月,《澳门日报》在澳门电讯有限公司帮助下设计网页,成为首家附设网站的澳门中文传统媒体。至2003年,《澳门日报》网络版还只能提供部分重要新闻和副刊内容上网;如今,除极少数广告不能在网上看到,已几乎囊括纸版的全部内容,而且形式上既提供原汁原味的报纸版式,同时又提供融合了网络因素的方便、多样的呈现方式。读者在数字报纸的版面图上点击感兴趣的文章,可直接弹出该文的新闻内容,增添了更多的阅读趣味。电子报列出当期报纸的所有版面,读者可方便地切换到别的版面进行浏览;读者还可以通过"标题导航"通览当天报纸的全部文章标题。如果点击标题,也可进入文章或图片页面;此外,还提供"日历检索"功能。

2009年,澳门8家中文日报全部设有网上版,广播电台、电视台以及卫星电视台均有网站,个别周报及月刊也设有网上版。但澳门传统传媒对互联网技术的使用处于低度利用的状态,将传统媒体部分内容刊布于网络版,网站没有提供发送电子新闻邮件、留言、讨论和链接等有利于与读者交流和互动的功能;所有网站均没有网上广告,也不收取网上阅读费用,并没有将网站作为媒体来经营的意识。①

进入传播科技时代,澳门媒体紧跟时代步伐。目前,大多数澳门广播电视和报纸媒体都设有网页和网站,有的还推出手机移动通讯应用程序,提供新闻内容服务。2015年12月29日,《澳门日报》珠海办事处暨新媒体中心正式启用,积极拓展新媒体传播形式,推动"报网融合"。《澳门日报》不断充实手机报内容,实时新闻尤其受到读者的欢迎;澳广视于2013年推出手机移动通讯应用程序及网上社交媒体Facebook专页;澳亚卫视也通过新闻移动通讯客户端,将电视媒体与互联网融合。②

网上的论坛和讨论区是网民讨论时事、发表言论的主要渠道。CTM论坛、Qoos、Talk853是澳门三大网络论坛。www.cyberctm.com由澳门电讯有限公司建立,是澳门最大的入口网站之一,Alexa全球排名27 977。1998年至2003年,CTM论坛是澳门网民讨论时事的主要场所。但由于缺少维护,其地位逐渐被澳门互动社区(Qoos)所挑战。从2006年开始,CTM论坛提供更新的版本并开设子论坛,收录包括音乐、视频、小说、游戏等热门分类的优秀网站,与搜索完美结合,提供最简单、便捷的网上导航服务,提供交流讨论区、最新本地及国际新闻、宽带服务、免费日志空间、游戏、图片等,此外还有团购网和相应的优惠促销活动信息,以吸引网民回流。

---

① 林玉凤.社会变迁下的澳门传媒发展[J].国际新闻界,2009(1):20.
② 施清彬.澳门中文传媒发展综述[M]//夏春平.世界华文传媒年鉴2017.北京:中国新闻社、世界华文传媒年鉴社,2018:77.

Qoos.com 成立于 2001 年 9 月,核心服务为讨论区,此外还提供澳门新闻、网上游戏、二手市场、网络日志等服务,在澳门青年中有很大影响。Qoos 在 2007 年 Alexa 全球排名第 57 500 位,单日网站浏览人次超过 6 万,总页面浏览量超过 10 万。通过与《澳门日报》及多个政府部门合作,在网站中转载新闻和政府资讯,令 Qoos 成为资讯性网站。2007 年 5 月 11 日,Qoos 取消原来只能以澳门电讯提供的电邮地址或以.mo 为结尾的电邮地址注册的规定,人们只需通过简单的电邮验证便可以注册。2008 年 1 月,以系统升级为理由,暂停了新用户的注册,至 3 月左右重开,改为只能以澳门电讯的电邮地址注册。2009 年 1 月,Qoos 正式易手,由专门投资澳门的风险投资基金 MKW 全面收购。

澳门讨论区 Talk853.com,原名 Macao838.com,2006 年成立,是澳门最具影响力的青少年日常浏览网站之一。三大论坛定位有所不同:在"时事社会"方面,CTM 论坛和 Qoos 具有吸引用户的优势;在"兴趣、消闲娱乐"方面,则是 Qoos 和 Talk853 占有优势;在"信息科技"方面,三者实力较为平均;Talk853 在"校园讨论"和"游戏电玩"方面独树一帜;Qoos 和 Talk853 在"交友、聊天"和"影视音乐"方面表现突出。2009 年,Qoos 的使用率为 41.1%,CTM 论坛使用率为 36.9%,Talk853 使用率为 14.8%。此外,澳门著名的网络论坛还有"兰香阁"(Orchidbbs),2009 年更名为"八角亭讨论区",是一个主要经营澳门事及色情内容的网上讨论区,已于 2013 年 1 月 1 日凌晨正式关站。

澳门网民的网上活动应用分为信息获取、娱乐及互动参与三类,澳门网民个人网络应用总指数始终保持在较高的水平。图 2 为 2007—2010 年澳门互联网个人应用指数变化图,其中资讯获取指数逐年下降,网络娱乐指数上升明显,互动参与指数较为平稳。

澳门网民对网络的应用集中于以下几个方面:在信息获取方面,2010 年,网上新闻的浏览(80.3%)和搜索引擎的使用(82.3%)是两个最重要的方面。超过四成网民每天都看网上新闻,平时主要浏览本地及香港的新闻。Yahoo(64.4%)和《澳门日报》新闻网(43.7%)是澳门网民最常浏览的新闻网站(见图 3)。在网络娱乐方面,2010 年,51.3% 的澳门网民有网络娱乐行为,其中,玩网上游戏(52.2%)和下载、收看影片(50.4%)的使用率基本属于同一水平。

在互动参与方面,澳门网民使用较多的应用有集讯息、视频、游戏、实时通讯于

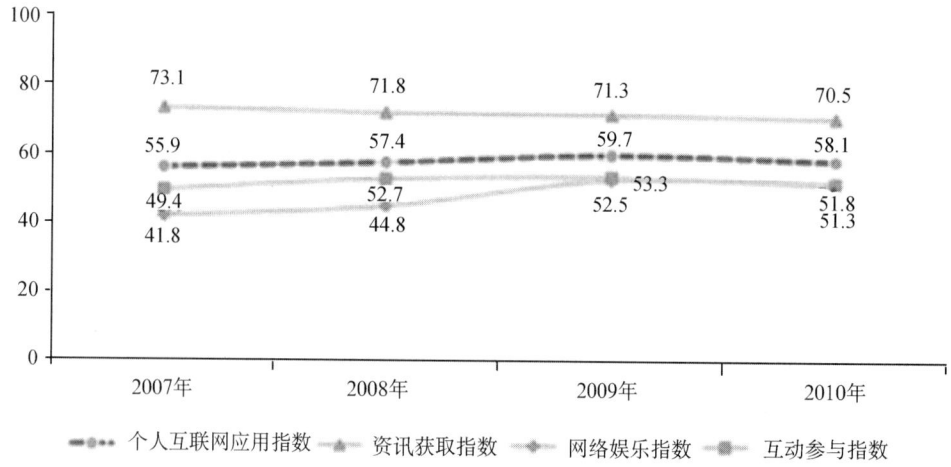

图 2　澳门 2007—2010 年互联网个人应用指数

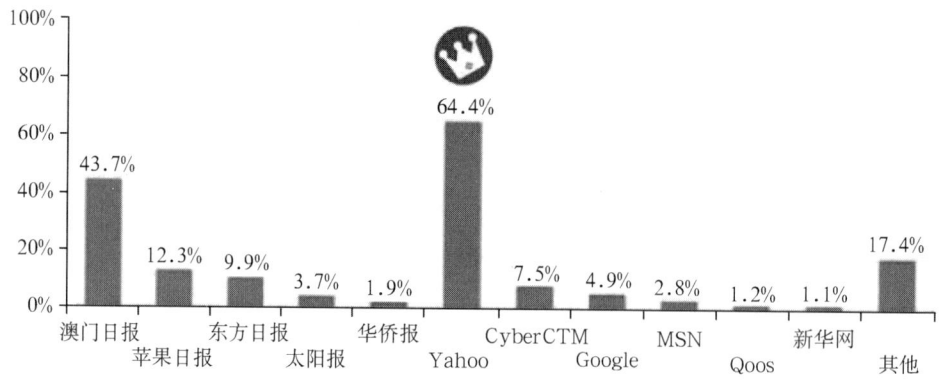

图 3　澳门居民浏览网站新闻占比(2010)

一身的 Facebook、视频网站 YouTube,及快速分享简短讯息的 Twitter 和新浪微博。2007 年,澳门仅约两成的网民会使用社交网站,到 2010 年使用率已将近六成(见图 4)。实时通讯(58.1%)和社交网站(58.9%)的使用情况平分秋色,Facebook 的使用率一枝独秀(见图 5),社交网的拥趸几乎全都使用(97.5%),一些超级粉丝每天最少上 Facebook 一次(31.4%),有的甚至是每天上多次(35.6%)。2009 年,58% 的网民使用过社交网的实时通讯软件,最常用的是 MSN。2010 年,Facebook 跃升最常使用的实时通讯工具的第二位;11% 的澳门网民有使用微博的习惯,新浪微博成为首选,占微博使用者的 48%;Twitter 明显逊色,仅占微博使用者中的一成。

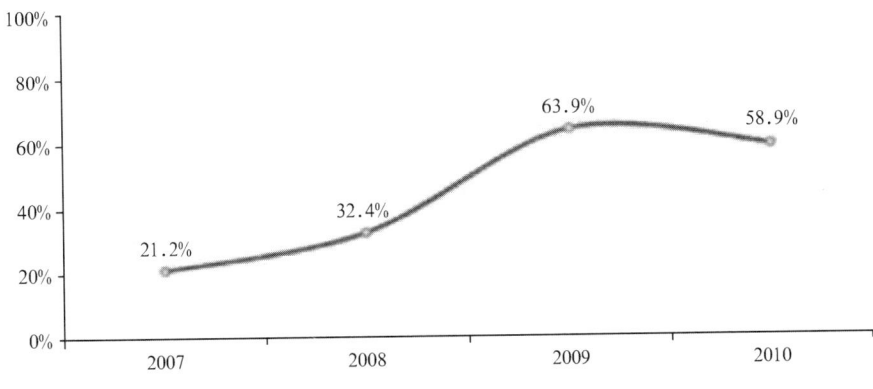

图 4　2007—2010 年澳门居民使用社交网站状况

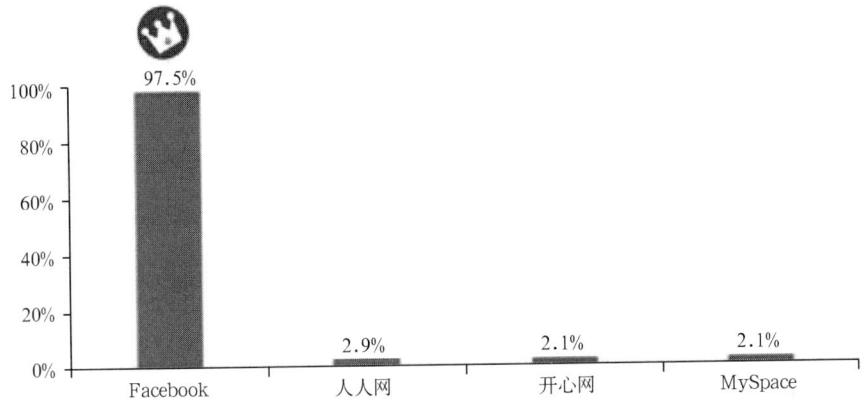

图 5　澳门居民使用率最高的部分社交网站

曾经红极一时的网上论坛已落在社交网站之后。2010年,有超过35%的网民平时有上论坛的习惯,近25%属于高忠诚度用户,每天都会到论坛上逛一逛,有些一天会逛多次;有将近45%的网民每个星期都会上论坛;剩余30%左右的使用者,热情度较为一般。网络论坛上常会出现不同于主流媒体或是被媒体排斥的议题和消息、未经证实的流言,网民也经常会转贴香港新闻(《苹果日报》《明报》),或本地非主流的《讯报》《华侨报》《正报》《市民日报》的新闻,或将自己拍摄的照片放在论坛上分享。批评主流媒体报道的谩骂、另类的政治观点、含沙射影的词汇、小道消息、诽谤和富有实验精神的影像创作,都在这些论坛上流通分享。有时论坛也被用来动员社会运动。①

---

①　刘世鼎,劳丽珠.网络作为澳门的另类公共领域[J].新闻学研究,2010(1):253-293.

根据澳门互联网研究学会及易研网络研究实验室2015年7月公布的澳门居民"社交应用及网上购物"报告，实时通讯软件微信，是手机网民使用率最高的APP，使用率达92％，80％手机网民每日使用微信，平均每人每日16次；37％的微信用户，关注公众微信账号，关注的原因以"自己关心的事"（39％）或"想得到商家更多信息"（21％）为主；60％以上手机网民对公众账号可提供各项菜单表示"接受"，微信未来将有更大应用空间。

网络购物是近年新兴的互联网应用。2015年，52％澳门网民平时会网购实物或服务，比2010年上升了22个百分点；女性用户中有网购体验的比率高达63％；"18—34岁"的居民网购比例为74％；"大专及以上学历"的比例为71％。成年手机网民中，28％表示有使用手机支付的经历；其中，使用支付宝的比率最高，达42％，其次为信用卡、网上银行，分别占39％及21％。在对网络支付和个人资料安全的态度方面，16％的受访者认为澳门网上支付既不安全又不方便、20％觉得方便但不安全、17％觉得安全但不方便，46％觉得既安全又方便，比率相对较高。

2018年3月12日，澳门互联网研究学会及易研网络研究实验室公布的第十八次"澳门居民互联网使用年度调查"结果显示：澳门居民的整体上网率连续两年上升，上网率达八成四，高于全球平均水平（54％），有近51万网民。其中，18至40岁年龄层的上网率逼近或达到100％；60岁以上网民的上网率近年增速较快，上升四成。手机上网率亦上升至八成，手机网民接近49万，澳门网民和手机网民规模创历年新高。

该调查还显示，澳门居民使用率最高的手机应用程序是微信，有七成四居民是其用户，较上一年增加4％。用户最常使用的功能是发送文字信息（87％）及语音短信（75％）；其次是关注或浏览公众号图文（55％）、使用朋友圈（44％）等，53％的用户关注公众号，平均每位用户关注8个，近三成用户关注政府部门的公众号。但澳门居民使用手机支付仍处起步阶段，目前手机支付用户规模相对较小，仅两成居民曾在实体店用手机支付，居民对手机支付的信任感不足，存在安全性顾虑。因此，该调查建议从业界及政府政策保障入手，优先考虑与贴近生活的商户合作，令更多居民接受手机支付方式并形成习惯。[1]

---

[1] 澳门网民数量创历年新高［EB/OL］.（2018-03-13）［2018-03-29］. http://www.macaodaily.com/html/2018-03/13/content_1250587.htm.

参考文献

澳门博物馆.澳门影话[M].澳门:澳门文化局,2000.

常江,张梓轩,彭侃.中国语境下的澳门影视产业[M].北京:北京大学出版社,2012.

常江,张梓轩."一国两制"下澳门广播电视业发展路径研究[M].澳门:澳门理工学院一国两制研究中心,2012.

陈恭禄.中国近代史[M].上海:商务印书馆,1936.

陈锡祺.林则徐奏稿·公牍·日记补编[M].广州:中山大学出版社,1985.

陈炎.海上丝绸之路与中外文化交流[M].北京:北京大学出版社,1996.

程曼丽.《蜜蜂华报》研究[M].澳门:澳门基金会出版,1998.

程美宝,等.把世界带进中国——从澳门出发的中国近代史[M].北京:社会科学文献出版社,2013.

程惕洁.澳门人文社会科学研究文选:社会卷[M].北京:社会科学文献出版社,2009.

邓恩.从利玛窦到汤若望——晚明耶稣会士在中国[M].余三乐,石蓉,译.上海:上海古籍出版社,2003.

邓绍根.美国在华早期新闻传播史[M].北京:世界知识出版社,2013.

邓毅,李祖勃.岭南近代报刊史[M].广州:广东人民出版社,1998.

方汉奇,张之华.中国新闻事业简史[M].北京:中国人民大学出版社,1983.

方汉奇.方汉奇文集[M].汕头:汕头大学出版社,2003.

方汉奇.中国新闻事业编年史[M].福州:福建人民出版社,2003.

方汉奇.中国新闻事业通史[M].北京:中国人民大学出版社,1992.

方豪.中国天主教史人物传[M].北京:中华书局,1988.

费成康.澳门四百年[M].上海:上海人民出版社,1988.

费赖之.在华耶稣会士列传及书目[M].冯承钧,译.北京:中华书局,1995.

冯邦彦.澳门概论[M].香港:三联书店(香港)有限公司,1999.

冯自由.革命逸史[M].北京:中华书局,1981.

戈公振.中国报学史[M].北京:三联书店,1955.

格林堡.鸦片战争前中英通商史[M].康成,译.北京:商务印书馆,1961.

国家档案局明清档案馆.戊戌变法档案史料[M].北京:中华书局,1958.

郝延平.19世纪中国买办——东西间桥梁[M].李荣昌、沈祖炜,译.上海:上海社会科学院出版社,1988.

郝雨凡.澳门社会经济发展报告(2008—2009)[M].北京:社会科学文献出版社,2009.

郝雨凡.澳门社会经济发展报告(2009—2010)[M].北京:社会科学文献出版社,2010.

郝雨凡.澳门社会经济发展报告(2010—2011)[M].北京:社会科学文献出版社,2011.

郝雨凡.澳门社会经济发展报告(2011—2012)[M].北京:社会科学文献出版社,2012.

黄汉强,吴志良.澳门总览[M].北京:中国友谊出版公司,1994

黄瑚.中国近代新闻法制史论[M].上海:复旦大学出版社,1999.

黄夏柏.澳门戏院志[M].香港:麦穗出版有限公司,2012.

翦伯赞.戊戌变法(1—4)[M].上海:上海人民出版社,2000.

蒋祖缘,方志钦.简明广东史[M].广州:广东人民出版社,1993.

冈恩.澳门史(1557—1999)[M].北京:中央编译出版社,2009.

莱布尼茨.中国近事——为了照亮我们这个时代[M].梅谦立,杨保筠,译.郑州:大象出版社,2005.

赖德烈.早期中美关系史(1784—1844)[M].陈郁,译.北京:商务印书馆,1964

老冠祥,谭志强,等.变迁中的香港、澳门大众传播事业[M].台北:台湾新闻主管部门,1999.

冷夏.冷眼看澳门——澳门回归十年回顾与反思[M].香港:名流出版社,2009.

李蓓蓓.台港澳史稿[M].上海:华东师范大学出版社,2003.

李鼎声.中国近代史[M].上海:光明书局,1950.

李文革,沈洁,季为民.中国未成年人互联网运用报告2013—2014[M].北京:社会科学文献出版社,2014.

李献文,何苏六.港澳台电视概观[M].北京:北京广播学院出版社,2004.

李展鹏.在世界边缘遇见澳门[M].澳门:澳门日报出版社,2013.

李长森.近代澳门外报史稿[M].广州:广东人民出版社,2010.

利玛窦,金尼阁.利玛窦中国札记[M].何高济,王遵仲,李申,译.北京:中华书局,1983.

利玛窦.利玛窦书信集[M].罗渔,译.台北:光启出版社,1986.

梁碧莹.龙与鹰:中美交往的历史考察[M].广州:广东人民出版社,2004.

梁群球.广州报业(1827—1990)[M].广州:中山大学出版社,1992.

梁廷枏.夷氛闻记[M].北京:中华书局,1959.

廖子馨.奥戈的幻觉世界[M].澳门:东方葡萄牙学会,2010.

林恺欣.澳门《知新报》与广东及东南亚地区的中国文化发展(1897—1901)[M]//郑德华,李庆新.海洋史研究(第三辑).北京:社会科学文献出版社,2012.

林语堂.中国新闻舆论史[M].上海:上海人民出版社,2008.

林玉凤.中国近代报业的起点——澳门新闻出版史(1557—1840)[M].北京:社会科学文献出版社,2006.

林则徐.林则徐集·公牍[M].北京:中华书局,1963.

林则徐.林则徐全集[M].福州:海峡文艺出版社,2002.

娄胜华.澳门人文社会科学研究文选:行政卷[M].北京:社会科学文献出版社,2009.

罗光.天主教在华传教史集[M].台北:光启出版社,1966.

马克思.鸦片贸易史[M]//马恩选集.北京:人民出版社,1972.

马礼逊夫人.马礼逊回忆录[M].顾长声,译.桂林:广西师范大学出版社,2004.

马士.东印度公司对华贸易编年史[M].区宗华,译.广州:中山大学出版社,1991.

马士.中华帝国对外关系史[M].张汇文,等译.上海:上海书店出版社,2006.

埃默里 M,埃默里 A,罗伯茨.美国新闻史——大众传播媒介解释史(第九版)[M].展江,译.北京:中国人民大学出版社,2004.

茅海建.戊戌变法史实考[M].北京:三联书店,2005.

莫世祥.近代拱北海关报告汇编(1887—1946)[M].澳门:澳门基金会,1998.

倪延年.中国报刊法制发展史:台港澳卷(上下册)[M].南京:南京师范大学出版社,2010.

裴化行.利玛窦神父传[M].管震湖,译.北京:商务印书馆,1993.

裴化行.天主教十六世纪在华传教志[M].萧浚华,译.上海:商务印书馆,1936.

佩里.西方文明史[M].北京:商务印书馆,1991.

彭兰.中国网络媒体的第一个十年[M].北京:清华大学出版社,2005.

邱岭,陈言.澳门风云录[M].广州:广东旅游出版社,1998.

饶芃子,莫嘉丽,等.边缘的解读:澳门文学论稿[M].北京:中国社会科学出版社,2008.

上海图书馆.汪康年师友书札[M].上海:上海古籍出版社,1989.

沈定平.明清之际中西文化交流史[M].北京:商务印书馆,2007.

施白蒂.澳门编年史:1900—1949[M].金国平,译.澳门:澳门基金会,1999.

施白蒂.澳门编年史:19世纪[M].金国平,译.澳门:澳门基金会,1998.

苏精.马礼逊与中文印刷出版[M].台北:台湾学生书局有限公司,2000.

谭天.港澳台广播电视[M].广州:暨南大学出版社,2010.

汤开建,吴志良.《澳门宪报》中文资料辑录1850—1911[M].澳门:澳门基金会,2002.

汤志均.康有为政论集[M].北京:中华书局,1981.

汤志均.戊戌变法史[M].上海:上海社会科学院出版,2003.

王文达.澳门掌故[M].澳门:澳门教育出版社,1999.

吴义雄.在华英文报刊与近代早期的中西关系[M].北京:社会科学文献出版社,2012.

吴义雄.在宗教与世俗之间:基督教新教传教士在华南沿海的早期活动研究[M].广州:广东教育出版社,2000.

吴志良,陈震宇.澳门人文社会科学研究文选:综合卷[M].北京:社会科学文献出版社,2009.

吴志良,汤开建,金国平.澳门编年史(1—6卷)[M].广州:广东人民出版社,2009.

吴志良,杨允中.澳门百科全书:修订版[M].澳门:澳门基金会,2005.

吴志良.澳门社会经济发展报告(2012—2013)[M].北京:社会科学文献出版社,2013.

吴志良.澳门社会经济发展报告(2013—2014)[M].北京:社会科学文献出版社,2014.

吴志良.澳门社会经济发展报告(2014—2015)[M].北京:社会科学文献出版社,2015.

吴志良.澳门社会经济发展报告(2015—2016)[M].北京:社会科学文献出版社,2016.

吴志良.澳门政治制度史[M].广州:广东人民出版社,2010.

夏东元.郑观应集(上下册)[M].上海:上海人民出版社,1982.

邢荣发.澳门历史十五讲[M].香港:华夏文化艺术出版社,2007.

杨国桢.林则徐大传[M].北京:中国人民大学出版社,2010.

杨允中,等.澳门文化与文化澳门:关于文化优势的利用与文化产业的开拓[M].澳门:澳门大学澳门研究中心,2005.

杨允中.澳门人文社会科学研究文选:经济卷[M].北京:社会科学文献出版社,2009.

杨允中.博彩业快速增长对澳门经济及社会的影响[M].澳门:澳门学者同盟,2008.

赵君豪.中国近代之报业[M].上海:文海出版社,1939.

赵占全.澳门市民的权利、自由及保障[M].澳门:政府法律翻译办公室,1998.

中共中央马克思、恩格斯、列宁、斯大林著作编译局.马克思恩格斯选集(第一卷)[M].北京:人民出版社,1995.

周宪文.清宣宗实录选辑[M].台北:台湾大通书局,1995.

周湘,李爱丽.蠔镜映西湖:屏蔽与缓冲中的清代澳门中西交流[M].北京:社会科学文献出版社,2013.

卓南生.中国近代报业发展史 1815—1874[M].北京:中国社会科学出版社,2002.

大清宣成宗皇帝实录影印本[M].台北:新文丰出版公司,1978.

《清议报》影印本[M].北京:中华书局,1991

《知新报》影印本[M].澳门:澳门基金会,上海科学出版社,1996.

《镜海丛报》影印本[M].澳门:澳门基金会,上海科学出版社,1996

中国史学会.中国近代史丛刊·鸦片战争[M].上海:上海人民出版社,1978.

林玉凤.鸦片战争前的澳门新闻事业(1557—1840)[D].北京:中国人民大学,2006.

张宗鑫.明后期中西文化的碰撞与融合——以利玛窦为中心的考察[D].济南:山东大学,2012.

王冬青.明朝朝贡体系与十六世纪西人入华策略[D].上海:复旦大学,2005.

李秀华.网络集体行动研究:澳门新型民间社团 SNS 动员新模式[D].上海:复旦大学,2013.

马颖.澳门首份中文报刊:《镜海丛报》[D].西安:陕西师范大学,2011.

胡根.澳门《镜海丛报》研究[D].广州:暨南大学,2002.

廖子馨.我们——《澳门日报》五十年成长足迹[M].澳门:澳门日报出版社,2008.

新征程:澳门日报创刊五十五周年[M].澳门:澳门日报出版社,2013.

中国社会科学院新闻与传播研究所.中国新闻年鉴 1980—2017[M].北京:中国新闻年鉴社,1980—2017.

夏春平.世界华文传媒年鉴 2003—2017[M].北京:世界华文传媒年鉴社,2003—2017.

A Abelha da China 1822－1823[M]. Macau:Universidade de Macaue Fundação Macau,1994.

VERMEER E B. Development and decline of Fukien Province in the 17th and 18th centuries[M]. Leiden:Brill Academic Pub,1990.

KING F H,CLARKE P. A research guide to China coast newspapers 1822—1911[M]. Cambridge:Harvard University Press,1965.

后 记

2010年秋,我开始关注澳门大众传媒的相关研究。次年,获中国传媒大学亚洲传媒研究中心资助,正式开始研究工作。这一全景式呈现澳门大众传媒的历史与现状的研究项目,历时7年,现在书稿终于可以付梓出版。项目进程旷日持久,一方面是由于个人工作和生活的变动导致项目的延时,另一方面也因为澳门大众传媒相关基础研究仍处于起步阶段,对于远在内地的研究者来说,从入门到准确把握并且完成一部"纵观澳门传媒200年发展史,横览报纸、广播电视、电影、网络诸多不同类型媒体"的综合性研究著作,实属不易。

感谢中国新闻史泰斗、教育家方汉奇先生给予我的鼓励和帮助。由于方老在新闻史学界的重要地位,以及他和他的学生在澳门大众传媒研究学术史中的重要角色,在书稿完成后,面见方老并且倾听他对一位新闻史研究闯入者的看法,对于一位后辈研究者来说,有着"朝圣"般的意义。2017年的春天,我自报家门联络并登门拜访老师,91岁高龄的他不仅认真倾听了我的陈述,以历史佐证打消我对跨界研究的疑虑,而且让我将现场陈述的PPT发到他的邮箱,在第二次见面时指出了其中书写不准确的地方。我深感方老谈话对于后继研究者的启示意义,因而收入本书为序,与更多的朋友分享。

感谢中国传媒大学亚洲传媒研究中心在项目进程中给予的支持和帮助;感谢澳门基金会吴志良先生,澳门大学张荣显先生、林玉凤女士、陈时鑫先生、毛美斯女士及葛帅、李淑敏、郝启婧、甘甜等同学;感谢澳门广播电视股份有限公司罗崇雯女士、叶国华先生、李家宝女士、沈兴舟先生、麦家豪先生,澳亚卫视孟菁女士等对项目前期课题组在澳门调研期间给予的帮助和支持;感谢国家图书馆港澳台阅览室、善本阅览室及澳门中央图书馆、香港中央图书馆的工作人员在资料查阅过程中给予我的帮助。

感谢本书编辑为书稿的出版所付出的辛勤努力。澳门大众传媒研究项目的参与者及书稿的撰写人,还有我的朋友、同事——中国传媒大学播音主持艺术学院的王青副教授,她参与了整体项目的设计和研讨及第五章、第七章的撰写工作。我的研究生,中国传媒大学戏剧影视学院2017级的钱程参与了书稿的最后校对。

学术研究是在学术共同体历史传承脉络的基础上,不断向前推进的过程。本书是对前人研究成果的汇总、整理与集成,将散见于历史学、新闻学、电影学、公共管理学等各个学科中涉及澳门传媒的内容,以新的视角放置在一个整体性的框架中,提供了一个关于媒体与社会互动关系的地域个案。作为日常生活远离澳门的内地研究者,希望这本书可以为澳门地方史和传媒史研究工作提供有益的补充,同时也希望澳门以外的普通读者朋友能通过书中对澳门传媒的发展历史与现状的描述,更深入地了解澳门社会。

李 春

2019年12月